제2판

2019 개정 누리과정에 따른

유아생태교육의 이론과 실제

장인영 지음

창지사

머리말

우리 아이들은 콘크리트로 만든 네모난 아파트에서 잠을 자고, 일어나면 다시 콘크리트로 만든 네모난 유치원(어린이집)에서 하루 종일 생활하다가 다시 엄마와 함께 콘크리트로 만든 네모난 아파트로 잠을 자러 가는 일상을 반복하고 있다. 인공적인 장난감을 가지고 놀며, 자연이 아닌 멀티미디어에 둘러싸여 생활하고 있다. 우리 아이들은 TV 영상과 책의 사진을 통해서만 자연을 만날 뿐이다. 예전보다 과학과 의학이 발전하였지만 오히려 많은 아이들이 아토피, 알레르기로 인한 비염과 천식, 잦은 감기 등으로 고통받고 있고, 슈퍼박테리아가 우리를 위협하고 있다. 왜 이런 현상들이 일어날까? 인간이 자연을 마음대로 지배하려 하고 자연과 멀어지는 삶을 살기 시작하면서, 점점 더 큰 자연재해를 입게 되고 우리의 면역력은 약해지고 있는 것이 현실이다.

필자가 처음 환경학을 공부하기 시작한 1990년대 초반까지도 우리나라에서 '환경교육', '생태교육'이란 단어는 매우 생소하였다. 필자는 학부에서 환경학을 전공하면서 환경오염 문제를 해결하려면 교육이 중요하다는 점을 인식하게 되었고, 더 깊이 공부하기 위해 환경교육 석사과정을 밟게 되었다. 이후 비영리단체에서 근무하는 동안 유아뿐만 아니라 초등학생, 중·고등학생, 성인을 대상으로 한 생태교육 프로그램을 기획·진행하였다.

2006년 어느 봄날, 필자가 진행하는 프로그램에 유아교사들이 참가 신청을 했다. 일반 가족을 대상으로 하는 프로그램이라 그분들께 참가할 수 없음을 알렸지만 그 후로도 교사임을 알리지 않고 참가 신청을 하는 교사들이 이어졌다. 유아교사들이 생태교육에 관심을 갖기 시작했지만 배울 곳이 없어 우리 프로그램에 참여하려고 했던 것이다. 이를 계기로 필자는 유아생태교육에 본격적으로 관심을 갖게 되었고, 유아교육 박사과정까지 공부하게 되었다.

지금까지 현장에서 만난 유아교사들은 유아생태교육을 잘 해보고 싶어도 그 방법을 몰라 막막해 했다. 또한 누리과정, 생활주제와 생태교육을 어떻게 연결해야 할지 몰라 난감해 했다. 이는 유아교사들뿐만 아니라 많은 환경교육 관련 종사자들이 품고 있는 고민이다. 이 책은 이 같은 어려움을 겪고 있는 유아교사와 유아숲지도사, 숲해설가, 자연환경해설사, 사회환경지도사에게 도움을 주고자 쓴 유아생태교육의 기본 지침서이다.

이 책은 모두 4장으로 구성되어 있다. 제1장에서는 생태교육의 배경과 실제 사례 등을 소개한 뒤 자연을 단순한 교구가 아닌 우리가 배워야 하는 대상이라는 시각을 중점적으로 기술하였다. 제2장에서는 유아교사들이 어려워하는 생태계와 동식물에 대한 지식을 기술하되, 도감식으로 동식물의 이름만 나열하는 방법을 지양하고 생물들의 삶의 지혜를 중심으로 이야기하고자 노력하였다. 또한 우리 주변에서 흔하게 관찰할 수 있는 생물에 대한 지혜를 알려 줌으로써 보다 쉽게 수업에서 활용할 수 있도록 하였다. 제3장에서는 교육현장에서 유아들과 함께 실행할 수 있는 프로그램을 자세히 기술하였다. 누리과정과 생활주제가 자연스럽게 연결되도록 신경쓰고 주제탐색, 생태놀이, 표현활동이 통합적으로 어우러지도록 프로그램을 구성하였다. 제4장에서는 유아생태교육 프로그램의 기획과 개발에 관한 절차와 방법을 설명하고, 그와 관련한 예시를 들어 독자들의 이해를 돕고자 하였다.

이 책에는 교육현장에서 유아생태교육을 진행할 때 쓰인 내용과 사진, 그림을 실었다. 대부분 아이솔 생태교육과 (사)에코아이 생태교육연구소에서 개발하고 진행한 프로그램에서 사용한 것이다. 에코아이에 소속된 유아숲지도사는 각 어린이집과 유치원 근처에 있는 산과 공원에서 유아들에게 생태교육을 하고 있다. 이 책에 그 현장에서의 소중한 경험을 최대한 담고자 노력했다.

이 책이 나오기까지 많은 분들의 도움을 받았다. 먼저 환경학에 처음 눈뜨게 해

주신 김만구 교수님, 환경교육학을 지도해 주신 조경숙 교수님, 많이 부족한 필자가 유아교육 박사학위를 받을 수 있도록 애정으로 이끌어 주신 이일주 교수님, 생태학에 대하여 아낌없이 조언해 주신 신정섭 박사님께 감사드린다. 이 책에 실린 사진들을 찍어 주신 이미란선생생님을 비롯하여 필자와 함께 유아생태교육의 길을 걷고 계시는 에코아이의 많은 강사선생님께도 감사드린다. 이 책의 출판을 맡아 주신 창지사 김기섭 사장님과 직원들께도 감사드린다. 마지막으로 늘 용기를 북돋아 주신 부모님, 부족한 며느리를 끊임없이 지원해 주시는 시부모님, 사랑하는 이용진, 이규연, 이경은에게 감사하는 마음을 전하고 싶다.

2020년 7월

저자 장인영

차례 | CONTENTS

C/H/A/P/T/E/R 2. 자연생태의 이해 • 77

C/H/A/P/T/E/R 3. 누리과정을 적용한 생태교육의 실제 • 113

Chapter 1

유아생태교육의 이해

1. 생태교육 배경 사상 및 개념
2. 우리나라 생태교육의 흐름
3. 유아생태교육의 필요성 및 효과
4. 국내외 유아생태교육의 사례
5. 유아생태교육의 내용과 방법
6. 유아생태교육 시 교사 지침

1. 생태교육 배경 사상 및 개념

1) 생태교육 배경 사상

『브리태니커 사전』에서 생태학(ecology)이란 용어는 독일의 동물학자 헤켈(Ernst Heinrich Haecke)에 의해 만들어졌다고 한다. 생태학의 어원인 oikos는 그리스어로 '가족', '가정' 또는 '생활 장소'를 의미하는 말이다. 생태학은 '생물과 그들의 환경 사이의 상호관계 및 생물 상호 간의 관계를 연구하는 학문'으로 이해할 수 있다.

생태학적 사고를 통해 사회문화현상을 이해하려는 시도는 이전부터 활발하게 이루어져 왔다. 예컨대, '생태학' 혹은 '생태계'라는 비유는 문화생태학(cultural ecology), 역사생태학(historical ecology), 사회생태학(social ecology), 인간생태학(human ecology) 등 다양한 연구 형태를 만들어 냈으며, 이러한 접근을 통해 이들이 밝혀내고자 원했던 것은 결국 자연생태계를 포함한 환경 전반이 인간과 어떻게 만나서 조직, 사회, 문화 등 소위 인간의 집단성을 구축해 가는 데 영향을 주는가를 생태학적 관점을 동원하여 드러낸 것이라고 할 수 있다(김대홍, 2010).

'생태철학'은 '환경윤리'와는 서로 다른 차원의 접근방식을 갖는다. '생태철학'은 새로운 생태학적 형이상학을 세우기 위해 위기를 반성하고, 원인을 분석하고, '생태학의 철학적 이해의 틀'을 제시하는 데 치중한다. 생태철학은 과학으로서의 생태학의 철학, 생태학의 윤리가 아니라, 철학의 "생태적 규범설정"을 주된 목표로 삼는다. '환경'이라는 단어는 인간의 주거 공간 내에서 인간을 둘러싼 (자연)환경을 의미하는 것인데, 이 자연환경이 문제가 되는 경우에만 '환경윤리'는 그것을 문제 삼는다(구승회, 2001). 생태주의는 현대 생태위기의 근본 원인을 진단하고 극복하기 위한 철학적 사색을 말하며 단순한 환경보호의 차원을 넘어 현실적으로 실현가능한 대안을 모색하려는 실천운동을 포함하는 포괄적인 개념이다(김대홍, 2010).

먼저 환경윤리에 대해 알아보고, 생태교육에 영향을 미친 자연주의, 생태주의에 대하여 살펴보면 다음과 같다.

(1) 환경윤리

환경윤리의 4가지 입장을 도식화 하면 [그림 1-1]과 같다.

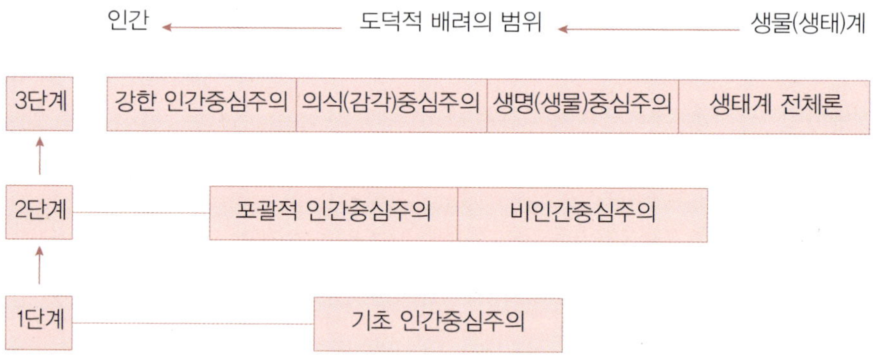

그림 1-1 인간중심주의의 세 유형(출처: 구승회(2001). 생태철학과 환경윤리. p.299)

먼저 인간중심주의를 세 단계로 나눌 수 있다. 1단계는 기초 인간중심주의이다. 환경문제를 논하는 존재는 인간뿐이다. 그런 의미에서 모든 사람은 기초 인간중심주의자라는 것이다. 인간 이외의 어떤 자연 존재(동물, 식물, 무생물, 생물(생태)계)에 대한 평가(판단)도 결국 인간적인 가치 취향에 따르는 평가(판단)라는 사실을 인정해야 한다. 그러나 이러한 판단이 인간의 이익에 관한 관심에서 촉발된다 해도 기초 인간중심주의의 도덕판단이 동물, 식물, 무생물에 대해서 항상 적대적인 것은 아니다.

2단계는 포괄적 인간중심주의와 비인간중심주의로 나눌 수 있다. 3단계의 생태계 전체론을 제외한 모든 논의가 포괄적 인간중심주의에 포함된다. 예를 들어, 3단계의 의식중심주의는 인간 이외의 의식을 가진 동물을 도덕적 고려 대상에 포함시키지만, 만약 모든 동물을 엄격히 동등하게 배려해야 한다는 도덕 원칙을 적용할 경우를 제외하고는 여전히 인간중심주의 내에 있음을 알 수 있다. 그러나 인간과 동물이 엄격하게 구분되지 않고 있다는 점에서, 다시 말하면 인간에 대한 도덕적 배려의 원칙을 포괄적(상대적)으로 적용하고 있다는 점에서 3단계의 강한 인간중심주의와는 구별된다.

3단계는 강한 인간중심주의로 2단계와 1단계의 인간중심주의와는 분명하게 구분된다. 강한 인간중심주의에서는 상황이 역전되어 기초 인간중심주의가 환경 문제 대부분을 포섭하던 것과는 달리 생태계 전체론의 적용 범위는 넓어지고, 강한 인간중심주의는 환경사회이론이나 환경정치이론에서 '기술지향주의'라고 부르는 것과 유사한 경향으로 된다.

나머지 의식(감각)중심주의, 생명(생물)중심주의, 생태계 전체론 3가지에 대해 설명하면 다음과 같다. 의식중심주의는 의식을 가진 모든 자연 존재를 도덕적으로 배려해야 한다는 입장이다. 그러므로 이런 입장에 의하면 인간, 거의 대부분의 고등 동물, 그리고 약간의 식물이 도덕적으로 배려 받을 권리가 있으며, 도덕적 근거를 갖는다고 말해진다. 이 입장은 사실 동물보호의 윤리에서 출발하였다. 의식중심주의는 기초 인간중심주의를 벗어나 있기는 하지만, 모든 의식을 가진 동물을 도덕적으로 동등하게 배려한다고 해서 동물들 간의 배려의 우선순위를 두고 있어 여전히 포괄적 인간중심주의의 범주 내에 있다고 보아야 할 것이다.

생명중심주의는 생명을 가진 모든 자연존재에 대해 도덕적으로 배려할 만한 충분한 이유가 있으며, 만약 그렇다면 우리는 나무를 함부로 베거나, 숲을 파괴하거나, 단세포 유기체에 이르기까지 자연의 모든 생명현상의 파괴는 도덕적으로 허용되어서는 안 된다는 주장을 편다.

생태계 전체론에는 두 부류가 있는데, '생물계 전체'를 대상으로 하는 '자연중심주의'와 '생태계 전체'를 대상으로 하는 '생태중심적 전체론'이다. 자연중심주의는 자연 생물계를 하나의 개체로 보는 데 반해 후자는 생태계를 하나의 거대한 복합적인 전체로 본다. 노자나 장자의 자연관을 비롯해서 대부분의 동양의 고전적인 자연관 역시 생태중심적 전체론에 가깝다(구승회, 2001).

(2) 생태주의

생태문제를 기존의 틀 내에서 극복하려는 시도는 지금의 생태계 위기를 불러온 지배적 세계관의 아류에 불과하다는 비판을 제기한다. 나아가 근본적 생태철학자들은 기존의 주류 세계관과 그 세계관의 틀 내에서 개량주의적인 문제해결 방식과는 확연히 선을 긋고 새로운 세계관과 생활 방식을 제시한다.

생태주의 사상을 구성하는 여러 다양한 유파들 가운데 생태 마르크스주의, 생태여성주의, 토지윤리론, 생명지역주의, 생물지역주의, 동양의 여러 생명사상 등은 기존의 체계화된 사상을 기반으로 생태지향적 의미와 가치를 유추하여 발전시킨 경우이지만 심층생태주의, 사회생태주의는 생태 위기에 대한 관심으로부터 철학적 체계를 수립한 경우라는 점에서 구분된다(김대홍, 2010).

노르웨이의 철학자 네스(Arne Naess)는 표피적 생태운동은 근시안적인 인간의 이익관심이며, 특히 선진 산업국가에 사는 사람들의 이익관심을 문제 삼는 생태운동이라고 규정하고, 이에 반대되는 '심층적 생태학운동'을 제시하였다(구승회, 2001). 심층생태주의는 '인간 대 자연'이라는 이원론을 비판하고, 인간중심주의를 거부함으로써 인간의 자연에 대한 지배와 소외를 극복하고 나아가 생명중심적 자아실현과 모든 생명의 평등성을 주장하는 사상이다.

사회생태주의는 캐나다의 머레이 북친(Murray Bookchin)에 의해 1980년대부터 본격적으로 제기되기 시작하였으며, 생태위기가 인간사회 내의 위계적 지배관계가 자연에 대한 지배로 전이된 것으로 본다. 관념적 혹은 신비주의적 자연론에 빠져 있는 심층생태주의에 비하여, 보다 현실 참여적이고 역동적인 생태위기 극복 이론을 제공한다. 심층생태주의, 사회생태주의 철학자들은 지금의 생태계 위기가 지배적 세계관과 지배질서의 산물이기 때문에 이를 근본적으로 부정한 새로운 문명적 패러다임이 필요하다고 주장하기 시작한 것이다.

심층생태주의, 사회생태주의는 각각 이론상의 한계와 현실적 실천 대안의 한계를 드러내고 있다. 하지만 자연에 대한 새로운 가치 부여와 인간과 자연의 조화로운 생태적 삶을 추구하는 길을 열어 가는데 많은 시사점을 던져주고 있다. 더욱이 심층생태주의, 사회생태주의는 개량주의적 환경론에 대하여 자기 성찰의 계기를 제공하고, 환경운동의 심화에도 기여함으로써 생태위기를 해결하는 데 한몫을 하고 있다(진희종, 2009). 아래의 〈표 1-1〉은 생태철학 유파들의 '생태공동체'에 대한 입장을 비교분석한 것이다.

〈표 1-1〉 생태철학 유파들의 생태공동체에 대한 입장

구분	토지윤리론	심층생태주의	생명지역주의	생태여성주의	사회생태주의
기본 입장	토지를 공동체의 근원으로 지목	인간중심주의 거부	자연적, 공간적 조건에 기초한 공동체 구현	자치적 공동체 구현	지역자치 공동체 주의에 근거한 생태공동체 구현
생태 위기의 근원	토지를 경제적 대상으로 인식	인간중심주의적 세계관, 특히 환경관리주의, 과학기술 중심주의 사회 지향	거대화, 집중화, 계층구조, 획일화의 공간적 적용에 따른 생태 위기 발생	가부장적이며 억압적인 사회 구조	위계적 사회질서 구조
생태위기 극복방안	토지를 바탕으로 한 공동체 범위의 확산과 생태학적 범주에서 인류의 위치 재정립	영성 회복을 통한 초근검 절약	소형화, 분권화, 분업, 다양성이 공간적으로 적용	가부장적 사회 질서 타파와 모성의 사회화	지역자치공동체 구현, 분권화 구현, 생물지역의 구현
주요 대상	토지	영성	지역, 공간	사회구조	지역
적용 범위	흙과 물, 식물과 동물, 토지를 포함한 동료적 관계로 적용	생태지혜, 생물권, 자율성이 적용된 지역자치 공간	자연조건에 근거한 인간정주체계와 문화에 의해 정의된 공간	자연과 인간의 공동체적 관점 조명	위계질서에 자유로운 지역자치가 실행되는 공간

출처: 김성균, 구본영(2009). 생태학적 삶을 위한 모둠살이의 도전과 실천: 에코뮤니티. p. 41.

(3) 자연주의 교육사상

근대 교육사상은 자연주의 교육사상에서 비롯된 것이다. 이러한 교육의 대표적인 사상가는 코메니우스, 루소, 페스탈로치, 프뢰벨로 대표된다(곽노의, 2010b). 코메니우스(John Amos Comenius, 1592~1670)는 감각적 실학주의자로서 자연의 질서에 따른 교수 원리를 주장하였다. 코메니우스는 자연주의 사상의 핵심으로 '합자연의 교육원리'를 주장하였다. 합자연의 원리는 다음과 같다.

첫째, 자연을 모방하는 교육이다. 자연적인 모든 것은 스스로 잘 움직이므로 코메니우스는 이렇게 자연의 원리에 벗어나는 인위적인 교육방법을 배제하고 유아들이 학습준비가 될 때까지 기다려야 한다고 보았다. 여기서 자연은 교사의 인도자며 교사는 자연의 하인이다.

둘째, 유아의 연령과 이해능력에 맞도록 교육하는 것이다. 자연의 모든 것은 제때 움직이며 그것에 상응하여 유아의 자연적 성장과 발달단계에 따라 교육내용들이 단계별로 구성되어야 한다. 즉, 유아의 이해능력보다 과한 교육내용은 부과되지 않도록 해야 한다.

셋째, 합자연은 자연이 부과한 유아의 소질을 키워주는 교육을 의미한다. 소질은 마치 씨앗과 같아서 유아에게 가능성을 최대한 실현하도록 돕는 것이 교육의 과제이다.

넷째, 분명한 목적 지향적 행위이다. 자연은 유아의 본질로 성취해야 하기 때문에 자연의 원리에 따르는 교육이란 유아를 됨의 상태로 이끄는 적극적인 교육을 의미한다(김창환, 1997; 곽노의 · 이신영, 2014 재인용).

루소(Jean Jacques Rousseau, 1712~1778)는 교육방법론에서 자연법을 기준으로 삼고 특히 아동기까지의 유일한 교육 장소로 자연 환경을 주장하였다. 루소의 자연주의 교육은 인간의 자연적 의지를 발현시키는 교육을 의미한다.

첫째, 자연교육의 원리란 인간발달에 내재한 자연성에 일치하는 교육을 가리킨다. 유아의 자연스러운 흥미와 능력과 발달속도를 무시하지 않고 그것을 인지하고 그에 맞추어 교육할 것을 강조한 것이다. 이를테면 신생아의 손발과 신체를 압박하는 포대기나 기저귀는 아기의 자유로운 신체 움직임을 방해하여 세상에 태어난 직후부터 부자연스러움과 인위적인 억압을 경험하게 된다. 반면 유아기 및 아동기의 가장 자연스러운 인간 활동인 놀이는 훌륭한 교수방법이며 이러한 자연의 교육에 일치할 때 그 효과를 거둘 수 있다고 하였다.

둘째, 감각교육의 원리란 감각이 인간의 기본적인 능력이며 그 어떠한 능력보다 앞서 계발되고 훈련되어야 할 내용이라는 그의 신념에 따른 것이다. 그 이유는 감각훈련이 단순히 감각기능 자체의 발달을 위해서 중요한 것이라기보다는 올바른 판단과 이성이 계발될 수 있는 기초가 되기 때문이다. 특히 유아의 경우에는 자신의 뛰어난 감각능력을 이용하여 구체적인 사물을 감각적으로 경험하면서 지식이나 기술을 익히고 이해하는 것이 가장 효과적이라고 보았다.

셋째, 신체단련교육의 원리를 주장하면서 유아를 신체적으로 지나치게 과보호하는 당시의 잘못된 양육방식을 비판하였다. 신체의 단련과 정신의 계발은 서로 관련되는 것이기 때문에 유아를 안전하게 보호하는 데 열중하기보다는 적절한 신체단련을 통해 적극적인 의지와 자율성을 길러나갈 수 있도록 배려하여야 한다는 것이다.

예를 들면, 자유로운 복장과 맨발로 자연풀밭 속에서 뛰어놀게 한다거나 검소한 음식을 먹게 하고 옷을 얇게 입혀 추위에 강하게 적응하게 하는 등이다. 이와 같은 루소의 교육사상은 유아교육에 신체적 감각과 자연적인 발달의 중요성을 강조한 내용으로서 현대적인 유아 교수·학습방법의 초석이 되었다.

페스탈로치(Johann Heinrich Pestalozzi, 1746~1827)는 학습에 있어 유아 자신의 자연 발달적인 특성에 따라 구체적인 실물을 통한 실제적인 경험이 중요함을 강조하면서, 직접 조작하고, 세어 보고, 만져 보며 개념을 학습할 수 있는 교육매체 환경과 교사의 배려가 필요함을 역설한 것이다. 이러한 교육환경과 학습경험은 곧 유아의 주체적이고 전인적인 인간 형성과 직결되는 것임을 주장했다는 점에서 현대 유아교수공학의 발전을 위한 심층적인 사상적 기초를 제공했다고 볼 수 있다(곽노의, 2009; 곽노의 · 이신영, 2014 재인용).

프뢰벨(Friedrich Wilhelm Fröbel, 1782~1852)은 인간의 본질적인 선한 생명력을 계발하여 꽃피움으로써 세계 속에서 조화를 이루고 인간성과 소질의 완성을 꾀하는 것이 교육의 목적이라고 하였다. 이를 위하여 교사는 유아의 생명 내부로부터의 발달이 원활하게 이루어지도록 도와주고 무엇보다도 자기활동적 본성을 자극하고 선도해야 한다고 주장하였다.

프뢰벨은 유아용 놀이감인 은물을 제작해서 사용할 뿐만 아니라 유치원 교육활동으로 자연관찰 공감, 정원 가꾸기, 애완동물 기르기 등 자연 속에서의 직접 경험과 교육 매체로서의 자연을 강조하였다. 이러한 코메니우스, 루소, 페스탈로치, 프뢰벨의 사상을 '자연주의 교육사상'이라 총칭한다(곽노의, 2010a).

그러나 20세기의 근대 교육이념에 기초한 인간 이성과 인지발달의 강조는 자연을 인간을 위한 탐구대상으로 협소하게 조망하였고, 자연에 대한 지식 습득만을 중시하는 결과를 초래하였다.

1960년대 이후 대두된 인지발달에 대한 관심의 증가와 국가발전을 위한 원동력으로 과학을 중요하게 인식하면서부터, 자연은 영유아들에게 더 이상 친숙하고 흥미로운 대상이 아닌, 탐구의 대상이자 지식 형성을 위한 교과로 대치되었다. 자연에 대한 인간중심의 사고인 기술중심적 관점과 자연과 인간이 공생한다는 생태학적 관점을 비교해 보면 〈표 1-2〉와 같다(양옥승, 2001).

〈표 1-2〉 자연에 대한 기술중심적 관점과 생태학적 관점의 비교

구분	기술중심주의적 관점	생태주의적 관점
인간관	• 이성을 지닌 인간의 우위성 • 자연을 지배, 통제하려는 존재	• 인간은 자연의 일부 • 생태계와 환경을 책임져야 하는 유일한 존재
자연관	• 수동적인 자연관 • 인간의 목적에 의해 가치 결정 • 인간을 위한 탐구대상의 원천 • 인간과 자연은 대립 구조	• 능동적인 자연관 • 생태계 각 존재에 가치와 존엄성 부여: 생명존중 사상 • 인간과 자연은 상호 의존적인 조화로운 관계 • 미래세대에게 물려 주어야 하는 문화
교육관	• 자연활용 및 개발 기술 강조 • 인지적 측면 강조 • 환경파괴적인 삶의 방식 • 생명경시와 생명파괴의 비인간화 현상에 대한 불감증	• 자연환경의 활용에 대한 규준 강조 • 인지적, 정서적, 기능적 측면 강조 • 생명존중, 자연존중, 자연환경 보전 개념 강조 • 자연친화적인 태도 및 가치관 형성
유아교육관	• 자연에 대한 간접 경험 • 탐구대상으로서의 자연	• 자연에 대한 직접 경험 • 자연과의 일상적인 만남

2) 생태교육 개념

유아교육연구에서 생태교육은 매우 다양한 형태로 나타나고 있는데 황지애(2008)는 생태유아교육학은 생태학과 생태교육학 그리고 유아교육학 등 주변 학문 간의 상호 교류 속에서 그 학문적 위치가 정립되는 복합적이고도 중층적인 연구 영역이므로 생태유아교육학의 개념에 관한 논의는 이와 같은 다개념들의 결합에 의한 역동성으로 인하여 다른 학문의 개념 논의보다도 복잡한 노선을 그리게 된다고 하였다. 임홍남(2012)은 유아교육 분야에서는 생태지향적인 패러다임을 지향하며 자연친화 교육이 활발히 이루어지고 있는데, 대체로 '생태유아교육', '생태중심적 유아교육', '생태지향적 유아교육', '유아생태교육', '자연체험활동', '자연친화교육', '자연탐구활동' 등으로 명명되고 있고 이러한 명칭의 혼재 현상은 의미

전달에 있어 갖가지 혼란을 초래할 것으로 예상된다고 하였다.

이러한 복잡한 생태교육의 개념을 정의하기 위한 선행연구로 이일주, 장인영(2012)은 1991년부터 2012년 2월까지 발표된 유아교육 연구 분야의 생태, 자연교육 관련 석·박사 학위논문 233편을 분석한 결과 제목에서 자연친화·자연체험·자연교육이란 용어를 사용한 논문이 66편(28.3%), 생태유아교육 52편(22.3%) 기타 47편(20.2%), 생태+교과목 37편(15.9%) 순이었다고 하였다. 이일주, 장인영(2013)은 교육현장에서 근무하는 302명의 유아교원을 대상으로 유아대상의 생태교육 관련 용어에 대한 인식을 조사한 연구에서는 가장 적합하다고 생각하는 용어로 '자연친화유아교육' 100명(33.1%), '유아생태교육' 73명(24.2%), '생태유아교육' 40명(13.2%) 순이었으나 선호도 차이가 있을 뿐 여전히 생태교육 관련 용어의 개념을 명확하게 구분하지 않고 사용하고 있었다.

선행연구에서 사용된 생태교육과 관련된 정의를 살펴보면 김은주(2003), 권미량(2005)은 '생태유아교육'이란 생명의 세계관에 기초한 유아교육으로서 자연의 본성을 지닌 어린이가 자연의 순리에 따라 자연과 놀이 및 문화를 통하여 스스로 생명력을 잘 발휘할 수 있도록 돌보고 기르는 새로운 관점의 유아교육이라고 하였고, 최영해(2008)는 '자연친화교육'은 유아가 자연과 상호적인 관계를 맺으면서 자연을 이해하고 생명을 소중히 여기며 공동체 속에서 행복하게 어울려 살 수 있도록 하기 위한 교육이라고 하였다.

홍은주(2003)는 생태주의 의미에서의 '자연친화교육'이란 넓은 의미로 본다면 자연과의 조화를 이루고 생명을 소중히 여기며 공동체 속에서 행복하게 어울려 살 수 있도록 하기 위해 자연과 교감하는 교육이며, 유아를 위한 자연친화교육은 유아들이 자연을 공존의 대상으로 받아들이도록 가능한 자연과의 접촉 기회를 많이 제공하는 교육이며, 유아들이 본래 가지고 있는 힘과 능력을 스스로 발휘하고 깨우칠 수 있도록 기다리며 도와주는 교육이라고 하였다. 또한 최귀영(2008)은 자연친화교육에서의 자연은 환경으로서의 생물학적, 물리학적, 대상을 말하며, '자연친화교육'이란 오늘날 인간사회가 겪고 있는 자연환경 문제 즉, 생태계적 위기를 극복하기 위한 한 방안으로 어릴 때부터 자연에서의 경험을 통해 인간과 자연이 서로 밀접히 연관되어 있음을 느끼고 이해할 수 있도록 돕고자 하는 교육이라고 하였다.

정수영(2007)은 '생태지향 유아교육'은 유아들에게 자연과 인간과 아이다움을 되찾아 주는 것에 중점을 두고 인간과 자연생태계가 공존·상생하는 생태중심·생명중심 교육을 지향하는 교육을 의미한다고 하였다. 즉 유아들이 자연을 공존의 대상으로 받아들이도록 가능한 한 자연과의 접촉기회를 많이 제공하는 교육이며, 유아들이 본래 가지고 있는 힘과 능력을 스스로 발휘하고 깨우칠 수 있도록 도와주는 교육이라고 하였다. 또한 최옥란(2007)은 '생태중심적 유아교육'은 생태학과 유아교육의 만남으로 생태론적 세계관에 기초한 유아교육이며 자연친화적인 유아교육이라고 하였다. 즉 자연의 본성을 지닌 아이와 자연과의 신체적, 정신적 교류를 통해 현실에서 일어나는 현상을 오감으로 체험하면서 생활양식을 변화시켜 나가고, 나아가서는 자연생태계와 호흡하며, 생명의 존엄성에 대한 이해를 돕는 가운데서 긍정적인 인성발달이 자연적으로 형성이 될 수 있게 하는 유아교육이라고 하였다.

위의 선행 연구자들이 정의한 내용을 정리하면 첫째, 생태교육의 목표가 생명존중감을 키우기, 유아의 인성발달 및 아이다움을 키우기, 공동체 속에서 행복하기, 생태계적 위기를 극복하기라는 것이다. 둘째, 생태교육의 내용과 방법이 자연에서의 경험, 자연과의 교감, 자연과 신체적·정신적 교류 등 자연에서 이루어져야 한다는 것이다.

따라서 생태교육은 유아들이 자연환경에 대한 직·간접인 경험을 통해서 생명존중감과 환경친화적인 태도를 배우고 이를 바탕으로 올바른 인성을 형성하고 나아가 자연환경의 위기를 극복할 수 있도록 실천하는 교육이라 할 수 있다.

3) 생태교육의 의의

정현순(2010)은 자연을 탐색하고, 자연물을 이용하고, 자연에게 이로움을 무조건 받기보다는 자연과 인간이 공생하는 생태교육이야말로 지금 시대에 꼭 필요한 교육이라고 하였다. 윌슨(Wilson, 2012)은 자연교육은 유아들의 전인적 발달을 증진시킨다고 하였다. 국내에서도 생태교육이 유아발달 측면에서 많은 긍정적인 영향을 준다는 연구들이 지금까지 꾸준히 발표되고 있다. 예를 들면 유아의 신체발달(김성희, 2008), 과학적 사고(김명희, 2010), 창의성(김연, 2011), 언어능력(오소영, 2010), 정서지능(구현주, 2011), 자아존중감 및 친사회적 행동(권은희, 2003) 등이 있다.

지옥정(2007a)은 유아기의 자연친화교육은 교육 측면, 유아의 전인발달 측면, 치유적 측면, 공동체의 건강한 구성원으로 키우기 위한 측면 등 4가지 측면에서 큰 의미가 있다고 하였다. 또한, 지옥정(2007b)은 자연친화교육은 구체적으로 환경문제 대처 방안으로서 유아기부터 자연친화적 태도를 형성할 수 있고, 유아의 육체적·정신적 건강을 증진시키고, 유아의 생태적 감수성을 키울 수 있고, 자연에서 올바른 지식을 배우고 자연의 질서와 생명의 원리를 깊이 깨달을 수 있으며, 유아들이 상호협력적인 생명공동체 구성원으로 자랄 수 있게 할 수 있다고 하였다. 이명환(2013)은 창의성과 인성의 기틀이 형성되는 영유아기의 숲체험 교육은 영유아 자신이 자연 속에서 소중한 존재임을 알고, 자연에는 여러 가지 다양한 생명체들이 조화롭게 살아간다는 것을 인식하게 되며, 숲에서의 오감을 이용한 체험은 유아의 창의성을 키워줄 수 있다고 하였다.

따라서 생태교육은 자연 파괴를 비롯한 환경문제 대처 방안으로서도 필요하지만 유아의 전인적인 발달에도 도움이 된다는 것을 알 수 있다.

2. 우리나라 생태교육의 흐름

우리나라의 환경교육은 1970년대 공해교육에서 출발한다. 1970년대 산업의 발달과 더불어 환경오염문제들이 터지기 시작했으며 환경오염의 심각성이 사람들에게 알려지기 시작했다. 1970년대의 공해교육은 환경오염 사건이나 문제들을 부각시켜 사람들에게 각인시키고 환경문제의 심각성을 알리는 말 그대로 공해교육이었다. 그러나 환경교육이 1990년대 후반으로 들어오면서 점점 생태교육으로 방향이 바뀌었다. 사람들에게 아름다운 자연을 보여주며 자연의 혜택을 알리고, 소중한 자연을 보존하기 위해서 환경문제를 해결해야 한다는 생태교육을 하기 시작한 것이다. 환경오염의 부정적인 측면을 강조한 공해교육에서 긍정적인 측면을 강조한 생태교육으로 흐름이 바뀐 것이다.

이재영(2013)은 우리나라의 환경교육 페러다임의 변화를 크게 계몽의 시대, 지식의 시대, 체험의 시대, 그리고 참여의 시대 등 네 개의 시대로 나누어 제시하고 있다.

첫째, 계몽의 시대(1980년대 중반까지)에는 환경문제가 본격적으로 국가 사회적인 문제로 대두되면서 환경문제의 심각성에 대한 국민의 인식(트리비시 회의에서 제시한 환경교육 첫 번째 목표)을 높이기 위한 교육적 활동이 대중 매체를 중심으로 시작되었다. 텔레비전에서는 공장의 굴뚝에서 뿜어져 나오는 매연과 물고기가 떼죽음을 당해 떠 있는 강물, 매립장에 산더미처럼 쌓여 있는 쓰레기를 보여 주면서 환경문제의 심각성을 알리고, 시청자들의 행동 변화를 촉구하였다. 시민들의 관심과 주목을 끌어냈다는 점에서 이러한 전략이 환경문제 해결에 기여한 부분이 적지 않으며, 부정적 체험을 매개로 하는 계몽적 활동은 환경철학적 측면에서 여러 가지 비판을 받으면서 민간환경단체가 본격적으로 환경교육 활동에 관심을 보이기 시작한 1990년대 초반까지 계속되었다.

둘째, 지식의 시대는 1980년대 중반부터 1990년대 중반까지이다. 계몽의 시기가 끝나갈 무렵, 유네스코(UNESCO)와 유넵한국위원회(UNEP)를 중심으로 하는 세계 환경교육의 이론과 지침들이 우리나라에 처음 소개되기 시작하였다. 1990년 접어들어 지식–태도–행동–가치 사이의 복잡한 관계가 알려지면서 지식 중심의 시대로부터 체험의 시대로 무게중심이 옮겨 가게 되었다.

셋째, 체험의 시대는 1990년대 중반부터 2000년대 중반까지를 말한다. 오염 현황에 대한 이미지와 지식을 전달하는 충격요법의 교육전략이 오히려 학생들을 무감각하게 만들 우려가 있다는 지적이 제기되면서 훼손되지 않은 자연의 아름다움과 우리가 노력하면 환경문제를 해결할 수 있다는 긍정적인 측면을 부각하는 쪽으로 방향이 바뀌게 되었다. 나아가 특히 낮은 연령층일수록 환경교육이 이론이나 지식을 전달하기보다는 감성과 상상력을 키워주는 방향으로 나아가야 한다는 데는 전반적인 합의가 이루어졌다.

넷째, 21세기를 맞이한 환경교육의 화두로 참여의 문제를 제기하는 사람들이 많다. 참여의 문제는 환경교육의 접근법에 따라 분류한다면 “환경을 위한 교육이 왜 중요하며, 어떻게 실현할 수 있는가?”라는 질문으로 바뀔 수 있다. 환경으로부터 그리고 환경 안에서의 교육은 궁극적으로 환경을 위한 교육으로 가는 과정이라고 말할 수 있다. 우리가 환경교육을 하는 이유는 수질 오염도를 측정하거나 숲의 영감을 느끼기 위해서가 아니라 우리의 가치관과 삶의 방식을 바꿈으로서 환경과의 조화를 회복하기 위해서이다. 이를 참여의 시대라고 정의하였고, 참여의 시대가 가장 이상적인 환경교육이라 하였다. 하지만 유아교육에서는 여전히 체험의 시대에 머물러 있다.

생태교육에 있어서도 흐름은 있다. 생태교육의 초반에는 자연(숲)해설교육으로 시작하였다. 숲의 기능, 식물의 기능 및 약효 등 인간의 이용적인 측면에서만 바라보는 자연(숲)해설교육이었다. 그러나 현재는 단순한 해설교육은 거의 사라져 가는 추세이며, 오감을 이용한 체험 즉 자연(숲)체험교육이 이뤄지고 있다. 여기에서 해설이라는 방법은 나쁘고 체험이라는 방법은 좋다는 이분법적인 사고에 빠지면 안 된다. 연령에 따라 방법은 달라져야 하는데 연령이 높을수록 지식이 들어간 해설에 비중을 많이 두고, 연령이 낮을수록 체험에 큰 비중을 두고 교육해야 교육효과가 크다.

생태교육에서 해설이란 방법이 잘못된 것이 아니라 해설의 내용이 중요하다. 자연(숲)해설을 할 때 단순한 생명의 이름을 알려 주거나, 인간이 자연을 이용하는데 유용한 내용만을 해설한다면 인간과 자연을 분리시키고, 인간이 자연을 지배하려는 사고를 갖게 해줄 수 있기 때문에 매우 조심해야 한다. 각 생명의 살아가는 지혜, 다양한 생명이 어우러져 살아가는 지혜를 알려 주고, 자연생태계 보전을 위해 인간의 역할을 알려 주는 내용의 해설을 해야 한다.

유아교육에서 생태교육의 시작은 산책프로그램, 텃밭가꾸기 프로그램, 유기농 먹거리에서 출발하였으나, 유아교육의 전반적인 교육환경, 부모교육, 생태교육 프로그램으로 확대되고 있다. 또한 숲유치원은 기존의 유아교육에 대한 대안교육의 성격을 띠고 있다.

3. 유아생태교육의 필요성 및 효과

1) 생태교육의 필요성

(1) 자연은 우리 생명의 근원

인간은 숨을 쉬지 않고 얼마나 버틸 수 있을까? 숨 참기 게임을 해보면 대부분의 사람들이 1분 안에 포기하고 숨을 쉬어 버린다. 뇌의 조직은 산소 결핍에 대해 저항력이 약하여 산소가 공급되지 않으면 몇 분 내에 의식불명이 되며, 시간이 지날수록 회복이 어려워진다.

그렇다면 인간에게 몇 분도 없어서는 안 될 산소는 어디에서 나오는 걸까? 바로 창 밖에 있는 나무들, 풀들을 포함한 광합성을 하는 생물들이 만들어 내는 것이다. 식물들은 인간을 포함한 동물들을 위해 산소를 만드는 것일까? 식물들은 이산화탄소와 물을 합성해서 포도당이라는 영양분을 만들고 이를 이용해서 살아간다. 이것이 광합성인 것이다. 영양분을 만들고 나면 찌꺼기가 생겨 이것을 몸 밖으로 버려야 하는데 이것이 바로 산소이다.

한 마디로 말하면 인간은 광합성을 하는 생물들이 버린 찌꺼기인 산소를 이용해 생명을 유지하는 것이다. 그러나 여기서 끝나지 않는다. 인간은 산소를 이용해 호흡을 하고 이산화탄소를 몸 밖으로 버리는데 이것은 광합성을 하는 생물들이 살아가기 위해 꼭 필요하다.

그렇다면 식물을 포함하여 광합성을 하는 생물들과 인간의 위상은 같을까? 아쉽게도 같지 않다. 지구에 식물들이 없어진다면 인간은 살아남기 어렵다. 그러나 인간이 멸종한다 해도 식물들은 살아갈 수 있다. 그것은 지구의 역사가 증명해 주고 있다. 또한 인간 몸의 70%를 차지하고 있는 소중한 물이 부족하거나 오염되면 며칠도 살 수가 없다. 그리고 건강한 식물과 동물이 없다면 인간의 먹거리 위협에서 자유로울 수 없다.

인간들은 그런데도 마치 '자연을 위해 자연을 보호하자'라고 말한다. 자연의 소중함을 알고 자연을 보전하기 위한 생태교육은 자연이 아닌 우리들을 위해서 필요한 교육인 것이다.

(2) 전지구적인 환경오염문제의 근본적인 해결

사람들은 더욱더 편리하게, 건강하게, 깨끗하게 살고자 과학과 기술을 발전시켜가고 있다. 그러나 우리의 환경은 어떠한가? 과학과 기술이 발달할수록 환경문제는 더욱 심각해져 가고 있다.

농경사회에서 산업사회로 변화되면서 환경오염문제가 발생하기 시작하였으며 산업사회는 자연과 인간을 분리하고, 인간이 자연을 지배하고 관리해야 한다는 기계론적 세계관이다. 이러한 기계론적 세계관은 환경오염문제를 발생시켰으며 생태계를 파괴하는 결과를 일으켰다. 예를 들어 프레온 가스(freon gas, CFC)는 무색무취의 가스로 차량·선박·냉장고·산업용 냉매제, 화장품·의류용 발포제, 전자제품의 세정제, 소화제, 추출제 등 산업 전반적으로 사용된다. 프레온 가스는 1928년 미국의 토머스 미즈리에 의해 발견됐고 인체에 독성이 없고 불연성을 지닌 이상적인 화합물이어서 한때 '꿈의 물질'이라고까지 불렸다. 그러나 이 가스가 대기 중에 올라가면 지구의 기류에 의해 남극에 모여 점차 퍼져 나가 자외선을 막아주는 오존층을 파괴함으로써 자외선을 막지 못해 기상에 이상을 초래, 피부암을 일으킬 가능성이 있는 것으로 알려졌다. 1990년 6월의 몬트리올의정서체결국 회의에서 오존층을 파괴할 우려가 강한 특정 프레온을 2000년까지 전폐할 것을 결정하게 되었다. 프레온 가스 대체물질로 HFC가 있지만, EU는 지구온난화의 주범 중에 하나인 플루오르 가스를 줄이기 위해 2011년부터 자동차 에어컨, 소화기, 신형 스프레이 제품 등에 HFC-134a 사용 금지를 결정했다.

CFC의 경우처럼 과학과 기술 때문에 생긴 환경오염문제를 현재의 생활 방식과 사고 방식의 변화없이 또 다시 기술로만 해결하려 한다면 우리는 끊임없이 또 다른 환경오염문제에 부딪히게 될 것이다.

환경오염문제를 근본적으로 해결하기 위해서는 우리의 생활방식과 사고방식을 바꿔야 한다. 사고방식을 바꾸기 위해서는 홍보와 교육이라는 두 가지 방법이 있다. 홍보는 즉각적으로 효과가 나타난다는 장점은 있지만 홍보를 멈추게 되면 다시 원상태로 쉽게 되돌아가는 단점을 가지고 있다. 반면 교육은 그 효과가 즉각적으로 나타나지 않는다는 단점을 가지고 있지만, 교육은 효과가 지속성을 갖는다는 장점을 가지고 있다.

따라서 우리들은 지구적으로 심각하게 발생하고 있는 환경오염문제를 근본적으로 해결하기 위해서 생태교육이 반드시 필요하다.

(3) 개인주의·이기주의 세계관에서 공동체 중심의 세계관으로 변화

아이들을 보면서 "요즘 애들은 너무 이기적이야. 자기밖에 모른다니까!"라는 말을 쉽게 한다. 하지만 가만히 생각해보면 우리들도 자라면서 어른들에게 이런 이야기를 듣고 자랐던 기억이 있다. 점점 아이들이 이기적이고 개인적으로 자라는 현상은 누구의 잘못일까? 대부분의 학부모들은 학교 교육의 문제점을 첫번째로 꼽는다. 그러나 아이러니하게도 교사들에게도 똑같은 질문을 하면 가정교육의 문제점을 첫 번째로 꼽는다. 그렇다면 과연 누구의 잘못일까? 그러나 누구의 잘못도 아니다.

농경사회는 서로 협동하지 않으면 안 되는 사회구조였다. 그래서 두레, 품앗이, 계 등이 발달하게 되었다. 반면 찰리 채플린(Charles Chaplin)이 주연과 감독을 맡았던 영화 '모던 타임즈'(*Modern Times*)라는 영화처럼 산업사회에서의 인간은 기계의 부속품처럼 개별화되어 개인과 개인, 개인과 가족, 사람과 사회, 사람과 자연이 별개로 분리되고 사람들은 이기주의에 빠져 들면서 공동체 의식이 점차 사라지게 만든다. 예를 들어 당신이 볼펜을 만드는 공장에 취직해서 볼펜심을 볼펜통에 끼워 넣는 역할을 맡았다고 생각해 보자. 당신은 볼펜심이 끊김없이 부드럽게 나오는지, 볼펜통의 디자인이 예쁜지 등은 신경 쓸 필요가 없다. 다만 누구보다도 빠르게 볼펜통에 볼펜심을 끼워 넣는 작업을 잘 수행해야 한다. 따라서 옆에 앉은 사람은 동료가 아닌 경쟁자로 여겨질 뿐이다. 부모들은 아이들에게 공부를 잘 하라고 말한다. 그런데 이때 "반에서 제일 잘 해라.", "학교에서 제일 잘 해라." 등 누구보다 더 잘 하라고 한다. 다 함께 잘 하라고 하지 않는다. 누구보다 뒤처지지 말고 앞으로 나아가라고 할 뿐이다. 따라서 옆에 앉은 친구는 함께 공부하는 친구가 아니라 이겨야 하는 경쟁자인 것이다. 이러한 이기주의는 어린 유아기에서부터 남을 누르고 이기고자 하는 과도한 경쟁의식을 부추기는 현상을 낳고 있다.

생태체험 활동 속에서 나는 혼자만의 고립된 존재가 아니라 모든 만물과 상호작용하면서 연결되어 있는 존재라는 것을 알게 된다면, 그리고 모든 생명은 부분이 유기적 전체이며 또 전체이면서 부분이라는 것을 알게 된다면, 내 아이만을 최고로 키우려고 하지 않고 다른 아이도 돌아보게 되며, 타인을 애써서 이기려고 하지도 않을 것이며, 자연을 마구 파괴하지도 않을 것이다. 생태교육은 유아 개개인의 개성 존중과 능력 신장뿐 아니라 공동체 세계관을 갖게 해준다. 인간의 세계관이 형성되는 유아시기에 생태교육은 너무 중요하다.

(4) 자연생태계가 파괴되는 일에 저항하며, 자연을 보전하기 위해 노력하는 동기 마련

자연 보전 행동은 자연에 대한 애정이 없이는 나오기 힘들다. 생태체험활동의 경험은 유아들에게 자연에 대한 애착심을 갖게 해준다. 이러한 애착심은 성인이 된 후에도 자연에 대한 긍정적인 이미지로 남아있어 자연을 보전하기 위한 행동으로 이어지게 되는 것이다.

2) 유아발달 측면에서의 생태교육의 효과

유아교육분야의 석·박사학위논문을 살펴본 결과 1997년에 처음 생태교육 관련 논문이 발표된 이후 1998~2002년에는 5편이 발표되었고, 2003~2007년에는 89편이 발표되었고, 2008~2012년에는 135편으로 증가 추세를 보였다. 최근 유아교육 연구에서 생태교육에 대한 연구가 활발히 이뤄지고 있음을 알 수 있다. 또 다른 특성 중의 하나는 숲체험 활동에 관한 연구가 2013년 이후 급격하게 증가하는 추세를 보이고 있다는 것이다.

유아의 친사회적 행동, 창의성, 수과학적 사고, 정서지능, 신체적 발달, 언어표현력 측면에서 생태교육의 효과를 살펴본 연구는 다음과 같다.

자연 속에서의 놀이는 대부분 협동놀이이다. 유아들은 생태놀이를 통해 자연스럽게 다른 친구들과 어우러져 사회성을 기를 수 있다. 생태교육이 유아의 친사회적 행동에 긍정적인 영향을 준다는 연구 결과들이 있다(권은희, 2003; 김기성, 2013; 김성미, 2008; 김은숙, 2013a;박은예, 2011).

유아들에게 획일적으로 공장에서 생산된 장난감은 원하는 대로 변형시켜서 논다거나 상상력을 더해서 놀기가 거의 불가능하다. 그러나 특정한 목적 없이 가지고 놀 수 있는 자연 장난감을 제공해 주면, 스스로 새로운 놀이 방법을 고안하여 창의적으로 놀 수 있게 된다. 예를 들어 공장에서 만들어진 토마스 기차는 기차로서의 역할밖에 할 수 없다. 그러나 기다란 나뭇가지는 오늘은 기차가 되었다가, 내일은 하늘을 나는 비행기가 되기도 하고, 멋진 칼로 변하기도 하고, 할아버지의 지팡이가 되기도 하고, 작게 잘라 젓가락이 되기도 하고, 나뭇가지 쌓기 장난감이 되기도 한다. 이렇게 자연물 장난감은 아이들의 상상력을 자극하여 창의력 발달에 도움을 준다. 생태교육이 유아의 창의성 발달에 긍정적인 영향을 준다는 연구 결과도 발표되었다(김연, 2011; 김은숙b, 2013; 김정희, 2007; 김주미, 2014; 박애순, 2010; 성희미, 2007).

유아들은 생태체험을 통해 많은 것들을 깊게 관찰하면서 집중력이 향상되며, 그 속에서 수·과학적 사고력도 향상됨을 알 수 있다. 생태교육이 유아의 수학적 사고력에도 긍정적인 영향을 준다는 연구 결과가 있으며(김성희, 2008; 김정주, 2008; 김효숙, 2010; 서영민, 2008; 이남희, 2011; 이혜경, 2014), 생태교육이 유아의 과학적 사고력에 긍정적인 영향을 준다는 연구 결과들도 있다(김명희, 2010; 김미경, 2011; 김민화, 2014; 김준희, 2005; 김지영, 2014).

신선한 공기와 다양한 날씨, 자연물 장난감을 경험하면서 자연스럽게 몸과 마음의 면역 체계가 발달된다. 녹색의 식물과 자연의 소리들은 유아들의 마음을 편안하게 해주며, 좁은 실내가 아닌 넓은 자연 환경은 유아들의 스트레스를 해소시켜 정서적 안정감을 준다. 생태교육이 유아의 신체발달과 건강에 긍정적인 영향을 준다는 논문 결과도 발표되었다(강선영, 2013; 김솔미, 2010; 김은주·변지혜,

2012). 유아의 정서지능발달에 긍정적인 영향을 준다는 연구 결과도 있다(구현주, 2011; 김미경, 2011; 김성애, 2012; 김신영, 2006; 김현정, 2008; 손관숙, 2008).

유아들은 자연체험을 통해 자연과 소통하고, 다른 친구들과 소통하고, 교사와 소통하는 경험을 하게 되는데 이때 감정적인 소통뿐만 아니라 언어적인 표현도 증가됨을 알 수 있다. 이러한 생태교육이 유아의 언어표현력 발달에 긍정적인 영향을 준다는 연구 결과도 발표되었다(오소영, 2010; 이경숙, 2008; 이인숙, 2008; 이종헌, 2011; 이종헌 · 이재욱, 2011).

4. 국내외 유아생태교육의 사례

1) 국내 유아생태교육의 사례

(1) 생태교육 관련 프로그램

임재택, 김은주, 하정연, 권미량, 조채영(2008)의 생태유아교육 프로그램은 생태학적 접근에서 시작되었으며, 자연과 조화를 이루고 생명을 소중히 여기며 공동체 속에서 행복하게 어울려 사는 것을 목표로 하는 프로그램이다.

조형숙, 홍은주, 김현주(2007)의 자연과 친해지고 교감하며 탐구하기 프로그램은 특정한 자연물을 주제로 선정하여 친해지기, 교감하기, 탐구하기가 연결되도록 하되 세 과정을 융통성 있게 순환적으로 진행하는 프로그램이다.

조형숙, 김선월, 김현주(2007)의 아이들과 함께 만드는 자연놀이터 프로그램은 아이들과 교사가 함께 구성해 가는 자연놀이터 만들기 활동을 통해 일상적 삶으로서의 경험을 제공하고, 직접적인 체험을 지향하는 통합적인 교육방법을 지향하는 프로그램이다.

지옥정(2007b)의 프로젝트 접근법을 활용한 자연친화교육 프로그램은 우리 주변에서 쉽게 볼 수 있는 나무와 풀꽃을 주제로 프로젝트의 기본 원리를 적용하여 유아들의 흥미와 궁금한 것을 중심으로 진행하는 프로그램이다.

에코아이 자연생태 프로그램은 2010년부터 많은 어린이집과 유치원에서 진행되고 있는 유아생태교육 프로그램이다. 에코아이 자연생태 프로그램의 목표는 각 생물들이 삶의 지혜와 서로 어우러져 살아가는 것을 통해 유아들에게 생명존중감을 갖도록 하는 것이며, 직접적인 자연체험을 통해 유아들이 자연 속에서 전인적인 성장을 하는 것이다. 자연생태 프로그램의 특징은 첫째, 동·식물뿐만 아니라 생태일반이라는 대주제를 통해 생물과 생물의 관계, 생물과 무생물의 관계, 인간과 자연의 관계를 다루었다. 둘째, 계절과 주변 자연환경에 적합한 주제를 선정함으로써 적용이 쉽도록 하였다. 셋째, 방법적으로는 관찰뿐만 아니라 다양한 생태놀이를 접목하였으며 다양한 표현활동을 포함하고 있다.

(2) 숲유치원

국내의 숲유치원은 설립유형과 설립주체에 따라 다양하며, 운영 장소 및 운영시간, 참여 형태, 대상 연령 등에 따른 다양한 운영형태를 가지고 있다. 설립유형에는 국공립과 사립이 있으며, 설립 주체에 따라 국가주도형, 법인 및 단체주도형, 개인주도형으로 나눌 수 있다(장희정, 2012). 운영형태에 있어서는 크게 전형적인 매일형과 주기적 체험형으로 구분되며, 이외에도 정기·단기형, 평일·주말형, 정규·방과후반뿐만 아니라 부모님 동반 유무 및 숲해설가 동반 유무 등 다양한 기준에 의하여 구분 될 수 있다(김상림, 안효진, 이시자, 2014). 국내에서 유아숲교육 초창기에는 숲유치원이라는 명칭을 사용하였으나, 현재는 교육부의 반대로 공식적으로는 숲유치원이란 명칭을 사용하고 있지 않다.

국내 숲유치원의 유형은 〈표 1-3〉과 같다.

〈표 1-3〉 국내 숲유치원 유형 분류

유 형		비 고
체험형 숲유치원	산림청, 국립공원 관리공단, 기초단체 등 정부 기관에서 제공(숲해설가, 자연환경해설가들이 교사로 활동) 숲속유치원 프로그램, 찾아가는 숲유치원, 과외형 숲유치원 등이 있다.	일반유아교육기관에서 접수 신청함(주 1회, 2회/10~15회 연속 참가 등 다양한 선택 가능, 무료).
	기업이나 단체, 혹은 민간이 제공(유료)	일반 유아교육기관이 신청
		부모들이 개별 신청
매일형 숲유치원	기존 유아교육기관의 숲학급 (전형적인 숲유치원을 하는 기관)	장애 및 복지 시설
		국 · 공립 유아교육기관
		사립 유아교육기관
	비인가 숲유치원	학부모들이 주도적으로 운영 (유아전문교사가 함께 함)
		연구소에서 설립 운영
		기존 유아교육기관에서 정원 외 숲학급 모집
		민간인이 숲유치원 설립

출처: 장희정(2012). 유럽 생태대안교육인 숲유치원에 대한 학문적 고찰 및 국내 숲유치원 전개 방안. p. 110.

(3) 유아숲체험원, 유아숲체험장

국내의 국립공원, 자연휴양림, 지자체에서 운영하는 공원에서도 생태교육 프로그램들이 운영되고 있다.

유아숲체험원은 '산림교육의 활성화에 관한 법률'에서 유아가 산림의 다양한 기능을 체험함으로써 정서를 함양하고 전인적 성장을 할 수 있도록 지도·교육하는 시설이라고 정의하고 있다. 유아숲체험원의 기준 및 인허가, 관리는 산림청에서 하고 있다. 2014년 현재 천보산 유아숲체험원, 대관령 유아숲체험원, 금오산 유아숲체험원, 용정 유아숲체험원, 방장산 유아숲체험원, 인천대공원 유아숲체험원,

5·18 유아숲체험원, 모라 유아숲체험원, 가리산 유아숲체험원, 연화산 유아숲체험원, 장산 유아숲체험원, 지리산 유아숲체험원, 용현산 유아숲체험원 등 23개소의 유아숲체험원에서 유치원, 어린이집과 연계한 계절별 유아 숲체험 프로그램을 운영하고 있다(산림청, 2015).

서울특별시의 경우에는 유아숲체험원의 기준과 달리 각 구청에서 자체적으로 1~3개의 유아숲체험장을 운영하고 있다.

아래 사진은 산림청에서 운영중인 심항산 유아숲체험원의 시설이다.

입구

대피소 1

대피소 2

인디언집, 나무블록

밧줄체험

미로체험

야외 화장실

모래 놀이터

(4) 자격증제도 및 인증제

생태교육과 관련된 국가자격증들은 매우 유사한 성격을 가지고 있지만 관련부처에 따라 조금씩 다른 명칭과 교육과정을 사용하고 있다. 다음의 〈표 1-4〉는 생태교육관련 국가자격증을 정리한 내용이다.

이 중 유아숲지도사는 '유아'라는 단어를 자격증명에 명시하고 있으며, 생태교육관련 자격증 중 유일하게 대상을 특화한 자격증이다.

〈표 1-4〉 생태교육관련 국가 자격증

구 분		내 용
자연환경 해설사	정의 또는 역할	생태 · 경관보전지역, 습지보호지역 및 자연공원 등을 이용하는 사람에게 자연환경 보전의 인식증진 등을 위하여 자연환경해설 · 홍보 · 교육 · 생태탐방안내 등을 전문적으로 수행한다.
	관련법	자연환경보전법 제59조
	관련부처	환경부 자연정책과
산림교육 전문가	정의 또는 역할	산림교육전문가는 숲해설가, 유아숲지도사, 숲길등산지도사로 나누어진다. 숲해설가는 국민이 산림문화 · 휴양에 관한 활동을 통하여 산림에 대한 지식을 습득하고 올바른 가치관을 가질 수 있도록 해설하거나 지도 · 교육하는 사람을 말한다. 유아숲지도사는 유아가 산림교육을 통하여 정서를 함양하고 전인적 성장을 할 수 있도록 지도·교육하는 사람을 말한다. 숲길체험지도사는 국민이 안전하고 쾌적하게 등산 또는 트레킹(길을 걸으면서 지역의 역사·문화를 체험하고 경관을 즐기며 건강을 증진하는 활동을 말한다.)을 할 수 있도록 해설하거나 지도·교육하는 사람을 말한다.
	관련법	산림교육의 활성화에 관한 법률 제2조
	관련부처	산림청 산림휴양문화과
지질공원 해설사	정의 또는 역할	지질공원에 대한 지식을 체계적으로 전달하고 지질공원 해설 · 홍보 · 교육 · 탐방안내 등을 전문적으로 수행한다. 지질공원이란 지구과학적으로 중요하고 경관이 우수한 지역으로서 이를 보전하고 교육 · 관광 사업 등에 활용하기 위하여 환경부장관이 인증한 공원을 말한다.
	관련법	자연공원법 시행령 제36조6
	관련부처	환경부 공원생태과
사회환경 교육 지도사	정의 또는 역할	사회환경교육은 학교환경교육을 제외한 환경교육을 말하며, 사회환경교육지도사는 사회환경교육을 수행한다.
	관련법	환경교육진흥법 제11조
	관련부처	환경부 환경협력과

환경부는 환경교육 프로그램의 질적 수준 향상과 정보 제공을 위해 환경교육진흥법 제13조에 의거하여 프로그램의 친환경성, 우수성, 안전성 등을 심사하여 '환경교육 프로그램 인증제'를 시행하고 있다. 2014년 11월 기준으로 전국 264개의 인증 프로그램이 인정을 받았으며, 이는 초록지팡이 사이트에서 검색해 볼 수 있다.

산림청은 산림교육 프로그램의 개발 및 보급을 위해 산림교육 활성화에 관한 법률 제8조에 의거하여 '산림교육 프로그램 인증제'를 실시하고 있다. 산림교육 인증 프로그램은 산림청 홈페이지에서 검색해 볼 수 있다. 에코아이의 '숲에서 자라요' 프로그램은 산림청에서 인증 받은 유아생태교육 연간 프로그램이다.

2) 국외 유아생태교육의 사례

(1) 일본

일본의 생태교육 프로그램은 영리·비영리단체에서 운영하는 자연체험중심의 프로그램이 있는데 유아를 포함한 다양한 연령을 대상으로 교육하는 것이 특징이다. 유아만을 대상으로 하는 생태교육은 일반 유아교육기관에서 생태교육을 강화해서 진행하는 경우와 숲유치원 프로그램이 있다. 일본의 경우 매일형 숲유치원만 숲유치원협회에 가입이 가능하다.

① 키프(KEEP)협회

키프협회는 자연체험과 환경교육을 하는 공익재단협회이다. 유아나 아동들을 위한 교육 프로그램인 자연학교는 유지 숲유치원, 야마모리 캠프, 낙농 체험 프로그램, NEC세계 어린이 자연 클럽이 있다. 이 중 자연체험 캠프 프로그램인 야마모리 캠프는 해발 1,350m의 키요 사토 고원을 무대로 숲에서, 목장에서, 계곡에서 진행된다. 유지 숲유치원 프로그램은 만 3~6세의 유아와 그 가족을 대상으로 한다(http://www.keep.or.jp).

KEEP 야마 모리 캠프

출처: http://blog.goo.ne.jp/keep_ yamamori

② 홀어스 자연학교

홀어스 자연학교는 1982에 설립되었으며, 세계문화유산인 후지산 인근 시즈오카현에 위치한다. 후지산 산기슭의 자연과 아사기리 고원의 자연 등 4개의 지역에 5개의 거점을 마련하여 활동을 하고 있다. 홀어스 자연학교의 프로그램은 크게 6가지로 구분된다. 첫째, 아웃도어 프로그램으로 동굴탐험, 트레킹, 카누 등의 활동이 있다. 둘째, 캠프 프로그램으로 어린이 캠프, 가족 캠프, 유목민 캠프, 밤 캠프 등이 있다. 셋째, 식농 프로그램으로 먹거리 활동, 모내기 프로그램 등이 있다. 넷째, 에코투어 프로그램이 있다. 다섯째, 지도자 프로그램으로 자연학교 강좌, 프로젝트 WILD/WET, 자연체험활동지도사 양성 프로그램 등이 있다. 여섯째, 기업에서 하는 사회공헌 활동 지원 프로그램으로 사유림을 가지고 있는 회사가 그 사유림에서 할 수 있는 활동들을 지원하고 있다(http://wens.gr.jp).

홀어스 자연학교

③ 오오쿠노 숲유치원

오오쿠노 숲유치원은 도쿄에서 한 시간여 떨어진 시골마을에 위치한다. 다나카 원장이 12년전 덴마크의 숲유치원을 견학하고 나서 2001년 숲유치원을 열었다. 처음에는 2명의 유아로 시작한 후 지금은 만 3~5세 27명의 유아들이 일본식 나무 주택에서 생활하고 있다. 하루일과는 9시에 시작하여 4시까지 운영된다. 노는 것에 지친 아이는 점토로 만들기, 그림 그리기 등을 한다. 점심식사 후에는 아이들의 마음을 가라앉히고, 연령별로 나누어 그림책 2권을 읽어 준다. 그 후 만 3세는 1시간의 낮잠을 자고, 만 4~5세는 자유놀이를 한다. 이곳의 유아들은 대부분을 바깥놀이터와 유치원 주변 자연 속에서 놀면서 보낸다. 비가 오면 비옷을 입고 놀고, 매주 금요일은 등산을 하는데 처음에는 5~6km를 걷다가 점차 거리를 늘려 2학기에는 10km 이상을 걷는다. 오오쿠노 숲유치원은 비인가로 운영되기 때문에 정부의 표준보육과정을 따르지 않는다. 삼나무숲 속에서 유아들은 많은 것을 발견하고 감동을 얻어 마음이 풍요로워진다. 오오쿠노 숲유치원의 목적은 자연을 체험하고, 유아들의 관찰력, 운동력, 감각, 언어, 상상력, 자립성, 협동성을 키우는 것이며 '건강한 아이들의 숲활동은 아이들의 권리'라는 운영철학을 가지고 있다.

오오쿠노 숲유치원

④ 모아나 보육원

모아나 보육원은 시민단체 모아나 프로젝트에서 운영하는 숲유치원이다. 협동조합 형태로 운영이 되고 있으며, 사회공헌을 목적으로 아이들을 위한 사업에 집중을 하고 있다. 의식주 중에서 '의'(衣)와 관련하여 커튼, 모자 등을 오가닉으로 제작하여 사용하고 있다. '식'(食)은 유기농 식재료, 식물성 기름을 사용하며, 발효식품을 식단에 많이 넣고 있다. 인근 4곳의 밭을 빌려 경작하고 있으며 아이들과 함께 텃밭 가꾸기 활동을 하고 있다. '주'(住)와 관련하여 일본 동북지역 삼나무를 가지고 와서 화학적 처리를 하지 않고 열기를 씌워 처리한 목재로 테이블, 의자, 장난감, 바닥, 벽면, 책장 등을 만들어 사용하고 있다. 그리고 접착제를 사용하지 않고 조립형태로 시공하는 전통방식으로 제작하였다. 매일 오전활동은 도보로 10분 거리의 도심녹지공원에서 이뤄진다. 주말에는 부모님께 활동을 소개하는 프로그램을 월 1회 진행하고 있다.

모아나 보육원의 교육철학은 크게 세 가지이다.

첫째, 쉐어링 네이처(sharing nature)로 놀이를 통해서 아이들이 자연을 느끼는 것이 중요하다. 꽃의 이름을 아는 지식적인 측면보다 아이들이 느끼고, 공감하는 것이 더 중요하다.

둘째, 많이 놀기로 유아들에게 가장 중요한 것은 놀이이다. 아이들은 놀이를 통해 배우고 살아간다.

셋째, 가족과 친해지기로 아이들의 활동뿐만 아니라 유아들을 지탱시켜 줄 가족 환경도 중요하다. 그래서 가족의 커뮤니티를 연결하는 것을 중요한 활동으로 삼는다.

모아나 보육원

일본에서는 자연환경 속에서 유아교육과 보육 활동을 하는 곳을 숲유치원이라고 한다. 숲유치원 중에는 원사가 있는 곳도 있고, 없는 곳도 있다. 숲유치원은 의도적으로 어른의 생각과 사고방식을 강요하지 않고, 아이가 가지고 있는 감각과 감성을 믿고 꺼내는 방법을 실천하고 있다.

2005년부터 전국 교류 포럼이 열리고 숲유치원을 실천하고 있는 사람들 사이에서 정보 교환과 교류가 시작되었다. 숲유치원 안에는 유아와 그 보호자(주로 어머니)를 대상으로 한 육아지원도 이루어지고 있으며, 자연환경 속에서 느긋하게 놀고 육아 고민 상담과 부모끼리의 교류를 가짐으로써 육아에 대한 불안과 부담을 완화하고 있다.

⑤ 그 외

요꼬하마 자연관찰의 숲메구로 자연학습원, 후레아이 자연센터, 도요타의 숲, 기타모토 자연관찰공원, 야마나시현에서 운영하는 현민의 숲, 산림과학관, 아츠히가타 자연관찰센터, 야마다 공원, 키타규슈시 자연사·역사박물관, 키타규슈시 환경박물관 프로그램 등이 있다.

(2) 미국

미국의 생태교육 관련 프로그램은 다음과 같다.

① GTP(Global Thinking Project)

GTP(Global Thinking Project)는 미국의 환경보호국(EPA: United States Environmental Protection Agency)이 보급하고 있는 환경교육 프로그램이다. 전 세계적으로 환경에 대한 연구와 새로운 도구를 가지고 교사와 학생이 참여하는 교육프로젝트이다.

GTP 홈페이지(http://www.global-thinking.net)

② PLT(Project Learning Tree)

PLT는 자연 환경에 대한 올바른 이해를 돕기 위해 1970년대 수많은 전문가들이 참가하여 만든 미국의 체험환경교육 지침서이다. PLT는 유치원을 비롯한 학교 교사와 학부모, 지역 사회 지도자를 위해 설계되었고, 간학문적 성격을 띤 현장 활동중심의 프로그램이다. 체험교육을 통해 비판적인 사고능력을 계발하고 복잡한 환경 문제에 대해 어떻게 생각하고 실천할 것인가를 가르치는데 초점을 둔다. PLT의 활동 가이드는 96개의 교육 활동(2014년 기준)으로 구성되어 있으며, 자연에서의 기초적인 경험, 예술, 문학, 수학, 음악, 신체활동, 야외놀이로 구성된 프로그램이다. 그중 일부 주제는 다음의 〈표 1-5〉와 같다.

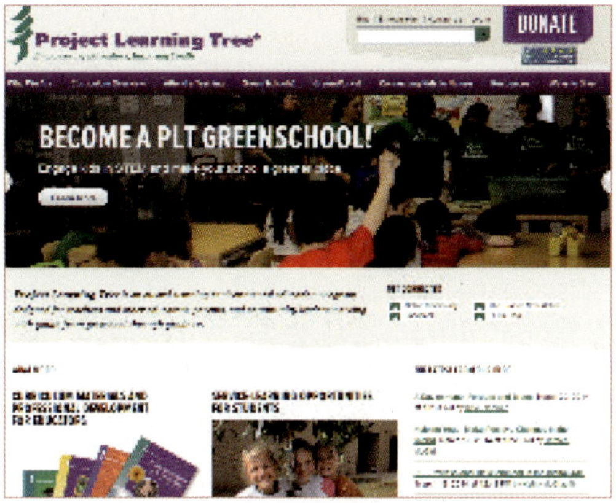

PLT 홈페이지(https://www.plt.org)

〈표 1-5〉 PLT 주제

• 물체의 형태	• 나무 만지기	• 주변에서 들려오는 소리
• 시와 나무	• 소중한 나무	• 풍요로운 행성
• 태양 이야기	• 숲속 사람들	• 다양성의 도표화
• 선 위의 값	• 환경교환상자	• 서식지에서의 나무들
• 떨어진 통나무	• 자연의 순환	• 우리 모두는 나무를 필요로 한다.
• 새와 벌레	• 역동적인 파트너	• 나무가 주는 이익
• 공기와 식물	• 강우계절	• 숲에서 누가 일을 하나
• 숲의 중요성	• 오염조사	• 종자는 여행한다
• 나무의 성장	• 에너지 탐정	• 햇빛과 녹색 그림자
• 놀라운 물	• 폐기물 이야기	• 빈터는 비어 있는 것인가
• 나무 심기	• 교정 탐험	• 알루미늄에 대해 고찰하기
• 종이 만들기	• 생명의 그물	• 400acre 숲 관리 이용해보기
• 인쇄의 힘	• 흙 이야기	• 이상적 공동체 사회 만들기
• 자원의 순환	• 거대한 생장	• 행동하는 민주주의
• 포장 엿보기	• 나무 쿠키	• 당신의 나무는 얼마나 큰가
• 절약과 재활용	• 가을의 신호	• 천이 만큼 성공적인 것은 없다
• 눈 열기	• 나무를 위한 숲	• 불과 함께하는 생활
• 낭비 감시자	• 나무의 이름	• 세상은 변하고 있다
• 나무 이야기	• 지상의 예절	• 벼랑 끝에 선 생물들
• 공기 이야기	• 열대림에서	• 우리가 숨 쉬는 공기

③ 쉐어링 네이처(Sharing Nature)

쉐어링 네이처는 조셉 코넬이 1970년대에 자연체험활동을 통해 얻은 경험을 정리해서 1979년 『자연체험』(*Sharing Nature with Children*)이란 책으로 출간되면서 알려졌다. 놀이와 활동에는 흐름이 있는데 그 흐름을 '플로러닝'(Flow Learning)이라 한다. 플로러닝은 1단계 '열의를 일깨우기', 2단계 '주의를 집중하기', 3단계 '자연을 직접 체험하기', 4단계 '감동 나누기'이다. 각 단계에 맞는 여러 가지 놀이로 구성되어 있다. PLT는 조직적, 물적, 이성적, 분석적이지만 쉐어링 네이처는 개인적, 영적, 감성적, 통합적이라는 점에서 두 프로그램이 대조적이다.

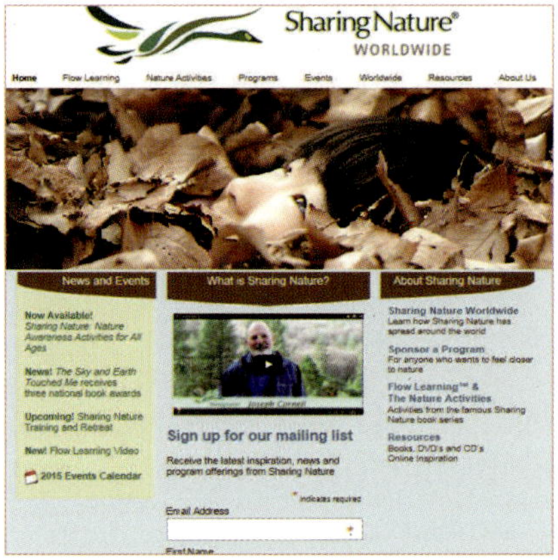

쉐어링 네이처 홈페이지(http://www.sharingnature.com)

④ 그 외

'자연아 프로그램'(Naturkind program)은 유아들이 교실에서 동물들을 키우며 함께 생활하는 상호작용 프로그램이다. 이 프로그램에 참여한 유아들은 동물 보호, 학습동기 부여, 사회적·정서적 발달에 효과가 있었다(Cohen, Tunick, 1993; Juhu, Mark, 2011). 샌프란시스코의 자연교육 프로그램 중에는 유아를 위한 '새' 교육 프로그램이 있는데 1단계는 동·식물의 행동이나 표현적인 차이를 관찰하기, 2단계는 동·식물에게 하지 말아야 행동 알기, 3단계는 동·식물의 일반적인 중요한 구조를 식별하기(예를 들면, 줄기, 잎, 뿌리, 팔, 다리, 날개 등)에 맞춰 구성되어 있다(http://www.sfnature.org).

이 외에 각 국립공원에서 운영되는 어린이 고고학자, 주니어 레인저와 같은 프로그램들은 유아를 비롯한 어린이들에게 손쉽게 야생 동식물을 관찰할 수 있도록 다양한 프로그램이 진행되고 있다.

미국 국립공원 홈페이지(http://www.nps.gov)

(3) 독일

독일은 숲유치원이 900여 곳 있을 만큼 생태교육이 활발히 이루어지고 있으며, 다양한 자연체험이 이루어지는 에코스테이션(Eco-Station), 슈트트가르트 숲의 집, 칼스루에 숲교실 등 체험학습장 프로그램들이 있다.

① 숲유치원(Waldkindergarten)

독일의 숲유치원은 기존의 유치원이나 보육시설의 유아들이 각 유아교육기관의 연간교육계획이나 월간교육계획에 의해 정기적으로 숲으로 와서 숲 속을 체험하는 형태로 교육이 이루어지는 경우도 있지만, 대부분의 전형적인 숲유치원은 숲으로 등원하고 숲에서 모든 유치원의 교육과정이 진행되며, 숲에서 귀가하는 형태를 취하고 있다. 1993년에 숲유치원이 최초로 설립된 이후 학부모와 사회단체, 지방자치단체의 후원과 지지에 의해 2002년에는 74곳이었던 숲유치원이 2009년 현재 900여 곳이나 된다(이명환, 김은숙, 2011). 매일 숲에서 활동하는 전형적인 숲유치원에서 이루어지는 기본 활동은 아침 모임, 간식, 자유 놀이, 마무리 모임 4개요소로 구성되어 있다. 주간계획은 커다란 범주에서 요일별로 정해진 대주제가 반복되고, 연간계획에는 절기 행사와 축제, 종교 행사 등이 포함된다(장희정, 2012).

② 에코스테이션(Eco-station)

프라이부르크 에코스테이션(Eco-station)은 1990년에 만들어진 환경교육센터이다. 에코스테이션은 특별한 건축양식으로 지어진 생태적인 모델하우스와 유기농 작물 및 약초가 자라는 자연친화적인 정원이다. 이곳에서 실시되는 유아 대상 프로그램으로는 유기농 야채 심고 가꾸어 맛보기, 퇴비조사와 식물퇴비, 서식지로써의 나무와 물, 자연을 경험하고 탐험하기, 야생 당근(종다양성 흔적 찾기), 수서곤충과 수서생물 관찰하기, 나비와 무당벌레 관찰하기 등이 있다.

프라이부르크 에코스테이션

출처: http://vorort.bund.net/oekostation

③ 슈트트가르트 숲의집(Haus des Waldes in Stuttgart)

슈트트가르트 숲의 집 교육프로그램은 숲의 동물들, 새, 토양과 토양 생물들, 나무, 숲의 성장, 숲과 물질의 순환, 먹이 관계, 숲의 기능, 산림관의 일 체험, 사계절, 창의성, 재생산이 가능한 원료 목재 등이 있다.

슈트트가르트 숲의 집

출처: http://www.hausdeswaldes.de/

④ 칼스루에 숲교실(Das Waldklassenzimmer in Karlsruhe)

칼스루에 숲교실은 칼스루에라는 도시의 중심부에 있다. 이곳은 바덴뷰템베르

크주 산림청과 칼스루에시, 산림보호단체에서 공동으로 운영한다. 유아를 대상으로 하는 프로그램에는 모든 감각을 이용한 숲체험, 숲의 동물 알아보기, 숲에서 흔적 찾기, 숲탐정, 나무를 알아가요, 자연물을 이용한 만들기, 숲이 만들어내는 음악, 동화가 가득한 숲 등이 있다.

칼스루에 숲교실

출처: http://www.waldpaedagogik-karlsruhe.de

(4) 북유럽

1964년 덴마크에 사는 엘라 플라타우(Ella Flatau) 부인이 자신의 자녀들을 데리고 매일 숲에서 놀이를 하다가 이웃 주민들의 요청으로 점점 발전하여 부모들이 주도가 된 것이 숲유치원으로 탄생하게 되었다. 이처럼 북유럽의 나라들은 어느

나라보다 먼저 숲교육을 시작하였다. 덴마크의 숲유치원은 1990년대에 기존 유치원교육의 대안으로 확고히 자리를 잡았고, 2004년에 이미 100여개의 숲유치원이 성공적으로 운영되고 있다. 국토의 60% 이상이 숲으로 되어 있는 자연환경, '자연공동사용법'이라는 법을 만들어 국민이라면 누구나 자연체험활동을 할 수 있도록 지원하는 법제도가 바탕이 되어 유아교육 속에 자연교육이 자연스럽게 녹아 있다. 매일형 숲유치원이 아닌 일반유치원도 주 1일 이상 숲교육을 하고 있다. 다음은 각 나라별로 필자가 방문했던 유치원에 대한 내용이다.

① 덴마크

시핀겐 숲과자연 유치원(Skov−og Naturbørnehave Siflingen)은 숲 속에 위치한 전형적인 숲유치원이다. 먼저 시설을 살펴보면 세 동의 작은 건물로 구성되어 있는데, 한 동은 교실과 주방이 있으며, 또 다른 한 동은 미술실로 사용되고, 나머지 한 동은 목공실이다. 야외시설로는 불을 사용할 수 있는 공간, 흙놀이를 하는 공간, 나무놀이 공간, 밧줄놀이 공간이 있다.

아이들은 23명의 혼합연령으로 구성되어 있으며, 유치원 교사는 4명이다. 하루 일과를 살펴보면 오전 8시에 모여 하루의 스케줄을 시작한다. 이때 소개하는 내용은 시간별 선생님은 누구인지, 간식으로는 어떤 것을 먹는지, 생일인 친구는 누구인지를 소개한다. 아이들은 바깥장소, 미술실, 산책을 선택하여 놀이를 한다. 점심을 먹고 자유놀이를 한 후 4시 30분에 귀가한다. 일주일에 1번은 정해진 장소에서 불을 지피며 사용할 수 있다. 교사가 계획해서 하는 활동은 빵 만들기, 친구 생일선물 만들기 정도뿐이다. 숲에서의 자연과 놀이를 기본으로 하지만 이외에도 유아들이 직접 보고 경험하는 것이 중요하므로 박물관, 콘서트 등의 현장체험을 하고 있다.

입구

유치원 전경

주된 건물

불놀이 장소

짚풀 놀이터

밧줄놀이

교실 전경

목공실

② 노르웨이

뢰드베르게 자연유치원(Rødberget Naturbarnehage)은 2004년 설립되었으며 오슬로시에서 운영하는 공립유치원이다. 오슬로시에는 약 25개의 공립숲유치원이 운영되고 있다. 만 3세에서 6세 연령의 12명 아이들과 주교사 1명, 보조교사 2명이 근무하고 있는 전형적인 노르웨이 숲유치원이다. 최소 규모로 운영되고 있는 것이 특징이다.

하루 일과는 오전 10시에 시작해서 오후 2시나 3시까지 숲에서 활동하다가 유치원 건물로 돌아와서 5시까지 지낸다. 교실은 좁기 때문에 뛰는 활동은 하지 못하고 그림 그리기, 레고 활동 등을 한다. 교사들은 아이들에게 성취에 대한 즐거움을 가르치는 것을 가장 중요한 목표로 하고 있다. 숲에서 대부분의 시간을 보내기 때문에 유치원은 매우 간단한 시설만 갖추고 있다.

일반유치원과 마찬가지로 부모들이 교육비의 4분의 1을 부담하고, 나머지는 국가가 지원한다.

유치원 전경

유치원 마당

미끄럼틀과 모래놀이터

교실 입구

교실 전경

교실 전경

③ 스웨덴

라바켄 유치원(Råbåcken Förskolan)은 20년 전에 설립된 공립유치원이다. 전형적인 숲유치원이 아닌 일반유치원이다. 그러나 숲과 인접한 지역에 친환경으로 건축물이 지어져 있으며, 야외 활동중점으로 운영되고 있다. 학기별 주제중심 통합교육을 실시하고 있으며, 교육방법으로는 몬테소리교육, 레지오에밀리아 접근법, 숲교육이 통합되어 운영되고, 매일 날씨와 관계없이 1일 1시간 이상 실외활동을 하며 주 1회 숲에서의 교육을 병행하고 있다. 스웨덴은 국가고시 유아교육과정에서 최소 주 1회 숲활동을 하도록 규정하고 있다. 따라서 모든 일반유치원은 주 1회 이상 숲에 가는 '숲의 날'을 기본적으로 실시하고 있다. 교사 19명(정교사 6명, 보조교사 13명)에 원아는 1~6세 연령의 120명이다.

모래놀이 시설 및 유아들의 놀이 장면

야외놀이 시설

유치원 교실 전경

유치원 복도 전경

④ 핀란드

또이보 유치원(Toivo Päiväkoti)은 2009년 헬싱키시에서 설립한 공립유치원이다. 일반학급과 2개의 숲반을 통합적으로 운영하고 있다. 6세 프리스쿨(preschool) 2반 45명을 포함한 125명의 유아들이 다니고 있다. 이 중 숲반은 2세 8명, 3~5세 14명이 있다. 2세 숲반은 일주일에 2번, 하루에 2시간씩 숲활동을 하며, 3~5세 숲반은 일주일에 3번, 하루에 3시간씩 숲활동을 하고 있다.

일반학급의 유아도 국가교육과정에 따라 하루 2시간 의무적으로 야외활동을 하고 있다. 1주일에 1일, 1~2시간 숲활동을 하고 있다. 숲에는 10곳의 숲장소가 있는데 학기 초에는 교사가 활동할 숲장소를 정하지만 나중에는 유아들이 활동하고 싶은 숲장소를 정한다. 2명의 숲전문교사가 근무하고 있다. 숲의 정해진 장소에서는 불사용도 하고 있다.

유치원 입구

야외놀이 시설 전경

야외놀이 시설 전경

야외놀이 도구 보관창고

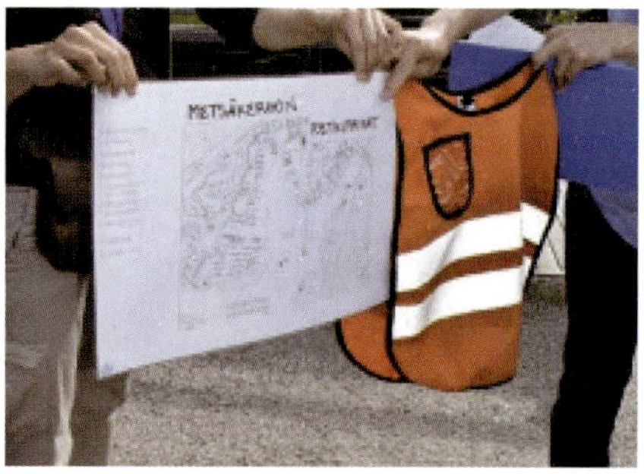

숲반 유아들의 복장

숲활동시 불피우는 장소

5. 유아생태교육의 내용과 방법

1) 유아생태교육의 내용

(1) 체험교육

남효창(2006)은 생태교육에서 가장 중요한 것은 어린이들에게 모든 감각 기능을 통해 자연을 경험할 수 있는 기회를 주어야 한다는 점이며, 나무를 관찰하거나 숲의 토양을 맨발로 느껴보고, 새소리에 귀를 기울이며, 예쁜 초본들의 향기에 취해보는 과정이야말로 어린 시절에 놓쳐서는 안 될 경험이자 추억이라 하였다. 그리고 자연체험을 통해 얻은 생생한 기억과 창의력은 자연과 인간의 유기적인 관계에 대한 인식뿐만 아니라 그 안에 존재하는 인간의 자의식을 고취시킨다고 하였다. 이외에도 많은 학자가 생태교육에서 체험의 중요성을 강조하고 있다. 따라서 유아들을 대상으로 하는 생태교육의 내용은 지식 위주의 이론보다는 체험으로 구성하여야 한다.

(2) 연령에 따른 내용 구성

생태교육의 내용은 연령에 따라 내용 구성을 다르게 하여야 한다. 이는 동일한 내용이라도 연령에 따라 교육효과가 다르기 때문이다. 성인일수록 체험보다는 지식과 기술 전달의 내용으로 구성하고, 유아일수록 지식과 기술보다는 체험 위주로 교육내용을 구성해야 한다.

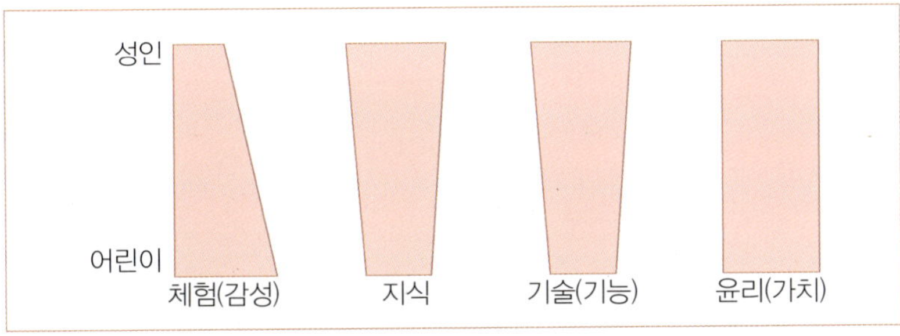

그림 1-2 연령에 따른 생태교육 내용, 페스탈로치연구소(1997)

출처: 남효창(2006). 얘들아 숲에서 놀자. p. 36.

(3) 이름이 주는 한계점

처음 생태교육을 시작하는 사람들이 생태교육을 시작하는 데 있어서 가장 두려워하는 것은 아마도 생물의 이름일 것이다. 무심코 지나쳤던 나무의 이름이 다르고, 들풀은 나무보다 종류가 더 많다. 풀밭에 뛰어다니는 곤충의 종류는 들풀보다 더 많다. 일반적으로 유아숲지도사들도 식물들의 이름을 외우는 데는 일반적으로 3년 정도 걸린다. 따라서 생물들의 이름을 먼저 공부한 다음에 생태교육을 시작하겠다는 생각을 한다면 오랜 시간이 걸리고 시작하기도 힘들 것이다.

또한 초보 유아숲지도사들이 가장 많이 하는 실수 중에 하나가 이름을 안다는 기쁨에 교육생들에게 이름을 알려 주는 해설 위주의 수업을 하는 것이다. 교사들도 이름 위주로 공부를 시작한 사람들은 이름만 알려 주는 교육을 하기 쉽다. 그러나 가만히 생각해보면 이름을 안다고 해서 그 생물에 대해 다 안다고 할 수 있을까? 그렇지 않다. 오히려 이름을 안다는 것 때문에 "나는 쟤 알아!" 하면서 그냥 지나쳐 버리기 쉽다.

우리나라 국민이면 누구나 알고 있는 소나무에 관한 몇 가지 질문을 통해 설명하고자 한다.

첫 번째 질문: 아래 사진 속의 나무를 보자. 나무의 이름은 무엇일까?

어떤 사람은 소나무라고 하고, 어떤 사람은 잣나무라고 할 것이다.

필자가 숲해설을 처음 배울 때 나무를 가르쳐 주시던 교수님께서 상수리나무 잎과 밤나무 잎을 구별하는 방법을 가르쳐 주셨다.

상수리나무 나뭇잎은 밤나무 나뭇잎과 매우 비슷하게 생겼다. 그러나 잎의 침 색깔을 보면 두 나무를 구분할 수 있다. 침 색깔이 황색이면 상수리나무, 녹색이면 밤나무이다. 배울 때는 고개를 끄덕이며 열심히 외웠다. 그러나 막상 아이들을 데리고 야외에 나갔을 때는 "녹색이 밤나무? 녹색이 상수리나무?" 혼돈되어 무척 당황했던 경험이 있다. 그때 빨리 재치를 발휘하여 "얘들아 나무 밑에 보자. 뭐가 보이니?"라고 물으니 아이들이 "밤송이요."라고 대답한다. "그래, 이 나무는 밤나무야!" 단순한 것 같지만 생태교육을 하는 데 있어서 매우 중요한 이야기를 하는 것이다. 그 나무에 대해 알고 싶다면 바로 그 나무 밑을 보면 된다. 그곳에는 꽃의 흔적, 열매의 흔적, 잎의 흔적, 나무껍질의 흔적 등 모든 정보가 있다.

다시 앞장의 나무 사진을 보자. 이 나무에 대해 알고 싶다면 바로 나무 밑을 보면 알 수 있다고 하였는데, 아래의 사진은 바로 밑에서 찍은 열매 사진이다.

스트로브잣나무 열매

공원, 아파트 단지, 뒷산 등 주변에서 흔히 보았던 기억이 있을 것이다. 이 열매는 스트로브잣나무의 열매이다. 우리가 흔히 소나무라고 말하며 지나쳤던 나무 중에는 스트로브잣나무도 들어 있었을 것이다.

두 번째 질문: 소나무 잎은 몇 장일까?

질문을 보고 "어? 소나무 잎이 그냥 많은 줄 알았는데 몇 장이라니?"라고 생각하는 사람들도 있을 것이다.

아래의 사진처럼 우리나라 소나무잎은 2장, 리기다소나무와 백송은 3장, 잣나무와 스트로브잣나무는 5장이다.

소나무 잎

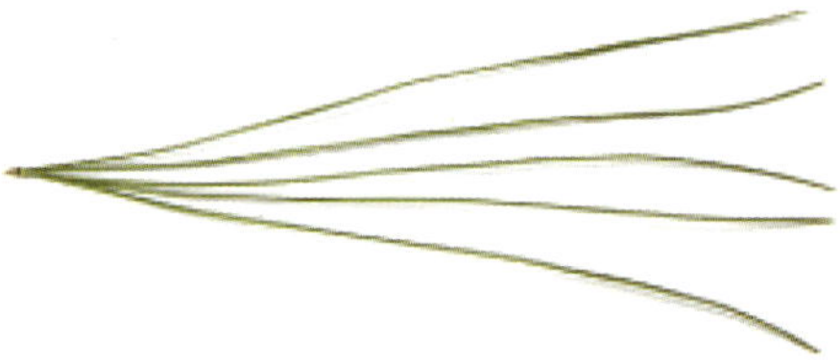

잣나무 잎

세 번째 질문: 소나무의 솔방울에는 가시가 있을까?

솔방울만 보고도 소나무의 종류를 알 수가 있다. 아래의 사진처럼 솔방울에 가시가 있다면 리기다소나무의 솔방울이다. 우리나라 소나무의 솔방울에는 가시가 없어 만졌을 때 부드럽다.

리기다소나무의 솔방울

네 번째 질문: 모든 나무에는 꽃이 필까?

꽃의 구조는 꽃잎, 꽃받침, 암술, 수술이다. 이 중 한 가지라도 없는 꽃을 '안갖춘꽃'이라 부르고, 모두 갖춘 꽃을 '갖춘꽃'이라 한다. 안갖춘꽃은 대부분 꽃잎이 없기 때문에 꽃이 안피었다고 생각하기 쉬우나 안갖춘꽃도 꽃이라는 것을 명심하자. 다음 장의 사진은 소나무의 암꽃, 수꽃 사진이다. 대부분의 안갖춘꽃은 풍매화가 많다. 굳이 곤충이나 새들에게 잘 보일 필요가 없기 때문에 꽃잎을 만들지 않는 것이다. 소나무꽃에는 어떤 지혜가 있을까? 풍매화는 바람을 이용해서 수정하기 때문에 곤충을 이용해 수정하는 충매화보다 수정될 확률이 매우 낮다. 그래서 꽃가루를 많이 만들어 수정 확률을 높였다. 예전에는 소나무꽃가루로 다식을 만들어 먹었다고 하니 꽃가루를 얼마나 많이 만드는지 짐작이 갈 것이다.

소나무 암꽃

소나무 수꽃

(4) 주변의 자연환경

예전과 똑같은 것은 없다. 날마다 보는 것도 처음 보는 것처럼 주변의 생명들을 살펴보자. 생태교육을 한다고 하면 멀리 있는 경치 좋은 숲만을 생각하는 경우가 많다. 수년 전에 유아들을 데리고 매월 1번씩 2시간 정도 버스를 타고 차멀미를 겪으며 숲으로 체험을 다녔던 경험이 있다. 그러나 아무리 좋은 산에 간다고 하더라도 시간에 쫓기고 유아들의 체력 때문에 산을 타고 올라가지 못하고 산 밑에서 놀고 오는 경우가 대부분이었다. 산 밑의 자연환경은 버스를 2시간 타고 간 숲이나 우리 동네 뒷동산의 숲이나 크게 다르지 않다. 우리는 주변의 것을 시시하다고 생각하고 무시하는 경향이 있다. 이러한 생각과 함께 엄마들에게 보여주기 위한 교육을 하려는 교사들의 잘못된 생각이 더해져 멀리 체험학습을 가게 되는 것이다. 그러나 소중한 것은 우리 곁에 있다는 말처럼 아침마다 울어대는 새들, 매일 걸어다니며 만나는 작은 풀들, 길가에 심어진 가로수들, 뒷동산에 있는 작은 생명들이 우리에게 더 중요한다. 빈약하더라도 주변의 생명들을 살펴보는 교육은 자주 만날 수 있기 때문에 유아들에게 자연에 대한 애착심을 갖게 하기에 더 없이 좋다.

(5) '왜?'라는 질문을 하자, 생명들의 지혜를 알려 주자

앞에서 동식물의 이름에 집착하지 말자는 얘기를 했다. 그렇다면 유아들에게 무엇을 가르쳐야 할까? 그건 각 생명들이 살아가는 지혜를 가르쳐 주는 것이다. 대부분의 유아들은 식물보다는 곤충을 포함한 동물들을 더 좋아한다. 왜 식물보다 동물을 더 좋아할까? 그건 동물들의 움직임을 통해 생동감을 느낄 수 있기 때문이다. 유아들은 식물들도 살아 있다고 입으로는 말하지만 직관적인 사고를 하는 유아들이 움직이지 않는 식물들을 보고 살아 있다고 생각하기에는 쉽지 않다. 식물들의 살아가는 지혜를 알려 주면 유아들도 식물들이 살아 있다고 느끼게 될 것이다. 식물들이 살아 있다고 느끼게 하는 교육이 중요한 이유는 자연스럽게 생명존중감을 갖도록 해주기 때문이다.

무궁화 꽃

예를 들어 위 무궁화 사진을 보자 우리들은 이 식물의 이름을 매우 잘 알고 있다. 그래서 유아들과 생태체험을 하다가 이 식물을 보면 이렇게 얘기 한다. "얘들아 이 친구의 이름은 무궁화야. 우리나라를 대표하는 꽃이지." 그 다음 잠시 살펴본 후에 다른 장소로 이동한다. 유아들이 이 꽃의 이름을 들었지만 얼마나 오래 기억할 수 있을까? 또 이름을 알았다고 해서 이 꽃에 대한 애정이 생겼을까? 이름을 알게 된 것 이외에 유아들이 얻은 건 무엇이 있을까?

이제부터 방법을 바꿔 보자.

첫째, 꽃을 만나면 이렇게 얘기해 보자. "와~ 예쁘다! 어머 여기 예쁜 꽃이 피어 있네. 우리 한 번 살펴볼까?" 여기서 중요한 것은 '예쁘다'는 것이다. 예쁘다는 것은 단순히 예쁘다가 아니라 자연에 대한 긍정적인 이미지를 심어 주는 것이다. 예로 만 2세의 영아를 대상으로 매주 1회, 1년 동안 수업한 경우가 있었다. 처음 3월에 만난 2세의 영아들은 몸의 움직임도 부자연스럽고, 감정표현도 다양하지 않았다. 이런 영아들에게 "여기 예쁜 돌 좀 보자. 여기 예쁜 나뭇잎 좀 보자. 여기 예쁜 꽃 좀 보자."라고 했다. 그렇게 자연물을 예쁘다고 했더니 가을이 되어 아이들이 변화를 보이기 시작했다. 바닥에서 낙엽 한 장을 주워 "선생님, 여기 예쁜 나뭇잎이요."라고 하며 선생님 손에 쥐어 주었다. 아이들이 자연에 대한 긍정적인 이미지가 생긴 것이다.

둘째, 꽃의 색깔을 살펴볼 수 있다. 색깔에 대한 이름뿐만 아니라 색의 다양함, 색의 아름다움을 느낄 수 있다.

셋째, 다 함께 꽃잎의 수를 세어 볼 수 있다. 이 과정에서 아이들은 수의 개념이 형성되는 것이다. 유아교육과정에서의 수·과학 개념의 대부분은 숲활동에서 가능하다. 예를 들어, 다양한 자연물을 수집한 후 같은 것을 모아 보는 활동을 통해 분류의 개념을 이해할 수 있고, 다양한 돌멩이를 통해 '무겁다', '가볍다'의 무게 개념을, 길이가 다른 나뭇가지를 통해 '길다', '짧다'는 길이 개념을 배울 수 있다. 또한 다양한 자연물을 통해 패턴 개념과 도형의 개념까지 배울 수 있다.

다시 무궁화 사진을 보자. 네 번째는 "와, 예쁜 5장의 분홍색 꽃이 있네. 그런데 왜 꽃잎의 가운데는 붉은색일까?"라는 질문을 하자. 꽃들은 벌들의 눈에 잘 보일 수 있도록 제 각각의 허니 가이드(honey guide)를 가지고 있다. 허니 가이드(유인점)를 통해 꽃들의 지혜를 배울 수 있다. 아이들은 꽃의 유인점을 통해 꽃들의 지혜를 배움으로써 꽃들이 살아 있다는 것을 알게 되고, 자연스럽게 생명존중감까지 이어지게 되는 것이다.

진달래 꽃

위의 진달래를 보자. 진달래와 철쭉은 5장의 꽃잎 중 위에 있는 꽃잎에만 허니 가이드가 있다. 왜 무궁화처럼 꽃잎 5장에 골고루 허니 가이드를 표시하지 않고 위에 있는 꽃잎에만 허니 가이드를 표시한 것일까? 진달래의 암술과 수술을 잘 살펴보면 암술과 수술이 앞으로 길게 휘어져 있다. 이러한 생김새 때문에 벌들이 밑으로 날아오거나 옆으로 날아온다면 벌들은 꽃가루를 가져다주지 않고 꿀만 먹고 갈 것이다. 그래서 진달래는 맨 위의 꽃잎에 허니 가이드를 표시함으로써 벌들이 위쪽으로 날아와서 암술머리에 꽃가루를 묻힐 수 있도록 하였다. 얼마나 지혜로운가?

벚나무 잎의 잎자루

이제 벚나무 사진을 보자. 벚나무잎의 잎자루에는 2개의 꿀샘(밀선)이 있다. 이 꿀은 개미들에게 주는 것이다. 개미들은 이 꿀을 먹기 위해 오르락내리락 열심히 다닐 것이다. 개미들이 자주 다니게 되면 다른 곤충들이 쉽게 벚나무에 접근하지 않는다. 이는 개미들이 크기는 작지만 집단행동을 하기 때문이다. 대부분의 곤충들이 개미가 많은 곳은 피하게 된다. 벚나무는 개미에게 꿀을 줌으로써 자기 자신을 보호하는 것이다.

솔방울

솔씨

솔방울 사진을 보자. 오른쪽에 있는 솔방울은 물에 적신 솔방울이고, 왼쪽의 솔방울은 물에 적시지 않은 솔방울이다. 이처럼 솔방울은 물에 젖으면 오므라드는 특성을 가지고 있다. 모든 열매가 솔방울처럼 물에 젖는다고 오므라들지는 않는다. 왜 솔방울은 이럴까? 솔방울 사이사이에는 날개를 달고 있는 씨앗들이 들어 있다. 씨앗들은 바람을 타고 멀리 멀리 날아가야 하는데 비가 오면 멀리 날아갈 수가 없다. 그래서 비가 오면 솔방울을 닫아 씨앗을 보호하고, 맑고 화창한 날에 솔방울을 벌려 씨앗을 날려 보내는 것이다. 솔방울 하나에도 소나무의 지혜가 담겨 있는 것이다. 이런 얘기를 아이들과 나누다 보니 한 아이가 질문을 했다. "선생님 저는 엄마 아빠랑 사는 것이 좋은데 소나무 씨앗은 왜 멀리 가요?" 아이들에게서 나올 수 있는 자연스러운 질문이다. 그렇다. 왜 씨앗들은 바람 타고 멀리 가고, 동물 털에 붙어 멀리 가고, 새에게 먹혀서 멀리 가고, 물에 둥둥 떠서 멀리 가는 것일까? 그것은 큰 엄마나무 밑에서는 햇빛도, 물도, 양분도 모두 부족하기 때문에 잘 자랄 수 없다. 그래서 엄마 나무들은 갖가지 지혜를 발휘하는 것이다.

산사나무 열매

산사나무 열매 사진을 보자. 많은 열매들이 익기 전에는 녹색을 띠다가 익으면 붉은색으로 옷을 갈아입는다. 열매들이 처음에 녹색을 띠는 이유는 일종의 보호색이다. 나뭇잎이 녹색이기 때문에 열매들도 같은 녹색을 가져서 몸을 감추는 것이다. 그러나 새나 동물들에게 먹혀서 여행할 시간이 되면 시각을 이용하는 동물들이 멀리서도 잘 볼 수 있도록 붉은 옷으로 갈아입는 것이다.

2) 유아생태교육의 방법

(1) 오감을 살리는 교육

유아기는 오감을 자극해 주고 발달시켜 주어야 하는 중요한 시기이다. 그것은 유아기가 오감발달의 결정적 시기이기 때문이다. 오감발달은 단순히 오감발달에 멈추지 않고 뇌발달까지 연계된다. 만 5세 유아의 체중은 성인의 30% 정도이지만 뇌의 무게는 성인의 90%에 이른다. 물론 숲은 산책하는 것만으로도 자연스럽게 오감을 자극시켜 준다. 그러나 교사가 아래의 사진처럼 시각, 청각, 촉각, 후각, 미각을 자극하는 활동을 준비함으로써 적극적으로 오감을 자극시켜 줄 수 있다.

시각

청각

촉각

후각

미각

(2) 놀이를 통한 교육

유아기의 놀이는 단순히 놀이가 아니다. 유아들은 놀이를 통해 많은 것들을 배우게 되는 것이다. 따라서 유아기 놀이는 학습인 것이다.

놀이는 놀이의 성향에 따라 관찰놀이, 감각·감성놀이, 상상력·창의력놀이, 신체놀이, 관계놀이 등 5가지로 분류할 수 있다. 이때 조심해야 할 것은 관찰놀이라고 해서 놀이의 목적이 관찰력 향상이 아니라는 것이다. 관찰놀이는 놀이를 통해서 부수적으로 유아들의 관찰력이 향상되는 놀이 개념이다. 유아생태교육의 목적이 자연을 이용한 유아의 발달만이 아니기 때문이다. 유아생태교육은 인간이 자연 위에 있는 것이 아니라, 자연과 유아가 동등한 위치에서 서로를 위한 교육이 되어야 한다.

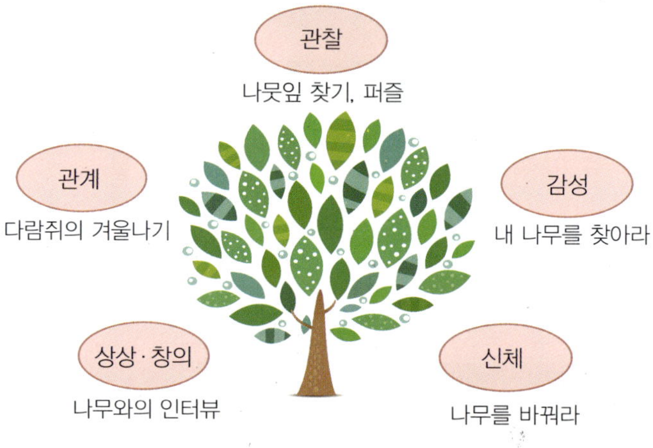

그림 1-3 나무 주제의 놀이 활동

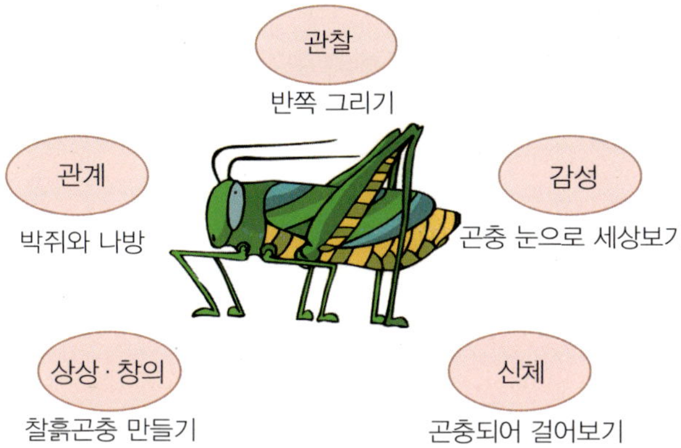

그림 1-4 곤충 주제의 놀이 활동

(3) 생태교육 시 준비

① 유아 준비물

- 날씨에 맞는 옷(나쁜 날씨란 없다! 나쁜 복장만이 있을 뿐이다!)
- 걷기 편하고 끈이 잘 풀리지 않는 신발
- 날씨가 좋지 않아도 마음껏 뒹굴며 뛰어놀 수 있는 여분의 겉옷
- 비옷
- 여름철 모기나 벌레에 쏘이는 것을 방지할 수 있는 긴 바지와 모자
- 일회용 용기가 아닌 도시락 통에 준비된 간식
- 휴지
- 유아용 배낭이나 가방

② 교사 준비물

- 구급상자
- 비상시를 대비한 휴대전화
- 부모 전화번호가 기입된 카드

- 화장실용 휴지
- 유아들에게 갈아입힐 수 있는 여분의 옷가지
- 마실 물
- 휴대용 칼
- 돋보기와 채집 상자 등 필요한 교구

6. 유아생태교육 시 교사 지침

- 올바른 자연관을 갖자.

유아생태교육은 대안교육이다. 이 대안교육은 교육 방법의 대안적 성격을 띠기도 하지만 더 중요한 것은 새로운 대안적인 가치관(자연관)에 대한 교육이다. 지금까지 사람들은 자연을 생활의 도구로 여기고 마구 훼손시켜 왔다. 1970년대 이후 산업사회의 문제가 하나 둘 생기고 자원 고갈, 기후 변화 등의 환경문제를 겪으면서 새로운 자연관이 필요하게 되었다. 새로운 자연관의 근간은 인간이 자연의 일부라는 철저한 공존 관계에 대한 인식이다. 교사는 숲을 이루고 있는 생물과 무생물의 관계, 인간과 자연과의 관계를 정확히 인식하고 행동으로 옮길 수 있어야 한다.

- 유아들에게 무엇을 전달하는지 목표를 정확히 하자.

유아생태교육의 교육목표는 기존 교육목표와 달리 유형적이진 않지만 그렇다고 교육목표가 없는 것은 아니다. 자연과 인간의 소통, 인간과 인간의 소통이 교육목표가 된다. 교육의 목표를 항상 잊어버리면 안 된다. 목표를 상실하면 교육은 다른 방향으로 흘러갈 수 있기 때문이다.

• 대상에 적합한 교육 프로그램으로 진행하자.

유아들은 연령에 따라 발달특성이 매우 상이하다. 따라서 유아의 발달 특성을 누구보다 더 잘 이해하고 있어야 유아들과 소통할 수 있다. 사전에 대상에 따라서 적합하게 구성된 교육 프로그램인지 확인하며, 대상에 따라서 사용하는 용어도 달리해야 한다.

• 가르치는 자세가 아닌 안내자의 자세를 갖자.

교사는 유아들을 일방적으로 가르치고 이끄는 교사관에서 벗어나 유아들이 호기심에서 출발해 지적 욕구를 충족하고 싶어하는 아이로 자랄 수 있도록 안내하는 안내자의 역할을 해야 한다. 교사가 일방적으로 짜놓은 교육계획안 대로만 유아들을 이끌기보다는 자연 속에서 유아들이 스스로 깨달을 수 있도록 안내해야 한다.

또한 교사는 기다림의 교육을 해야 한다. 유아가 어떠한 사물과 현상에 대해 주체적으로 생각하고, 이해하려고 노력하는 과정이 중요하기 때문이다. 유아들이 질문하면 곧바로 답을 알려 주는 것이 아니라 그들이 스스로 고민해서 해답을 찾을 수 있도록 유도하며 기다려 주어야 한다.

• 천천히 걸으며 주변을 자세히 살펴보자.

생태교육에서 많은 것을 체험하는 것도 좋지만, 더 중요한 것은 깊이 있게 체험하는 것이다. 이렇게 하기 위해서는 산을 무리하게 높이 올라가기보다는 올라가며 중간 중간에 있는 넓은 공간을 잘 활용해야 한다. 가끔은 호연지기(浩然之氣)를 키우기 위해 등산을 할 수도 있겠지만 일반적인 생태교육은 천천히 걸으며 자세히 살펴보는 것이 좋다.

- 전공단어와 단순한 설명은 피하자.

너무 어려운 전공단어의 사용은 자칫하면 유아들에게 교육의 흥미와 이해도를 떨어뜨릴 수 있다. 꼭 필요한 전공단어인 경우에는 그 단어를 그대로 사용하되 그 뜻을 쉽게 풀어서 설명해 줘야 한다. 또한 너무 단순한 설명은 큰 교육적 효과가 없다.

- 동식물의 이름만 알려주는 활동은 지양하자.

식물의 이름은 학자들이 식물을 구별하기 위해 정한 약속이다. 이름에 집착하다보면 해설 위주의 교육이 될 수 있다. 이름에 집착하기보다는 그 생물 자체의 고유특성에 초점을 맞춰 진행해야 한다.

- 자신이 체험한 직접적인 사실을 공유하자.

자신이 직접 체험한 사실을 전해야만 더욱 생생하게 전달할 수 있고, 유아들이 체험할 수 있도록 지도할 수 있다. 따라서 교사는 지식적으로 자연을 공부할 것이 아니라 온몸으로 먼저 자연체험을 해야 한다.

- 유아들을 관찰하고 주변 상황을 파악하자.

생태교육에서 유아들의 행동은 반드시 계획하거나 예측한 대로 진행되지 않는 경우가 많다. 따라서 항상 주변 상황이나 유아들의 행동을 잘 관찰하고 상황에 따라 대처해야만 안전사고를 미리 막을 수 있다.

- 유아들과의 직접적인 대화를 하자.

교사의 일방적인 전달이 아닌 유아들과 상호작용할 수 있도록 직접적인 대화가 필요하다. 유아들이 대화 속에서 자연스럽게 스스로 깨달을 수 있도록 해야 한다.

• 현장에 있는 대상에 대해서만 이야기하자.

교사가 현장에 없는 동식물에 대하여 사진자료나 말로만 교육할 경우 유아들은 이해하기가 어렵다. 교사가 현장에 있는 대상에 대해 이야기할 때 유아는 오감으로 보고, 느끼며 쉽게 이해하게 된다.

• 사전답사는 필수이다.

아무리 잘 알고 있는 장소라 할지라도 자연의 환경은 언제 어떻게 변할지 모른다. 따라서 사전답사는 반드시 해야 안전사고를 막을 수 있으며, 차질 없이 교육을 진행할 수 있다.

• 스스로의 심리적 압박에서 자유로워야 한다.

교육의 특성은 그 효과가 바로 나오지 않는다는 것이다. 특히 유아기의 교육은 더욱 그렇다. 또한 개별 차이가 심하기 때문에 교육생들을 100% 만족시킬 수는 없다. 또한 100% 교육효과를 기대할 수도 없다. 교사들은 이러한 심리적인 압박에서 자유로워야 좋은 교육을 할 수 있다.

• 최소의 규제, 최대의 자유 속에서 활동할 수 있도록 하자.

일부 교사들 중에는 생태교육을 교실 속에서 하던 집단식 교육처럼 하는 경우가 있다. 아이들은 자유로움 속에서 스스로 발견하고 창조하는 힘을 갖게 된다. 따라서 생태교육은 안전에 큰 문제가 없다면 최대의 자유 속에서 최소의 규제만 하면서 진행해야 한다.

Chapter 2

자연생태의 이해

1. 자연생태 일반
2. 식물
3. 동물

1. 자연생태 일반

1) 개념 및 생태계의 관계

(1) 동물과 식물

숲에는 나무와 풀, 곤충, 새 등 다양한 식물과 동물이 함께 살고 있으며, 사람들은 동물과 식물을 직관적으로 구별할 수 있다. 그러나 동물과 식물을 객관적으로 구분하는 기준은 무엇일까? 동물과 식물을 구분하는 기준은 첫째, 움직임이다. 동물은 자신의 의지대로 움직일 수 있지만 식물은 자유롭게 움직이지 못한다는 것이다. 둘째, 먹이이다. 동물은 스스로 영양분을 만들지 못하기 때문에 외부에서 영양분을 섭취해야 한다. 그러나 식물은 스스로 광합성을 통해 영양분을 만들기 때문에 외부에서 먹이를 먹지 않아도 된다. 그렇다면 버섯은 동물일까? 식물일까? 버섯은 움직이지 못하기 때문에 동물이 아니라고 할 수 있다. 그리고 스스로 영양분을 만들지 못하기 때문에 식물이 아니라고도 할 수 있다. 그래서 버섯은 동물도 식물도 아닌 균류이다.

생태계에서 식물은 생산자라고 하고, 동물은 소비자라고 한다. 버섯은 생산자도 아니고, 소비자도 아닌 분해자이다.

동물과 식물의 차이-움직임

동물과 식물의 차이-먹이

(2) 나무와 풀

숲에는 많은 나무와 풀이 자라고 있다. 나무와 풀은 같은 식물이라는 공통점이 있다. 그렇다면 나무와 풀의 차이점은 무엇일까? 사람들은 즉흥적으로 커다란 키를 가진 식물을 나무라고 생각하고, 작은 키를 가진 식물을 풀이라고 생각한다. 그렇다면 아주 작은 나무는 어떨까? 식물에 대해 잘 모르는 사람들은 아주 작은 나무를 보면 풀이라고 생각하기 쉽다.

나무와 풀을 구분하는 객관적인 기준은 무엇일까? 나무와 풀을 구분하는 기준은 첫째, 수명이다. 나무는 수명이 길지만 풀은 수명이 짧다는 차이가 있다. 나무는 수명이 길기 때문에 나이테를 가지고 있다. 그러나 풀은 수명이 짧기 때문에 굳이 부피생장에 많은 에너지를 쓰지 않기 때문에 여러해살이 풀이라 해도 나이테를 만들지 않는다. 둘째, 추운 겨울에 땅 위에 줄기가 있는지 여부이다. 나무는 겨울에 나뭇잎을 모두 떨어뜨리더라도 줄기는 그대로 존재하며 살아 있다. 그러나 풀은 겨울에 땅위 줄기를 남겨두지 않는다. 추운 겨울을 살아서 보내는 풀들은 줄기가 아닌 뿌리잎이나, 뿌리만 남겨 두어 추운 겨울을 이겨낸다.

나무와 풀의 차이–수명

나무와 풀의 차이–줄기

(3) 생물과 무생물

숲에는 많은 생물과 무생물이 공존하고 있다. 단어의 뜻 그대로 살아 있는 것을 '생물', 살아 있지 않을 것을 '무생물'이라고 한다. 사람들은 동물과 식물을 직관적으로 구분하듯이 생물과 무생물도 직관적으로는 구분한다. 그렇다면 생물과 무생물의 객관적인 기준은 무엇일까? 생물은 다음과 같은 특징을 가지고 있다.

첫째, 숨을 쉬어야 한다. 동물은 호흡기를 통해 숨을 쉬지만, 식물은 잎과 줄기에 있는 기공(공기가 드나드는 구멍)을 통해 숨을 쉰다. 둘째, 먹이를 먹어야 한다. 동물은 외부로부터 양분을 먹지만 식물은 광합성을 통해 양분을 스스로 만든다. 셋째, 성장의 여부이다. 생물은 종류에 따라 성장의 시기나 속도는 차이가 있지만 성장한다는 공통점이 있다. 하지만 무생물은 성장을 하지 않는다는 점이 생물과 차이점이다. 넷째, 번식의 여부이다. 생물은 유성생식이든 무성생식이든 번식을 한다는 공통점이 있지만 무생물은 번식을 하지 않는다. 다섯째, 죽는다는 것이다. 생물은 종류에 따라서 수명의 길이는 차이가 있지만 언젠가는 죽는다는 공통점이 있다.

생태계에서 생물은 죽어서 무생물이 되고, 무생물은 다시 생물이 살아가는데 필요한 물질과 생활 장소를 제공한다. 이렇듯 생태계 순환 속에서 공존하는 것이 생물과 무생물이다. 그리고 생물과 무생물 모두 중요하다.

생물

무생물

(4) 숲의 다양성

생태계에서 가장 중요한 단어 두 가지를 꼽으라고 하면 첫째는 순환이다. 생태계에서 물의 순환, 영양분의 순환, 공기의 순환, 생물과 무생물의 순환 등 순환은 생태계의 존재를 좌우하기 때문이다. 둘째는 다양성이다. 생물의 다양성은 그 생태계의 건강성을 좌우한다.

숲에는 여러 종류의 나무가 있다. 사람들은 큰키나무(교목)가 목재 등 가장 쓸모가 많다고 생각하기 때문에 가장 중요하다고 생각한다. 그러나 새들 중에는 작은키나무(아교목)나 떨기나무(관목)에서만 살아가는 새들이 있다. 따라서 숲에는 큰키나무, 작은키나무, 떨기나무 등 다양한 나무가 살아야 곤충, 새를 포함해서 다양한 생물들이 함께 살아갈 수 있다.

또한 나무의 키 높이가 다양하면 바람을 완충시키기 때문에 나무들이 강한 바람에도 쉽게 쓰러지지 않는다.

다양한 나무가 모인 숲

쓰러진 나무

(5) 천적 관계

메뚜기가 벼에 붙어서 맛있게 잎을 갉아먹고 있다. 이 모습을 개구리가 지켜보고 있다. 그렇다면 개구리는 안전할까? 개구리를 잡아먹으려고 나무 위에서 뱀이 노려보고 있다. 하지만 뱀을 노리고 있는 매가 하늘 위를 맴돌면서 기회를 보고 있다.

이렇듯 생물의 세계에는 서로 먹고 먹히는 관계가 생긴다. 잡아먹는 생물과 잡아먹히는 생물의 관계를 천적이라고 한다. 메뚜기의 천적은 개구리고, 개구리의 천적은 뱀, 뱀의 천적은 매가 되는 것이다.

먹이사슬

(6) 경쟁 관계

생태계에는 먹이를 두고 또는 서식지를 두고 서로 경쟁하는 관계들이 있다. 장수풍뎅이와 사슴벌레는 나무즙을 두고 경쟁한다. 숲에 사는 다람쥐, 박새, 동고비는 딱따구리가 만들어 놓은 나무구멍을 두고 다툰다. 식물들은 서로 햇빛을 더 많이 받기 위해서 가지를 뻗고, 물과 영양분을 더 많이 빨아들이기 위해서 뿌리를 최대한 멀리 뻗으려고 경쟁을 한다.

숲 속의 생물들은 서로 돕기도 하고, 때로는 경쟁도 하면서 살아가는게 자연스러운 모습이다.

나무구멍을 두고 경쟁하는 생물

햇빛을 두고 경쟁하는 나무

(7) 공생 관계

생물들은 같은 먹이를 두고 서로 먹으려고 노력하거나 좋은 보금자리를 얻기 위해서 다툰다. 하지만 생물들이 서로 다투기만 하는 것은 아니다. 서로 부족한 것을 도와주며 살아가는 생물들도 있다. 이것을 공생이라고 한다.

악어와 악어물떼새는 공생관계의 대표적인 예이다. 악어는 이빨에 낀 고기 찌꺼기를 악어물떼새가 청소해주니 좋고, 악어물떼새는 고기 찌꺼기를 먹고 살아간다. 개미와 진딧물도 공생관계이다. 진딧물은 단물을 만들어서 개미에게 주고, 개미는 무당벌레가 진딧물을 잡아먹지 못하도록 진딧물을 보호해준다. 말미잘은 흰동가리를 보호해주지만 예쁜 흰동가리를 잡아먹으려고 오는 다른 물고기들을 말미잘은 잡아먹는다.

개미와 진딧물

2) 숲의 혜택 및 보호

(1) 아낌없이 주는 나무

나무는 사람들에게 참 많은 것을 준다. 사람들이 먹을 수 있는 과일이나 열매를 준다. 사람들은 나무로 가구, 책, 연필 등 많은 물건을 만들어 사용한다. 그리고 무엇보다도 사람들이 숨쉬고 살아갈 수 있도록 산소를 만들어 준다.

열매

책

연필

(2) 녹색댐

나무가 우거진 숲은 비가 많이 올 때 스펀지처럼 물을 저장했다가 서서히 흘려 보내서 홍수를 막아 준다. 또 비가 오지 않을 때에는 저장했던 물을 조금씩 내보내 가뭄을 막아준다. 그렇기 때문에 많은 물이 숲에서 끊임없이 흘러나와 계곡과 강을 만든다. 만약 숲이 없다면 계곡과 강물은 사라진다. 그렇기 때문에 숲은 자연댐의 역할을 한다고 할 수 있다.

댐이란 우리가 필요할 때 쓸 수 있도록 많은 물을 가두어 두는 곳을 말한다. 인공 댐은 건설하는 과정에서 많은 생태계를 파괴한다. 그래서 환경운동가들이 댐 건설을 반대하는 것이다. 울창한 숲은 흙 속에 우리가 상상할 수도 없을 만큼 많은 물을 저장하고 있다. 하지만 숲이 물을 얼마나 많이 저장하느냐는 우리가 숲을 어떻게 관리하고 보호하는지에 따라 크게 달라진다. 숲은 가장 친환경적인 녹색댐인 것이다.

나무가 없는 숲

울창한 숲

(3) 자연을 흉내 낸 물건

사람들은 자연 속에서 식물이나 동물의 생김새, 생활하는 모습과 특징 등을 보고 흉내 내서 만든 물건들이 많다.

식물을 보고 만든 제품에는 벨크로가 있다. 우엉 열매에는 200개가 넘는 갈고리 모양의 가시가 달려 있고, 갈고리를 이용해 동물의 털에 붙어 이동을 한다. 털에 잘 달라붙는 우엉 열매를 보고 벨크로를 만들었다.

곤충을 보고 만든 제품에는 방사능 위험 경고 표시가 있다. 독침을 갖고 있는 말벌이 노랑과 검정무늬를 이용해 다른 동물들에게 경고하는 것을 보고 만들었다.

바다 생물을 보고 만든 제품에는 흡착기가 있다. 문어 다리의 빨판은 어디에나 잘 달라붙어 세찬 파도에도 휩쓸리지 않는다. 이런 문어 다리의 빨판을 보고 흡착기를 만들었다.

비버는 튼튼한 앞니를 이용해 큰 나무도 갉아서 쓰러뜨린다. 이러한 모습을 보고 나무를 다듬을 때 사용하는 끌을 만들었다.

이외에도 우리 생활 속에서 사용하는 많은 물건을 자연에서 배워서 만들었다.

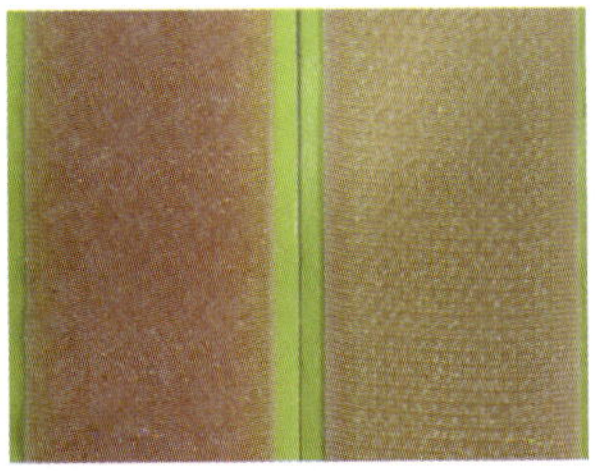
벨크로

방사능 경고표시

흡착기

(4) 쓰레기 줄이기

지구가 쓰레기로 몸살을 앓고 있는데 사람들이 쓰레기를 너무 많이 버리기 때문이다. 쓰레기를 줄이기 위해서는 3R이 중요하다. 3R은 쓰레기 배출량 줄이기(Reduce), 재사용하기(Reuse), 재활용하기(Recycle)이다. 3R 중에서 가장 먼저 해야 하는 것은 '배출량 줄이기'이다. 그리고 그 다음은 '재사용하기'이다. 마지막으로 우리가 해야 할 것은 '재활용하기'이다. 재사용과 재활용을 위해서는 쓰레기의 종류에 따라 분리배출을 잘 해야 한다.

우리가 버린 쓰레기는 어떻게 처리할까? 음식물 쓰레기는 동물의 먹이인 사료로 만들기도 하고, 식물의 거름이 되는 비료로 만들기도 한다. 그러나 대부분은 물기를 짜서 땅에 묻거나 바다에 버린다. 종량제 봉투에 넣어 버리는 생활쓰레기는 소각장으로 가서 태우거나 땅에 묻어 버린다. 쓰레기가 묻힌 땅이나 바다는 더러워져서 생물이 병들고 살기 어려워진다. 쓰레기를 적게 만드는 것은 지구를 위해서 필요한 일이며 우리를 위해서도 꼭 필요한 일이다.

버려진 쓰레기 모습

분리수거 사진

분리수거 사진

쓰레기 매립지

(5) 숲의 보호

지구를 초록빛 지구라고 하는데 점점 지구가 초록빛을 잃어가고 있다. 사람들이 나무와 풀을 파괴하고 있기 때문이다. 사람들은 산을 깎아서 높은 아파트를 짓기도 하고, 차가 많이 다닐 수 있도록 큰 도로나 터널을 만들기도 한다. 고기를 먹기 위해 숲을 없애고 소를 키우는 농장으로 만들기도 한다. 또 농약이나 화학물질을 땅에 많이 뿌려 식물이 살 수 없는 땅으로 만들어서 숲을 망치기도 한다.

파괴된 숲

도로 건설

방목

(6) 물 아껴 쓰기

지구의 70%는 물로 이루어졌다. 지구상의 물의 양은 예나 지금이나 변함이 없다. 그런데 왜 물이 부족하다고 할까? 우리나라도 물 부족 국가라고 한다. 물이 부족하다는 것은 물의 절대 양이 부족한 것이 아니라, 사용할 수 있는 깨끗한 물이 부족하다는 것이다.

물이 오염되면 그 물을 먹고 사는 생물들은 모두 병들게 된다. 인간의 몸은 70%가 물로 이루어졌다. 사람도 물이 없이는 일주일 견디기 힘들다. 이렇게 소중한 물이 오염되어 마실 물이 부족해졌다.

우리가 집에서 쓰고 버린 물은 모두 하수관으로 흘러간다. 하수관을 따라간 물은 하수 처리장으로 가고, 하수 처리장에서는 큰 쓰레기를 걸러낸 후 간단한 처리 과정을 거친 후 강으로 흘려보낸다.

우리가 집에서 사용하는 물은 어떨까? 비가 내리면 물은 강에 모인다. 강에 모인 물은 정수 처리장으로 간다. 정수 처리장은 물에 약품을 넣고 깨끗하게 여러 번 걸러서 우리가 먹는 수돗물을 만드는 곳이다. 결국 우리가 버린 물이 돌고 돌아 다시 우리에게로 온다. 우리는 지금 물을 넉넉히 쓰고 있지만 물을 아껴 쓰고 깨끗하게 사용해야 앞으로도 걱정 없이 물을 쓸 수 있다.

사용한 물이 강까지 흘러가는 과정

강물이 우리집으로 오는 과정

2. 식물

1) 봄

(1) 봄 식물의 지혜

진달래는 곤충들이 잘 볼 수 있도록 잎이 나오기 전에 꽃을 먼저 피운다. 그리고 위쪽에 있는 꽃잎에는 진한 붉은 색의 점들이 있다. 곤충들이 진한색 점들을 보며 위쪽으로 날아오면, 위로 길게 휘어진 암술머리에 꽃가루가 잘 묻을 수 있다. 이것이 진달래의 지혜이다.

개나리는 우리나라에서만 자라는 특별한 식물이다. 봄에 잎보다 꽃을 먼저 피우고, 열매가 열리지만 쉽게 보기 어렵다. 개나리꽃은 두 가지가 있다. 암술 긴 꽃(장주화)과 수술 긴 꽃(단주화)이다. 수술 긴 꽃의 꽃가루가 암술 긴 꽃의 암술머리에 닿아야 열매가 생긴다. 근친교배를 막아 건강한 열매를 만들기 위한 개나리의 지혜이다.

진달래 꽃

개나리(장주화)

개나리(단주화)

(2) 꽃의 구조와 종류

꽃은 씨앗을 만드는 아주 중요한 식물의 생식기관이다. 꽃은 암술, 수술, 꽃잎, 꽃받침으로 이루어져 있다. 꽃잎은 암술과 수술을 싸서 보호하고, 아름다운 색깔을 띠고 있어 곤충을 불러 모으는 역할을 한다. 꽃받침은 꽃의 가장 바깥쪽 부분으로 꽃잎을 받쳐 보호하는 역할을 한다.

꽃잎, 꽃받침, 암술, 수술을 모두 가지고 있는 꽃을 '갖춘꽃'이라고 한다. 이 네 가지 중에 하나 이상을 갖추지 못한 꽃을 '안갖춘꽃'이라고 한다.

꽃잎을 가지고 있는 대부분의 꽃은 곤충이 중매를 시켜주는 충매화이다. 그러나 생태계에는 늘 예외가 있다. 꽃잎을 가지고 있지만 곤충이 아닌 새가 중매를 시켜주는 꽃이 있다. 그런 꽃을 '조매화'라고 한다. 동백꽃이 대표적인 조매화이다. 꽃잎이 없는 꽃들은 대부분 바람이 중매를 시켜주는 '풍매화'이다. 우리 주변에서 흔하게 보이는 소나무, 은행나무, 갯버들, 참나무 종류들이 풍매화이다. 꽃잎이 없지만 충매화인 경우도 있다. 밤꽃을 본 적이 있는가? 밤꽃은 꽃잎은 없지만 달콤한 꿀과 비릿한 향기를 가지고 있다. 꿀과 향기는 곤충들을 유인하기 위한 것이다.

충매화(냉이꽃)

풍매화(신갈나무 수꽃)

풍매화(갯버들 수꽃)

2) 여름

(1) 수생식물의 종류와 지혜

수생식물은 물의 어느 부분에서 사느냐에 따라 네 가지로 나누어진다.

첫째, 하천이나 연못의 가장자리에서 사는 식물이다. 뿌리는 물속에 있지만 줄기와 잎은 물 밖에서 자란다. 뿌리가 물속에 있기 때문에 땅속줄기가 발달되어 있어 물속에서도 뿌리가 호흡을 잘 할 수 있다. 갈대, 부들, 창포, 꽃창포 등이 여기에 속한다.

둘째, 물에서 떠다니며 사는 식물이다. 주로 고인 물에서 뿌리째 떠다니며 살아가는 식물이다. 그래서 잎을 얇고 가볍게 만들어서 물에 잘 뜨도록 하고 있으며, 뿌리는 잎이 뒤집히지 않게 중심을 잡아 주는 역할을 한다. 개구리밥, 생이가래, 부레옥잠 등이 여기에 속한다.

셋째, 뿌리와 줄기는 물에 잠기고, 잎은 물에 떠 있는 식물이다. 물 위에 떠 있는 잎은 물에 젖지 않도록 반질반질하다. 잎자루는 물의 높낮이에 알맞게 자라는 지혜를 가지고 있다. 수련, 가래, 노랑어리연꽃 등이 여기에 속한다.

넷째, 식물의 모든 부분이 물속에 잠겨 있는 식물이다. 물속은 햇빛이 약하기 때문에 줄기도 햇빛을 받아 영양분을 만들도록 되어 있다. 그리고 물살을 견디기 위해 잎은 실처럼 가늘거나 좁은 물결모양으로 생겼다. 붕어마름, 검정말, 말즙 등이 여기에 속한다.

〈물 가장자리에 사는 식물〉

갈대

부들

꽃창포

〈물에 떠다니며 사는 식물〉

개구리밥

생이가래

부레옥잠

〈뿌리와 줄기는 물에 잠기고, 잎은 물에 떠 있는 식물〉

수련

가래

노랑어리연꽃

〈식물의 모든 부분이 물에 잠겨 있는 식물〉

붕어마름

검정말

말즙

(2) 나뭇잎의 종류

나무들은 제 각각 다른 모양의 나뭇잎을 가지고 있다. 나무는 잎의 모양에 따라 뾰족뾰족 침같이 생긴 바늘잎나무(침엽수)와 넓적한 넓은잎나무(활엽수)로 나누어진다.

바늘잎나무는 왜 뾰족한 잎을 가지고 있을까? 바늘잎나무는 대부분 추운 지역이 원산지이다. 춥고 물이 부족한 곳에서 살아남기 위해 나뭇잎을 뾰족하게 만들어 추위에 잎이 얼지 않고, 물을 몸 밖으로 많이 빼앗기지 않기 위해서이다. 바늘잎나무에는 소나무, 리기다소나무, 잣나무, 스트로브잣나무, 측백나무, 향나무, 전나무, 주목 등이 있다.

넓은잎나무는 대부분 따뜻한 지역이 원산지이다. 따뜻하고 물이 많은 곳에 사는 나무는 나뭇잎에서 공기 중으로 물을 내보내서 몸속의 온도가 높게 올라가지 않도록 하기 위해 넓은 잎을 가지고 있다. 넓은잎나무에는 단풍나무, 무궁화, 산수유, 벚나무, 신갈나무, 느티나무 등이 있다.

소나무

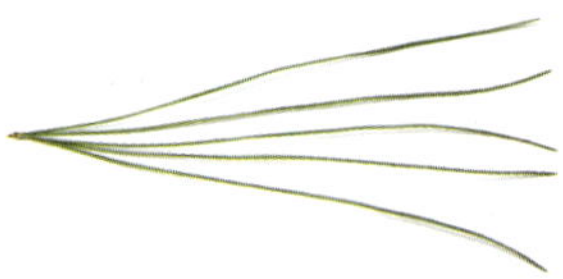

잣나무

측백나무

벚나무

단풍나무

느티나무

(3) 나뭇잎의 구조

나뭇잎은 크게 잎자루와 잎몸으로 나누어져 있다. 잎자루는 나무의 가지와 잎을 연결해 주는 부분이고, 잎몸은 잎의 넓은 부분을 말한다. 잎몸에는 물과 영양분의 이동통로인 잎맥이 있다. 잎맥의 모양에 따라 그물모양맥, 나란히맥, 손모양맥(장상맥)으로 나눠진다.

나뭇잎 구조

그물모양맥(개나리)

나란히맥(산수유)

손모양맥(단풍나무)

3) 가을

(1) 가을 식물의 지혜

코스모스는 늦여름부터 길가에서 피어 가을이 왔음을 알려 준다. 예쁜 꽃을 자세히 들여다보면 꽃 가운데에 진짜 꽃이 많이 모여 있다. 코스모스는 꽃이 너무 작아서 벌이나 나비가 보지 못하고 지나칠까봐 걱정을 했다. 그래서 진짜 꽃잎처럼 주변에 가짜 꽃잎을 만들어 피우는 지혜를 가지고 있다.

국화도 코스모스와 같은 지혜를 가지고 있다. 꽃 가운데 있는 진짜 꽃이 너무 작아서 곤충들에게 잘 보이지 않을까봐 주변에 가짜 꽃잎을 만들어서 피운다. 국화 종류 중에는 산국, 구절초, 벌개미취, 쑥부쟁이 등이 있다. 국화의 씨앗에는 갓털이라는 작고 가벼운 털들이 달려 있어서 멀리까지 잘 날아갈 수 있도록 도와준다.

코스모스

코스모스 꽃 확대모습

(2) 씨앗과 열매

가을이 되면 많은 식물들이 씨앗이나 열매를 주렁주렁 매달고 있다. 씨앗과 열매는 어떤 차이가 있을까? 열매란 씨앗에 과육이 싸고 있는 것을 말한다. 따라서 식물에 따라 어떤 식물은 씨앗만 만들기도 하고, 어떤 식물은 열매를 만든다.

식물들은 씨앗을 멀리 있는 좋은 땅에 자리 잡도록 하기 위해 갖가지 지혜를 발휘하고 있다. 동물의 몸에 붙어서 이동하는 씨앗들은 씨앗에 갈고리를 만들거나 끈적이를 만들어 동물의 털에 잘 붙도록 한다. 주름조개풀, 도꼬마리, 도깨비바늘 등이 이에 해당한다.

바람에 날려 이동하는 씨앗들은 씨앗에 갓털을 달거나 날개를 달아서 멀리 잘 날아가도록 한다. 민들레, 국화, 단풍나무, 소나무 등이 이에 해당한다.

새와 같은 동물에게 먹혀서 이동하는 열매들은 대부분 익으면서 동물들이 멀리서도 잘 볼 수 있는 붉은빛을 띠어 동물들에게 잘 보이도록 한다. 그러나 자체적으로 번식하는 씨앗들은 동물들에게 먹히지 않기 위한 지혜를 가지고 있다. 밤은 따가운 가시를 이용해 열매를 쉽게 먹지 못하도록 하고 있으며, 은행은 고약한 냄새를 풍겨 열매를 쉽게 먹지 못하도록 하고 있다.

도꼬마리 씨앗

단풍나무 씨앗

매화나무 열매

은행나무 씨앗

(3) 단풍과 낙엽

나무에 초록잎이 달려 있는 것을 나뭇잎이라고 부른다. 그런데 가을이 되어 초록 나뭇잎이 빨간색, 노란색, 갈색 등으로 바뀌면 단풍잎이라고 부른다. 단풍잎이 땅바닥에 떨어지면 낙엽이라고 부른다. 나뭇잎은 색깔에 따라 달려 있는 위치에 따라 이렇게 이름이 바뀐다.

가을이 되면 모든 나뭇잎의 색깔이 변할까? 그리고 초록색의 나뭇잎들은 왜 색깔이 변하는 것일까? 소나무, 잣나무, 사철나무 등과 같이 가을에도 나뭇잎 색깔이 변하지 않는 나무를 늘푸른나무(상록수)라고 한다. 느티나무, 벚나무, 단풍나무 등과 같이 가을에 나뭇잎 색깔이 변하며 낙엽을 떨구는 나무를 갈잎나무(낙엽수)라고 한다.

갈잎나무의 나뭇잎 색깔이 변하는 이유는 겨울을 준비하기 위함이다. 겨울에는 강수량이 적고, 땅이 얼어 물을 구하기 어렵다. 그리고 햇빛의 강도도 줄어들고, 해가 떠 있는 시간도 줄어들어 광합성의 양이 줄어든다. 양분 사용량은 동일한데 양분을 만들기는 어려워지니 나무들은 살아남기 어렵다. 그래서 잎을 떨어뜨려 추운 겨울을 나는 것이다. 동물 중에는 겨울잠을 자는 동물과 겨울잠을 자지 않는 동물이 있는 것처럼 늘푸른나무는 겨울에도 물을 최소한으로 뺏기면서 살아가는 지혜를 가지고 있다.

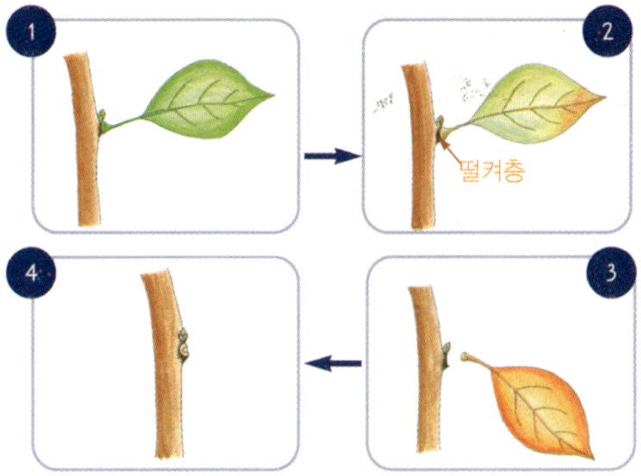

나뭇잎이 떨어지는 과정

4) 겨울

(1) 겨울 식물의 지혜

복수초는 깊은 산속에서 자란다. 추운 겨울에 언 땅을 뚫고 나와서 부지런히 꽃을 피운다. 겨울이라 춥기 때문에 한낮에만 꽃잎을 펼친다. 노란색의 꽃잎은 10~30장이나 되는데 햇빛을 꽃 가운데로 모아서 주변보다 따뜻하게 만든다. 이른 봄에 깨어난 무당벌레와 같은 곤충들은 따뜻한 꽃 속에서 몸을 데우고 먹이도 먹고, 복수초는 이런 곤충들 덕분에 꽃가루받이(수분)를 하게 되는 것이다.

동백꽃도 추운 겨울에 꽃을 피운다. 아직은 날씨가 춥다보니 곤충들이 아직 겨울잠에서 깨어나지 않았다. 그래서 동백꽃은 동박새를 이용해서 꽃가루받이를 한다.

복수초

동백꽃과 동박새

(2) 겨울눈, 로제트식물

식물 중에 갈잎나무는 추운 겨울에 나뭇잎은 없지만 겨울눈을 가지고 있다. 겨울눈이라고 해서 겨울에 만들어지는 것은 아니다. 나무들은 여름부터 겨울눈을 만든다. 추운 겨울을 잘 이겨내기 위해 나무들마다 겨울눈의 모양은 다르다. 목련나무의 겨울눈은 두꺼운 털옷을 입고 있다. 참나무 종류의 겨울눈은 비늘옷을 겹

겹이 입어 추운 바람을 이겨낸다. 칠엽수는 겨울눈을 보호하기 위해 겨울눈이 끈적이는 액체로 둘러싸여 있다.

이렇게 겨울을 잘 이겨낸 겨울눈은 봄이 되면 꽃을 피우기도 하고, 잎을 피우기도 한다.

냉이와 같이 두해살이풀이나 여러해살이풀은 추운 겨울을 나기 위해 뿌리잎을 만든다. 뿌리잎이 로제트(방석모양)처럼 땅에 바짝 붙어 있다. 그렇게 되면 차가운 바람에 줄기나 잎이 꺾이지 않고, 땅의 따뜻한 지온을 받을 수 있다. 그리고 잎이 서로 최대한 겹치지 않게 펴져 있어 햇빛도 골고루 받을 수 있다. 로제트식물에는 냉이, 달맞이꽃, 민들레, 개망초 등이 있다.

냉이의 뿌리잎

목련의 겨울눈

3. 동물

1) 봄

(1) 봄을 알리는 동물

개구리는 외부 온도에 따라 체온이 변하는 변온동물이다. 주변의 온도가 낮아지면 몸의 온도도 내려가고, 주변의 온도가 올라가면 몸의 온도도 올라간다. 그래서 추운 겨울에는 활동력이 떨어져 겨울잠을 잔다. 올챙이는 물속의 식물이나 낙엽을 먹고 살지만, 개구리가 되면 곤충들을 잡아먹고 산다.

무당벌레, 네발나비, 썩덩나무노린재는 이른 봄에 다른 곤충들보다 먼저 만날 수 있다. 곤충은 추운 겨울을 지낼 때 어떤 곤충은 알로, 어떤 곤충은 애벌레로, 어떤 곤충은 번데기로, 어떤 곤충은 어른벌레(성충)로 보낸다. 무당벌레, 네발나비, 썩덩나무노린재는 겨울을 어른벌레로 지내기 때문에 기온이 올라가 따뜻한 봄이 되면 바로 나오기 때문에 제일 먼저 볼 수 있다. 네발나비는 앞다리 한 쌍이 아주 작거나 퇴화되어 다리가 4개만 있는 것처럼 보인다. 작은 앞다리는 더듬이 같은 감각 기관의 역할을 한다. 애벌레는 환삼덩굴 잎을 먹고 자란다. 그래서 환삼덩굴이 많이 있는 들판이나 하천 주변에서 흔히 볼 수 있다.

참개구리

네발나비

(2) 텃새

사계절 내내 우리나라에 사는 새들을 텃새라고 한다. 주변에서 흔히 볼 수 있는 텃새에는 까치, 비둘기, 직박구리, 어치, 참새, 박새, 딱따구리 등이 있다.

직박구리는 '찌이익 찌이익' 하며 시끄럽게 운다고 해서 직박구리라는 이름이 지어졌다. 5~6월에 둥지를 짓고 알을 낳아 기르며, 곤충이나 열매를 먹고 산다.

참새의 머리는 짙은 갈색이고, 갈색의 등에는 검은색 줄무늬가 있다. 암컷과 수컷의 몸 색깔이 같다. '짹짹'하고 울며, 4~8개의 알을 낳아 기른다. 가을과 겨울철에는 무리지어 생활한다.

박새는 머리 꼭대기와 목은 검은색이고 뺨은 흰색이다. 넥타이를 한 것처럼 배 가운데에 검은색 세로줄이 있다. 쇠박새는 박새와 비슷하게 생겼지만 검은 나비넥타이를 한 것처럼 보인다. 박새는 7~10마리씩 무리지어 살고 나무구멍이나 인공새집, 건물 틈새에 둥지를 짓고 산다.

새들은 땀샘이 없기 때문에 목욕을 자주 한다. 활동시간의 20%를 깃털 정돈하는데 사용할 정도로 새들에게 깃털 정리는 매우 중요하다.

직박구리

참새

박새

(3) 봄 곤충의 지혜

무당벌레는 산이나 풀밭 어디에서나 1년 내내 볼 수 있다. 애벌레, 어른벌레 모두 진딧물을 잡아먹고 살기 때문에 농부들에게는 이로운 곤충이다. 무당벌레의 화려한 몸 색깔은 '나를 먹으면 재미없어'라는 경고색이다. 실제로 고약한 냄새가 나는 노란 분비물을 내뿜기도 한다.

꽃등에는 벌과 비슷하게 생겼고, 벌처럼 꽃에 있는 꿀과 꽃가루를 좋아한다. 그렇지만 벌과가 아니라 파리과이다. 그래서 벌과는 다른 점이 많다. 꽃등에는 벌에 있는 '침'이 없고, 벌은 날개가 4장이지만 꽃등에는 날개가 파리처럼 2장이다. 또한 꽃등에는 다른 곤충들이 무서워하는 벌처럼 보이게 해서 자기를 보호하는 지혜를 가지고 있다.

무당벌레

배짧은꽃등에

2) 여름

(1) 수서곤충 종류와 지혜

물 위나 물속에 사는 곤충을 수서곤충이라고 한다. 물에 사는 곤충 중에는 애벌레 때에만 물속에서 살고, 어른벌레가 되면 물 밖으로 나와 사는 곤충이 있다. 잠자리, 날도래, 하루살이, 강도래 등이 여기에 속한다.

반면에 평생 물에서 사는 곤충도 있다. 물장군, 게아재비, 물방개, 소금쟁이, 송장헤엄치개 등이 여기에 속한다. 물속에 들어가면 숨을 쉬기가 어려운데 물에 사는 곤충들은 어떻게 숨을 쉴까? 물방개는 물 밖으로 나와 배와 날개 사이에 공기를 가득 채우고 들어가 숨을 쉰다. 게아재비는 물속에서 배 끝에 침처럼 긴 숨관을 물 밖으로 빼서 공기 중의 산소를 들이마신다. 우리가 물속에 들어갈 때 산소마스크나 스노클링을 하는 것처럼 수서곤충들도 물에서 살아가는 지혜가 있다.

〈애벌레 시기에만 물속에 사는 곤충〉

잠자리 수채

날도래집

〈평생 물속에 사는 곤충〉

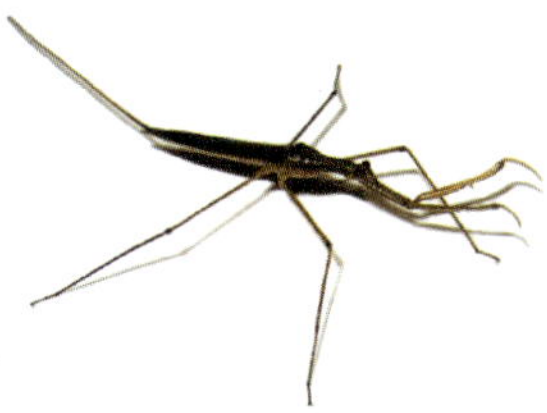
게아재비

송장헤엄치개

(2) 여름 철새

여름에 우리나라에 찾아오는 철새들은 살던 곳이 너무 더워서 우리나라에 온 걸까? 아니면 살던 곳이 너무 추워서 우리나라에 온 걸까? 우리는 여름이 덥기 때문에 여름 철새들이 추위를 피해 우리나라에 왔다고 생각하기 쉽다. 하지만 여름 철새들은 이른 봄에 동남아시아 등 남쪽에서 찾아와 우리나라에서 번식하고, 겨울을 나기 위해 가을에 남쪽으로 다시 이동하는 새를 말한다.

왜가리, 중대백로, 황로, 물총새, 덤불해오라기, 검은댕기해오라기, 꼬마물떼새는 하천이나 물가에서 볼 수 있는 여름 철새이다. 물가에 사는 여름 철새들은 물속에 있는 물고기, 수서곤충, 갑각류를 먹기 때문에 부리가 길게 생겼다. 부리가 길어서 물속에 머리를 넣지 않아도 먹이를 잡을 수가 있다. 이렇게 물가에 사는 새는 물속에 있는 먹이를 사냥하기에 적당하도록 부리의 모양이 변해 왔다.

왜가리

중대백로

(3) 여름 곤충의 지혜

호랑나비는 날개의 무늬가 호랑이 몸의 무늬를 닮아서 호랑나비라는 이름이 지어졌다고 한다. 2령~4령 애벌레일 때는 새똥의 모양을 흉내 내고, 5령 애벌레일 때는 녹색의 몸에 무서운 뱀의 눈모양 무늬로 몸을 보호하는 지혜를 가지고 있다. 호랑나비는 애벌레가 좋아하는 먹이인 탱자나무, 귤나무, 산초나무, 황벽나무 등 향기가 강한 식물 잎에 알을 낳는다.

거위벌레의 몸은 전체적으로 붉은색을 띠고 있다. 거위벌레 암컷은 알집을 훌륭하게 만드는 건축가이자 재단사이다. 나뭇잎을 밑그림도 없이 정확히 자르고 말아서 알집을 만든다. 1개의 알집에 1개의 알을 낳는데 알집을 만드는 데 3시간이나 걸린다. 어미가 만들어준 튼튼한 알집 속에서 7일 정도 지나면 애벌레가 태어난다. 거위벌레 엄마의 따뜻한 사랑과 지혜가 알집 속에 담겨 있다.

호랑나비 애벌레(2령)

호랑나비 애벌레(5령)

호랑나비

거위벌레의 알집

거위벌레

3) 가을

(1) 가을 곤충의 지혜

잠자리란 잠자리과에 속하는 모든 곤충들을 통틀어 부르는 말이다. 애벌레 때에는 물속에서 작은 물고기나 올챙이를 잡아먹는다. 그런데 어른벌레가 된 후에는 반대로 물고기나 개구리에게 잡혀먹는다. 잠자리는 2개의 겹눈과 3개의 홑눈을 가지고 있는데 1개의 겹눈은 1~3만 개의 낱눈들이 합쳐져 만들어졌다. 눈이 발달해서 먼 곳도 잘 볼 수 있어 사냥을 잘한다. 상대적으로 더듬이는 매우 작다.

귀뚜라미란 귀뚜라미과에 속하는 곤충들을 통틀어 부르는 말이다. 귀뚜라미는 알 상태로 추운 겨울을 보내고, 애벌레는 번데기 과정 없이 바로 어른벌레로 자란다. 번데기 과정이 생략된 경우를 불완전탈바꿈이라고 한다. 주로 밤에 활동하기 때문에 밤에 귀뚜라미 울음소리를 들을 수 있다. 귀뚜라미는 시력은 약하지만 매우 긴 더듬이를 가지고 있다. 그리고 수컷 귀뚜라미는 짝짓기를 하기 위해 오른쪽 날개를 왼쪽 날개 위에 올려 비벼서 소리를 낸다.

메뚜기는 메뚜기과에 속하는 곤충들을 통틀어 부르는 말이다. 메뚜기는 자기 몸길이의 200배 이상 뛰어오를 수 있다. 메뚜기가 잘 뛸 수 있는 이유는 바로 강한 뒷다리 1쌍을 가지고 있기 때문이다. 메뚜기는 날개의 옆면과 뒷다리의 안쪽을 서로 비벼 소리를 낸다.

잠자리의 겹눈

왕귀뚜라미

벼메뚜기

(2) 곤충들의 집

우리나라에는 약 100여 종의 개미가 살고 있다. 개미들은 일반적인 곤충들과는 달리 군집 생활을 하는 특징을 가지고 있다. 알을 낳는 여왕개미, 짝짓기 위해 태어난 수개미, 먹이를 구하거나 애벌레를 돌보는 일개미, 집을 지키는 병정개미가 모여 서로 도우며 살고 있다. 개미에게는 겹눈이 있지만 땅속 생활을 오래해서 시력이 나쁘다. 그래서 더듬이로 냄새를 맡거나 주변 상황을 알아낸다. 개미들은 가는 허리를 가지고 있는데 가는 허리는 부러지기 쉽기 때문에 매우 불리하다. 그런데도 개미는 왜 가는 허리를 가지고 있을까? 땅속 개미집으로 가는 길은 구불거리고 좁기 때문에 이런 땅속 생활에 적응하기 위함이다.

숲에서 쉽게 보이는 사마귀에는 사마귀, 좀사마귀, 왕사마귀 등이 있다. 암컷 사마귀는 수컷 사마귀보다 몸집이 크다. 사마귀는 가시가 있는 강한 앞다리로 먹이를 찍어 누르고, 강한 턱을 이용해 먹이를 산 채로 잡아먹는다. 사마귀 암컷은 배의 끝에서 끈끈한 액체를 내뿜고, 거기에 공기를 섞어 하얀 거품 모양의 알집을 만든다. 그리고 그 속에 알을 낳는다. 겨울 동안 알들이 얼지 않도록 준비하는 사마귀 엄마의 사랑이다.

개미의 구조

사마귀 알집

4) 겨울

(1) 겨울 철새

우리나라에 오는 겨울 철새는 크게 두 종류가 있다. 산에 오는 산새와 바닷가나 강가 같은 물가에 찾아오는 물새이다. 산새에는 되새, 상모솔새 등이 있다. 물새에는 기러기류, 두루미류, 오리류 등이 있다. 겨울 철새는 11월 무렵부터 저 멀리 추운 시베리아 등 북쪽 지방에서 우리나라로 날아오기 시작한다. 우리나라에서 겨울을 보내고 이듬해 2~3월이 되면 다시 왔던 곳으로 돌아간다. 겨울 철새들은 살고 있던 곳이 우리나라보다 더 춥기 때문에 추위를 피해 우리나라에 오는 것이다.

신기하게도 철새들은 해마다 먼 곳을 날아 같은 곳으로 찾아온다. 새들은 왔던 곳을 어떻게 기억할까? 새들이 먼 곳까지 길을 잃지 않고 찾아올 수 있는 비법에는 여러 가지가 복합적으로 작용한다고 할 수 있다. 철새들은 해와 별의 위치를 보고 갔던 곳을 다시 찾아올 수 있다. 낮에는 해를 보고, 밤에는 별을 보면서 위치를 찾는다. 새의 머릿속에 작은 자석과 같은 자철석이 있어서 날씨가 흐리고 해와 별이 보이지 않을 때에도 나침반 역할을 해준다고 한다. 또한 철새들은 언덕이나 들판, 강의 모습을 보고 위치를 알 수도 있다. 바람의 방향이나 냄새를 기억해서 길을 찾기도 한다.

청둥오리(수컷)

청둥오리(암컷)

(2) 겨울잠

동물들에게는 겨울잠을 자는 것이 좋을까? 아니면 안 자는 것이 좋을까? 현대인들은 매일매일 바쁘게 살기 때문에 피곤에 지쳐 한번쯤은 우리들도 동물처럼 겨울잠을 잤으면 좋겠다는 생각을 해봤을 것이다. 만약 겨울잠을 자는 것이 생존에 유리했다면 인간들은 겨울잠을 자는 형태로 진화했을 것이다. 하지만 인간은 겨울잠을 자지 않기 위해 난방기술을 발전시키고, 음식 저장법을 발전시켰다. 추운 겨울은 식물에게도 동물에게도 살기 힘든 계절이다. 동물들에게 겨울잠이란 추운 겨울을 이겨내기 위한 어쩔 수 없는 선택이다. 겨울잠을 자는 동안 다른 천적에게 잡아먹힐 수도 있고, 추위를 이기지 못해 얼어 죽을 수도 있기 때문이다.

겨울잠을 자는 동물들은 크게 두 가지 형태로 나눠진다. 항온동물은 너무 추워서 겨울잠을 잔다기보다는 먹을 것이 부족해서 겨울잠을 자기 때문에 잠자듯이 겨울잠을 잔다. 겨울잠을 자다가 먹이 저장고에서 먹이를 찾아 먹기도 한다. 곰, 다람쥐, 고슴도치, 너구리 등이 여기에 해당된다.

변온동물의 겨울잠은 죽은 듯이 잔다. 변온동물은 바깥 기온에 따라 몸의 체온이 변하기 때문에 추운 겨울에는 몸의 기능이 떨어져 겨울잠을 자는 것이다. 개구리, 뱀 등이 여기에 해당된다.

다람쥐의 겨울잠

개구리의 겨울잠

(3) 동물들의 발자국

숲 속을 걷다보면 야생동물을 만나기는 쉽지 않다. 사람의 소리가 들리면 동물이 숨어 버리기 때문이다. 그러나 동물의 발자국, 배설물(똥), 털, 열매나 나뭇잎을 먹은 흔적 등을 발견하곤 한다. 이제 여러 동물들의 발자국에 대해 알아보자. 네 발을 가지고 있는 동물의 걸음은 천천히 걸을 때, 빨리 걸을 때, 뛸 때가 다르다. 일반적으로 천천히 걸을 때 발을 옮기는 순서는 오른쪽 뒷발을 먼저 떼었다면 오른쪽 앞발, 왼쪽 뒷발, 왼쪽 앞발 순으로 네 박자로 걷는다. 빨리 걸을 때는 오른쪽 뒷발과 왼쪽 앞발을 동시에 옮긴 후 왼쪽 뒷발과 오른쪽 앞발을 동시에 옮기는 순으로 두 박자로 걷는다. 뛸 때는 뒷발로 도약 후 공중에서 네 발을 모은 후,

앞발로 착지한다.

토끼의 걸음걸이는 일반적인 네 발 달린 동물들과는 조금 다르다. 토끼는 앞발이 작고 뒷발이 크기 때문에 껑충껑충 뛸 때 뒷발을 앞발 앞에 놓고 뛴다. 그래서 뒷발자국이 앞발자국보다 앞에 찍히는 것이다.

너구리는 개과에 속하는 동물이다. 너구리는 무엇이든 잘 먹는 잡식성이고, 똥자리를 따로 만들어 그곳에서 똥을 누는 특징을 가지고 있다. 그리고 발자국을 살펴보면 발톱까지 선명하게 찍혀 있는데 이것은 개과 동물들의 특징이다. 이와 반대로 삵처럼 고양이과에 속하는 동물은 걸을 때 발톱을 접고 걷는다. 그래서 발자국에 발톱자국이 찍히지 않는다.

토끼 발자국

너구리 발자국

삵 발자국

Chapter 3

누리과정을 적용한 생태교육의 실제

1. 2019 개정 누리과정과 유아생태교육
2. 유아생태교육에서의 생태놀이
3. 유아생태교육 프로그램의 구성
4. 유아생태교육 연간 프로그램
5. 생활주제별 유아생태교육 프로그램

1. 2019 개정 누리과정과 유아생태교육

2020년 3월부터 전국의 유치원과 어린이집에 다니는 만 3~5세 유아들은 「2019 개정 누리과정」의 적용을 받게 되었다. 「2019 개정 누리과정」의 가장 큰 변화는 유아가 중심이 되고 놀이가 살아나는 유아 중심·놀이 중심이 강조되었다는 것이다.

개정 누리과정이 '유아 중심'을 추구한다는 것은 누리과정을 운영하는 과정에서 유아의 건강과 행복, 놀이를 통한 배움의 가치를 최대한 존중하여 반영하는 것을 의미한다. 교사는 유아의 목소리에 귀기울이며, 유아의 의견을 존중하고 반영하는 교육과정을 구성하고 운영하는 것이 필요하다. 개정 누리과정이 '놀이 중심'을 추구한다는 것은 유아가 주도하는 놀이를 중심으로 교육과정을 구성하고 운영한다는 것을 의미한다. 유아는 놀이하면서 세상을 탐색하고 자신을 표현하며 다른 사람과 교류한다. 또한 유아는 자신의 흥미와 관심에 따라 즐겁게 놀이하는 과정에서 자연스럽게 배운다.

유아 중심·놀이 중심 교육이 가장 잘 이뤄지는 것이 유아생태교육이다. 자연은 계절에 따라 늘 다른 모습을 보여주며, 유아들은 이러한 자연 속에서 무한한 상상력을 발휘하여 스스로 놀이를 만들어 내어 즐겁게 놀이를 한다.

개정 누리과정에 새롭게 신설된 추구하는 인간상 중 '더불어 사는 사람'은 자신이 속해 있는 사회에 소속감을 느끼고, 다른 사람과 생명을 존중하고 자연과 더불어 살아가며 보다 나은 사회를 만들기 위해 사회문제에 관심을 갖고 협력하는 민주 시민을 의미한다. 생명을 존중하고 자연과 더불어 살아간다는 것은 동식물과 주변 환경에 관심을 가지고 소중히 여기는 것이다.

개정 누리과정은 '더불어 사는 사람'이란 인간상을 이루기 위해 '사람과 자연을 존중하고 배려하며 소통하는 태도를 기른다.'는 목표를 설정하고 있다. 유아에게 놀이를 통하여 자연을 소중히 여기고 다른 사람과 협력하며 소통하는 방법을 경험할 수 있는 기회를 제공하여, 유아는 사람과 자연을 존중하고 배려하며 소통하는 태도를 길러 더불어 사는 사람으로 성장해 나간다.

이러한 누리과정의 인간상과 목표에 가장 적합한 것도 유아생태교육이다. 유아들은 자연 속에서 다양한 동식물을 만나고, 그 생명들의 삶의 지혜를 배우며, 생명들과 소통하는 방법을 배운다. 또한 자연 속에서 생태놀이를 통해 친구들과 협력하며 소통하는 방법 또한 경험하게 된다.

2. 유아생태교육에서 생태놀이

생태교육이란 단순히 풀, 나무, 곤충의 이름과 기능을 암기하는 지식교육이 아니라, 자연 안에서 직접 체험하고, 관찰하면서 그 느낌을 나누는 교육이다. 자연 속에서 자연을 구성하고 있는 생명체들의 관계성을 이해하게 되며, 스스로 자연과 인간이 어떻게 함께 살아가야 하는지 깨닫는 교육인 것이다.

유아생태놀이란 유아들이 좋아하는 놀이라는 방법을 통해 유아의 오감을 살려서 유아와 자연이 쉽게 친해지도록 하며, 유아들의 자연에 대한 이해를 도와주는 생태교육 활동이다. 일반적으로 '놀이'라는 말은 '학습'과 반대 개념으로 생각하고 놀이를 낮게 평가하는 경향이다. 하지만 유아기의 놀이는 단순히 '논다'가 아니라 학습이 일어나는 과정이다. 따라서 유아생태교육에서 생태놀이는 중요하다.

요즘 유행처럼 생태체험활동이 퍼져나가고 있다. 그러나 우리가 조심해야 할 부분은 자연을 단순히 놀이와 교육의 대상으로만 생각하는 것이다. 자연의 일부분인 인간이 자연과 괴리된 도시의 삶을 살기 시작하면서 생겨난 많은 환경문제와 사회문제를 해결하기 위해 생태교육은 반드시 필요하다.

따라서 생태놀이를 포함한 생태교육은 자연을 단순한 교육의 대상을 뛰어넘어 자연과 조화로운 삶을 목표로 하여야 한다. 우리가 별생각 없이 하는 생태교육이 오히려 자연을 파괴하거나 자연에 피해를 주는 교육이 될 수 있기 때문이다. 따라서 생태교육을 할 때는 교육내용뿐만 아니라 사용하는 교구의 선택까지도 '자연을 이용한 교육'이 아닌 '자연을 위한 교육'을 하고 있는지 생각해야 한다.

3. 유아생태교육 프로그램의 구성

유아생태교육 프로그램의 구조 모형은 아래의 [그림 3-1]과 같다.

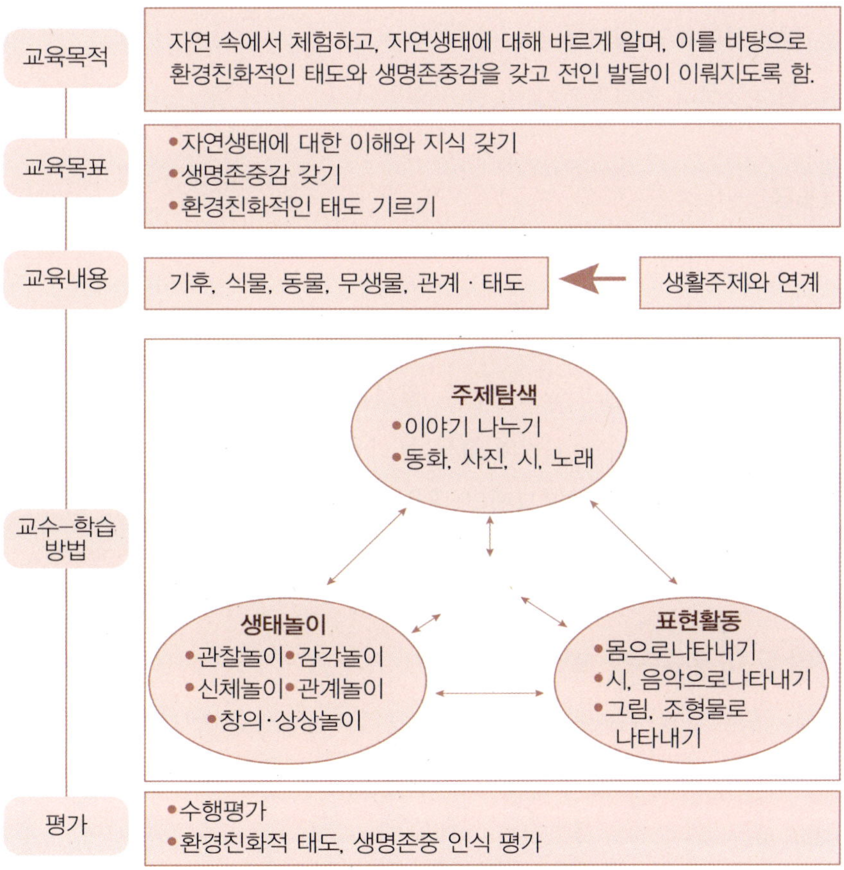

그림 3-1 유아생태교육 프로그램 모형

1) 목적 및 목표

유아생태교육의 목적은 자연 속에서 체험하고, 자연생태에 대해 바르게 알며, 이를 바탕으로 환경친화적인 태도와 생명존중감을 갖고 유아의 전인적인 발달이 이루어지도록 하는 것이다. 이러한 교육목적을 달성하기 위하여 선정된 교육목표를 진술하면 다음과 같다.

첫째, 자연생태에 대한 이해와 지식을 갖는다.
둘째, 생명존중감을 갖는다.
셋째, 환경친화적인 태도를 갖는다.
넷째, 환경문제를 해결할 수 있도록 실천한다.

2) 내용

(1) 유아생태교육의 전체적인 교육내용

유아생태교육 프로그램의 교육내용은 생태교육 관련 선행연구 분석, 누리과정 지도서 분석, 유아교육기관 교원의 요구 분석을 통해 얻은 시사점을 반영하였다. 최종적으로 유아생태교육 프로그램의 내용을 기후, 식물, 동물, 무생물, 관계·태도 등 5가지로 하였다.

(2) 활동내용 구성 및 선정

유아생태교육 프로그램의 교육효과를 높이고, 생태교육의 의미를 제대로 구현하기 위해서는 기후, 식물, 동물 등의 주제를 분절적으로 가르치기 보다는 생활주제와 연결성을 갖는 것이 중요하다. 따라서 누리과정 교사용 지도서의 10개 생활주제와 연결되도록 내용을 구성하였다.

3) 교수-학습 방법

(1) 주제탐색, 생태놀이, 표현활동이 순차적이고 통합적으로 연결되도록 한다.

유아교육에서 생활주제를 중심으로 통합적 접근법을 강조하고 있다. 관계를 중요시하는 생태교육이야말로 통합적 접근이 중요하다. 따라서 자연에 대한 단편적인 지식을 나열하지 않고 주제탐색, 생태놀이, 표현활동을 순차적으로 연결하되 통합되도록 하였다.

① 주제탐색

주제탐색은 학습목표에 도달하기 위한 준비 절차 단계이다. 이때 이야기 나누기뿐만 아니라 생태동화, 사진, 동시, 노래 등 다양한 소재를 활용하여 진행한다.

② 생태놀이

유아의 놀이는 단순히 '논다'는 것이 아니라 학습이 일어나는 과정이다. 생태놀이는 자연 속에서 자연을 통하여 자연을 위한 놀이이다. 생태놀이의 활동 특성을 반영하여 관찰놀이, 감각놀이, 신체놀이, 관계놀이, 창의·상상놀이로 구분하였다. 생태놀이의 자세한 내용은 〈표 3-1〉과 같다.

〈표 3-1〉 생태놀이의 내용 및 활동의 예

구분	교육내용 및 활동의 예
관찰놀이	•자연을 자세히 관찰하고 탐구하는 활동 예) 새싹 찾기, 같은 나뭇잎 찾기, 나뭇잎 퍼즐 맞추기, 나뭇잎의 반쪽 그리기, 숨은 곤충 찾기
감각놀이	•오감을 이용하여 자연을 접하고 자연을 느끼는 활동 예) 자연물 촉감 놀이, 같은 열매 소리 찾기, 촉감으로 나의 나무 찾기, 하늘 걷기, 숲 속 전시회
신체놀이	•신체를 이용하여 자연을 이해하고 표현하는 활동 예) 개구리 먹이 사냥, 나무를 바꿔라, 동물 발자국 따라 걷기, 빨대로 공 나르기, 열매 전달하기
관계놀이	•자연 생태계 구성원 간의 관계를 이해하는 활동 예) 동물들의 똥 싸기, 사냥꾼과 숲 속 동물, 다람쥐의 겨울나기, 거품벌레 따라 하기
창의 · 상상놀이	•상상력을 자극시켜 주며 창의력을 키워 주는 활동 예) 곤충되어 걸어 보기, 나무의 생일잔치, 나무와의 인터뷰

③ 표현활동

표현활동은 주제와 관련하여 유아들이 생각하고 느낀 점을 몸, 시, 음악, 그림, 조형물을 나타내는 단계이다. 유아들에게 이러한 표현활동은 주의력 · 집중력 · 사고력을 길러줌으로써 학습 의욕을 높여 준다. 또한 풍부한 감성을 기를 수 있고 정서 순화에 도움이 되며 고도화, 개성화, 다양화를 표현할 수 있다. 이를 바탕으로 교사는 유아의 현재 발달 정도와 이해 정도를 알 수도 있다. 표현활동의 자세한 내용과 활동의 예는 〈표 3-2〉와 같다.

〈표 3-2〉 표현활동의 내용 및 활동의 예

구분	교육내용 및 활동의 예
몸으로 나타내기	•자연을 자세히 관찰하고 탐구하는 활동 예) 겨울잠을 자는 동물 흉내내기, 생물과 무생물 몸으로 표현하기, 동물의 걸음걸이,
시, 음악으로 나타내기	•오감을 이용하여 자연을 접하고 자연을 느끼는 활동 예) 가을을 주제로 한 동시 짓기, 자연물로 숲 속 음악회 열기, 겨울잠을 자는 동물 노래 부르기,
그림으로 나타내기	•자연 생태계 구성원 간의 관계를 이해하는 활동 예) 개미와 진딧물 꾸미기, 흙물감으로 토끼와 호랑이 색칠하기, 흙그림 그리기, 숲의 소리를 그림으로 표현하기, 눈을 이용한 그림 그리기
조형물로 나타내기	•상상력을 자극시켜 주며 창의력을 키워주는 활동 예) 나무 이름표 만들기, 새들의 집짓기, 사랑나무 만들기, 봄꽃 화관 만들기, 자연물 장난감 만들기

(2) 활동방법은 체험 위주로 진행하지만 다양한 교수 자료 활용

생태교육은 자연과 인간의 관계를 중시하는 교육이기 때문에 자연 속에서의 체험중심으로 활동이 풍부하게 이루어지도록 한다. 그러나 자연에 대한 유아의 관심을 모으기 위해 관련 주제로 한 동화, 사진, 시, 노래 등과 같은 간접적인 자료를 활용한다.

① 동화

동화는 유아에게 가장 호소력이 있는 아동문학의 일부로서 유아들의 성장 시기에 상상력과 언어발달 및 정서·사회성에도 긍정적인 영향을 준다. 유아들에게 알려 주기 어려운 개념을 쉽고 재미있게 접근할 수 있다. 예를 들어, 본 프로그램에서는『겨울잠 자니?』라는 동화를 통해 겨울잠을 동물에 대한 흥미를 이끌어준 후, '커다란 곰 한마리' 노래 부르기, 곰의 먹이 찾기, 겨울잠을 자는 동물 흉내 내기, 겨울잠 자는 동물들의 꿈 등으로 연결하여 자연에 대한 친밀감을 이끌어 주었다.

② 사진

실물을 볼 수 없는 경우에 사진자료는 유아들에게 실물을 대신해서 이해력을 길러 줄 수 있는 자료이다. 예를 들어, 본 프로그램에서는 사용한 사진자료의 예는 아래와 같다.

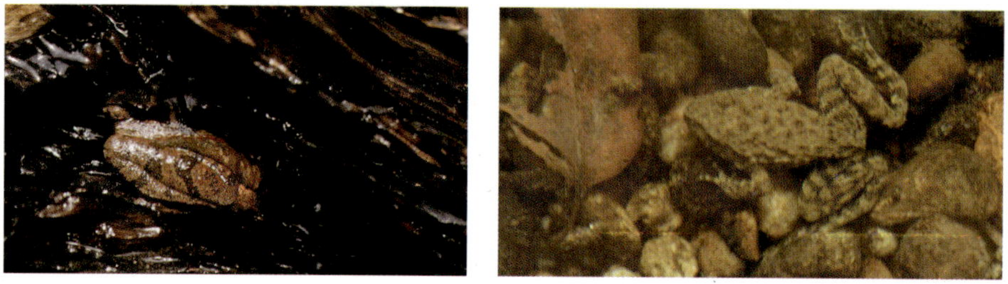

주제 – 겨울잠에서 깨어난 친구들

주제 – 새 둥지 만들기

꽃다지

별꽃

꽃마리

제비꽃

할미꽃

봄까치꽃

주제 – 봄에 피는 들꽃 찾기

도꼬마리

도깨비바늘

감

주제 – 동물이 도와줘서 멀리 가요

③ 노래

유아들은 노래 부르기를 통해서 자신을 표현하고, 생각이나 분위기를 전달하고 싶을 때 노래를 부르면서 즐거움을 경험하게 된다. 또한 언어적 발달을 이끌고, 인지적 발달과 추상적 사고를 확장하며 사회적, 집단적 기술을 배우게 된다. 예를 들어, 본 프로그램에서는 '커다란 곰 한마리'이라는 노래를 통해 동물들의 겨울잠에 대해 보다 쉽게 접근하였으며, '나뭇잎 노래', '한 마리'라는 노래를 통해 나뭇잎의 종류에 대해 쉽게 전달하였다.

(3) 주변 자연환경에 따라 적용 가능하도록 한다.

생태교육은 자연이라는 소재와 장소에서 이루어지기 때문에 교육현장에서 주변 자연환경의 열악함은 교육에 가장 큰 걸림돌이 된다. 김미화(2009), 김은미(2011), 김태희(2009), 이미영(2009), 이성미(2011)의 연구에서도 유아교사들의 생태교육 필요성에 대한 인식은 높은 반면, 생태교육 실천을 위한 문제점으로 활동 프로그램의 부족, 실외놀이 환경 부족, 주변 환경에 대한 환경 개선이라 생각하였다. 따라서 본 프로그램에서는 가급적이면 '숲'이라는 장소에 한정하지 않고, 공원에서도 활용할 수 있도록 프로그램을 제시하고자 하였다.

4) 평가

유아생태교육 프로그램에서 평가는 교육목적과 목표를 달성하였는지를 알아보는데 있다. 평가는 수행평가와 체크리스트를 통한 환경친화적 태도, 생명존중 인식 평가로 이뤄질 수 있다.

수행 평가는 유아생태교육 프로그램 활동을 전개하는 과정 중에 교사와 유아의 언어적인 반응과 비언어적인 행동을 관찰하고 분석한 후 분석내용에 따라 다음의 활동에 평가 내용을 반영하는 과정을 순환적으로 실시한다. 즉, 생태교육 프로그램의 내용에 관심을 갖는지, 그 내용에 대한 이해는 어떠한지, 모둠별 활동에서 또래와의 상호작용이 어떻게 이루어지고 있는지, 그리고 다양한 표현활동은 잘 이루어지고 있는지 등에 대하여 평가한다. 유아의 작품 분석, 기록물에 대한 평가 및 분석을 통해 유아의 변화 정도를 평가한다. 교사는 활동 진행 중 수행 평가를 통해 다음 활동을 보완하고 개선하도록 할 수 있다. 수행 평가는 본 프로그램의 과정에 대한 교육효과를 종합적으로 평가하는 것이다.

본 프로그램의 효과를 검증하기 위해서는 환경친화적 태도 검사 도구와 생명존중 인식 검사 도구를 사용할 수도 있다. 검사 시기는 프로그램의 효과를 알아보기 위해 프로그램 적용 전과 적용 후에 각각 동일한 방법으로 실시하여야 한다.

4. 유아생태교육 연간 프로그램

유아생태교육 프로그램의 월별 생활주제에 따른 주제와 교육 내용은 〈표 3-3〉과 같다.

〈표 3-3〉 유아생태교육 연간 프로그램

생활주제	차시	주제	교육 내용
유치원(어린이집)과 친구	1	새로운 시작	겨울잠에서 깨어난 친구들 동화『겨울잠 자니?』, 겨울잠을 자는 동물 이야기 나누기, 노래(커다란 곰 한마리), 곰의 먹이 찾기, 겨울잠을 자는 동물 흉내 내기, 겨울잠 자는 동물들의 꿈
	2	나와 친구 소개하기	유치원(어린이집) 가까운 숲에 사는 친구 알기 우리 유치원(어린이집) 마당과 놀이터에 있는 나무 알기, 우리 동네에 있는 나무 알기 나무 지도 그리기, 나무 이름표 만들기
	3	서로서로 돕기	생물과 무생물 생물과 무생물 실험, 자연물 촉감 놀이, 밧줄 따라가며 숲보기, 생물과 무생물 표현하기
	4	둥지를 만드는 새들	새 둥지 만들기 다양한 새들의 둥지에 대해 이야기 나누기, 애벌레 먹이 사냥, 어미새 아기새 놀이, 새들의 집짓기
봄	5	씨앗은 생명의 시작	씨앗은 어디로 갔을까? 동화『씨앗은 무엇이 되고 싶을까?』, 노래(씨앗), 씨앗 속에 다 있어, 씨앗 심기
	6	새싹이 돋아나는 봄	새싹 찾기 그림책『맛있는 들풀』, 우리 주변의 들풀에 대해 이야기 나누기, 새싹 찾기, 사랑나무 만들기
	7	봄을 맞이하는 동물들	개구리가 깨어나는 봄 동화『입큰 개구리』,『너나 좋아해』,『101마리 올챙이』, 개구리 한살이와 먹이, 개구리 먹이 사냥, 개구리 짝짓기 놀이, 개구리 만들기
	8	봄의 색깔	봄의 아름다운 색 찾기 노래(봄이 왔어요), 주변의 색깔 찾기, 봄의 색깔 찾기, 개나리 화관 만들기, 봄꽃 화관 만들기

생활주제	차시	주제	교육 내용
우리 동네	9	서로 돕는 이웃	강아지똥 동화 『강아지똥』, 동물들의 똥 싸기, 개미와 진딧물 꾸미기
	10	우리동네 자랑거리	숲 속 보물찾기 동화 『우리 동네에 들꽃이 피었어요』, 단어카드로 보물찾기, 우리 동네 동식물 자랑하기
	11	시장 놀이	숲 속 장터 동화 『한이네 동네 시장이야기』, 『두근두근 꽃시장 나들이』, 숲 속 보물찾기, 숲 속 문구점, 자연물 장난감 만들기
	12	아름다운 우리 동네 숲	나무의 생일잔치 우리 동네 나무, 나무의 생일잔치, 나무를 바꿔라, 나무의 생일 케이크 만들기
동식물과 자연	13	애벌레 이야기 책	배고픈 애벌레 동화 『배고픈 애벌레』, 『분홍애벌레 위글리』, 『애벌레는 커서 무엇이 될까요』, 애벌레의 지혜, 애벌레 되어 보기, 애벌레 만들기, 낙엽으로 애벌레 만들기
	14	숲의 곤충들	누가 그랬어? 동화 『누가 그랬어?』, 거품벌레 따라 하기, 거위벌레 알집 만들기
	15	신나는 곤충놀이	나비의 한살이 동화 『세밀화로 보는 나비 애벌레』, 『네가 나비니?』, 노래(곤충), 나비의 한살이 가위바위보 놀이, 나비 만들어 꽃 찾기, 나비 만들기
	16	곤충 만들기	자연물로 나만의 곤충 만들기 동화 『굉장한 곤충들』, 곤충 되어 걸어보기, 재활용 박스 곤충 만들기, 찰흙 곤충 만들기
여름	17	나무와 숲의 생물들	나무 하나에 동화 『나무 하나에』 사냥꾼과 숲 속 동물, 나무에 사는 동식물 표현하기
	18	물가의 생물	수생식물과 수서곤충 동화 『알은 어디에 숨기지?』, 식물은 어디에서 살까요, 다양한 수생식물 관찰 또는 사진 보기, 수생식물 놀이, 게아재비 · 물방개의 공기저장 표현하기
	19	여름 곤충	매미가 맴맴맴 동화 『매매의 한살이』 네가 매미니? 놀이, 매미 만들기
	20	여름 나무	나무에도 표정이 있어요 다양한 나뭇잎 찾기, 나뭇잎 퍼즐 맞추기, 나무의 표정 만들기

생활주제	차시	주제	교육 내용
우리나라	21	옛날 이야기	토끼와 호랑이 동화 『토끼와 호랑이』, 토끼와 호랑이 놀이, 흙물감으로 토끼와 호랑이 색칠하기
	22	우리 땅의 풀과 나무	소나무야, 소나무야! 노래(나뭇잎 송), 솔방울 변화 실험, 나뭇잎 짝짓기 놀이, 솔잎 씨름 놀이, 소나무 꾸미기
	23	옛날 놀이	나무야, 나무야 뭐하니? 나무의 먹이 이야기, 전래놀이(여우야, 여우야 뭐하니?), 나무야 나무야 뭐하니 놀이, 나무 만들기
	24	우리나라의 자랑	나는 숲 속 건축가 우리가 살고 있는 집, 옛날 집, 숲 속 동물들의 집, 동물들의 집짓기, 솔잎으로 초가지붕 만들기
가을	25	톡 떽떼구르 여행	도토리 동화 『도토리는 다 먹어』 다람쥐의 겨울나기, 도토리 굴리기, 도토리 팽이 만들기
	26	나뭇잎의 가을 여행	낙엽 동화 『내가 만난 나뭇잎 하나』 낙엽을 모아라, 의좋은 형제 낙엽 나르기, 나뭇잎으로 동물 표현하기
	27	가을 열매 올림픽	동물이 도와줘서 멀리 가요 가을 숲 열매 이야기, 도꼬마리 던지기, 열매 도감 만들기
	28	가을 숲으로의 초대	가을 숲의 색 찾기 노래(가을 길), 숲 속 초대장 만들기, 낙엽 팔레트 만들기
환경과 생활	29	땅 속 친구들	땅속 생물 동화 『땅속 생물 이야기』, 다양한 흙속 생물 이야기, 땅속 생물 찾기, 흙의 종류 관찰, 흙그림 그리기
	30	숲의 소리	숲 속 음악회 숲의 소리듣기, 같은 소리 짝찾기, 이동하며 같은 소리 찾기, 소리를 그림으로 표현하기
	31	빛과 그림자	거울 속의 빛 놀이 숲 속 기차놀이, 거울을 이용한 다양한 활동, 하늘 걷기, 거울 속에 비친 숲 그리기
	32	겨울을 준비하는 숲	동물의 겨울나기 동화 『장갑』, 곤충의 겨울나기 지혜, 동물의 겨울나기 지혜, 자연물 폭죽, 겨울새를 위한 먹이 만들기

생활주제	차시	주제	교육 내용
겨울	33	겨울의 동물들	누구 발자국일까? 동시(눈 위를 가면), 동화 『누구 발자국일까?』, 동물 발자국 따라 걷기, 동물들의 발자국을 몸으로 흉내 내기, 동물들의 걸음걸이
	34	겨울에도 씩씩한 숲의 나무	나무야, 나무야 겨울나무야 동화 『겨울눈아 봄꽃들아』, 다양한 겨울눈, 겨울눈 관찰 겨울눈 퍼즐 맞추기, 겨울눈 따라 그리기
	35	추워도 신나는 숲놀이	펑펑 눈이 왔어요 동요(꼬마 눈사람), 눈이 오면 좋은 점, 눈길 만들기, 눈을 이용한 그림 그리기
	36	눈과 얼음	눈 땡, 얼음 땡 동화 『눈오는 날』, 얼음! 바람!, 면봉으로 눈 그리기, 눈가루 만들기, 자연물로 눈결정체 만들기
생활 도구	37	이야기 속의 생활 도구와 자연	가나다라 세상 가나다라로 시작하는 생활도구와 자연의 생물 · 무생물, 가나다라 찾기(1), 가나다라 찾기(2), 자연물로 가나다라 만들기
	38	자연에서 배운 것	자연에서 흉내 낸 물건들 동화 『두더지와 굴착기』, 자연에서 보고 만든 생활도구, 흡착기와 벨크로 닮은 자연물 찾기, 빨대로 공 나르기, 도꼬마리 씨앗으로 꾸미기
	39	자연 예술가 되기	자연 음악가, 자연 화가가 되어요 음악(사계), 자연을 표현한 그림, 숲 속 음악회(1), 숲 속 음악회(2), 숲 속 전시회, 뽀로로 옷 디자인하기
	40	생활도구	자연물로 생활도구 만들기 주변에 있는 생활도구, 열매 나르기, 열매 전달하기, 자연물로 숟가락 만들기, 자연의 밥상 차리기

5. 생활주제별 유아생태교육 프로그램

1) 유치원(어린이집)과 친구

활동 1. 새로운 시작 : 겨울잠에서 깨어난 친구들

생활 주제	생태교육 주제
유치원(어린이집)과 친구	동물
목 표	**누리과정 관련 요소**
• 겨울잠 관련 동화를 듣고 이해한다. • 겨울잠을 자는 동물이 필요한 것은 무엇인지 이야기할 수 있다. • 겨울잠을 자는 동물들 상황과 심정을 이해하고 표현할 수 있다. • 겨울잠을 자는 동물들의 겨울나기 지혜를 안다.	• 의사소통: 책과 이야기 즐기기 – 책에 관심을 가지고 상상하기를 즐긴다. • 예술경험: 창의적으로 표현하기 – 극놀이로 경험이나 이야기를 표현한다. • 자연탐구: 자연과 더불어 살기 – 주변의 동식물에 관심을 가진다.

가. 활동 자료

동화책 『겨울잠 자니?』, 악보(커다란 곰 한마리), 사진자료, 큰 숲보자기(작은 숲보자기 4개), 여러 동물 가면, 색연필

나. 활동 방법

[주제 탐색]

1) 『겨울잠 자니?』 동화책을 읽고 이야기 나눈다.

❶ "모든 동물들이 겨울잠을 자나요?"

❷ "다람쥐, 고슴도치, 오소리는 어떻게 겨울잠을 자나요?"

❸ "곤충들은 어떻게 겨울잠을 자나요?"

2) 겨울잠을 자는 동물과 겨울잠을 자지 않는 동물에 대한 이야기 나누기

❶ 곰 : 가을에 먹이를 잔뜩 먹고 굴속에서 겨울잠을 잠

❷ 개구리 : 땅 속이나 바위틈에서 겨울잠을 잠

❸ 붕어 : 물풀 사이에 숨어 자고 가끔 돌아다니기도 함

❹ 무당벌레 : 낙엽 밑, 돌 밑에 여럿이 모여 서로 몸을 붙이고 지낸다.

❺ 장수풍뎅이: 애벌레로 겨울을 난다

❻ 토끼, 사슴, 박새, 청설모 : 겨울 전에 털갈이를 하고 추위를 견디며 먹이도 잘 구하기 때문에 겨울잠을 자지 않는다.

3) 겨울잠을 자는 동물 놀이를 하기 위해 무엇이 필요할까? 이야기 나누기

❶ "먹이는 무엇으로 하면 좋을까?"

❷ "동굴이나 땅속 같은 동물들이 자는 집은 어떻게 나타내면 좋을까?"

4) '커다란 곰 한마리' 노래 부르기

[생태놀이]

1) 곰의 먹이 찾기

❶ '나는 무엇일까요?' 퀴즈 맞추기
- 이것은 열매입니다.
- 이것은 껍질이 단단합니다.
- 이것은 멧돼지가 좋아하는 먹이입니다.
- 이것은 다람쥐가 좋아하는 먹이입니다.

❷ 퀴즈의 정답(도토리)를 먼저 맞힌 사람은 곰(술래)이 되고, 나머지는 동굴이 되어 도토리를 숨기는 역할을 한다.

❸ 커다란 원을 만들어 동굴을 만들고, 술래(곰)는 원안에 들어가서 겨울잠 자듯 눈을 감는다.

❹ 동굴 역할을 하는 어린이들은 노래를 부르면서 먹이인 도토리를 운반하듯 옆으로 은밀하게 옮긴다.

❺ 노래가 끝나면 동굴은 도토리가 있는 척 숨기고, "봄이다!"를 외친다.

❻ 곰은 일어나서 '킁킁'거리며 먹이를 숨긴 친구를 찾도록 한다. 이때 3번의 기회를 준다.

❼ 도토리를 찾으면 술래가 바뀌고, 못 찾으면 다시 술래가 되어 반복한다.

[표현 활동]

1) 겨울잠을 자는 동물 흉내 내기

❶ 큰 숲보자기(지름 5m 정도)를 준비한다.
❷ 유아들에게 각자 겨울잠을 자는 동물들의 이름표를 만들어 붙여준다.
❸ 숲보자기를 양쪽에서 잡고 교사가 "곰이 동굴 속으로 겨울잠을 자러 들어가요!"라고 하면 곰의 역할을 맡은 유아들이 곰의 흉내를 내며 숲보자기 속으로 들어간다.
❹ ❸번과 같은 방법으로 겨울잠을 자는 동물들이 차례차례 숲보자기 속으로 들어간다. 모두 들어가면 숲보자기를 내려 다 같이 겨울잠을 자는 척 한다.
❺ 이때 큰 숲보자기 1개를 사용해도 좋고, 4개의 작은 숲보자기를 이용해 책상 위에 숲보자기를 덮어 각각 동굴, 바위틈, 물풀, 나무 속을 표시하고 각각의 동물들이 교사의 지시 "곰이 동굴 속으로 겨울잠을 자러 들어가요!"에 따라 차례차례 자기가 겨울잠을 자야 하는 곳을 찾아 책상 밑으로 들어간다.

2) 겨울잠 자는 동물들의 꿈

❶ 모둠을 나눈다.
❷ 모둠별로 겨울잠을 자는 동물들의 얼굴(곰, 뱀, 개구리, 무당벌레….) 가면을 색칠하여 만든다.
❸ 모둠별로 '긴 겨울잠을 자면서 어떤 꿈을 꿀까?' 상상하고 발표한다.

다. 활동 유의점

'겨울잠을 자는 곰' 놀이에서

- 걸려서 넘어지는 지형지물이 없는 곳에서 실시한다.
- 너무 멀리 가지 않도록 도망갈 수 있는 범위를 정해서 활동한다.

활동 2. 나와 친구 소개하기 : 유치원(어린이집) 가까운 숲에 사는 친구 알기

생활 주제	생태교육 주제
유치원(어린이집)과 친구	식물, 동물
목 표	**누리과정 관련 요소**
• 주변에 있는 나무에 대해 관심을 갖고 살펴본다. • 주변에 있는 나무 지도를 그릴 수 있다. • 나무의 특징을 관찰하여 이름을 짓고, 이름표를 아름답게 꾸밀 수 있다.	• 자연탐구: 자연과 더불어 살기 – 주변의 동식물에 관심을 가진다. • 자연탐구: 생활 속에서 탐구하기 – 일상에서 모은 자료를 기준에 따라 분류한다. • 예술경험: 창의적으로 표현하기 – 다양한 미술 재료와 도구로 자신의 생각과 느낌을 표현한다.

가. 활동 자료

도화지, 색연필, 끈, 코팅지

나. 활동 방법

[주제 탐색]

1) 우리 유치원(어린이집) 마당과 놀이터에 있는 나무 알기

❶ 어떤 나무들이 살고 있는지 살펴보면서 유치원(어린이집) 마당과 놀이터를 산책한다.

❷ 이름을 모르는 나무인 경우에는 나뭇잎, 나무줄기, 꽃을 사진 찍는다.

❸ 찍은 사진을 생태교육 관련 인터넷 사이트(http://cafe.daum.net/ecoi)에 올려 이름을 물어본다.

2) 우리 동네에 있는 나무 알기

❶ 우리 동네에 있는 가로수가 어떤 나무인지 살펴본다.

❷ 우리 동네에 있는 공원을 산책하며 어떤 나무가 있는지 살펴본다.

❸ 이름을 모르는 경우에는 생태교육 관련 인터넷 사이트(http://cafe.daum.net/ecoi)에 사진을 올려 이름을 물어본다.

[생태놀이]

1) 나무 지도 그리기

❶ 유치원(어린이집)의 놀이터나 인근공원에 있는 나무를 살펴본다.

❷ 놀이터를 그림으로 그리고 그곳에 있는 나무들을 표시해서 나무지도를 그린다.

❸ 이때 나무그림으로 그려도 좋고, 기호로 표시해도 좋다. 다만 같은 나무는 같은 그림 또는 기호로 표시한다.

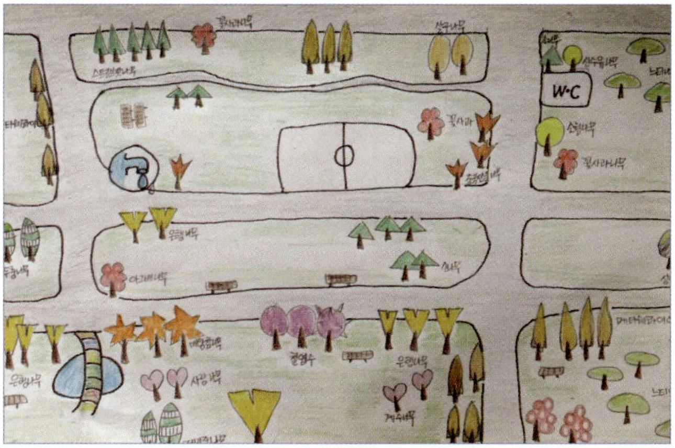

[표현 활동]

1) 나무 이름표 만들기

❶ 유치원(어린이집)의 놀이터에 있는 나무들 중에서 가장 마음에 드는 나무를 정한다. 유치원(어린이집)에 나무가 없는 경우에는 가까이 있는 공원으로 가서 활동한다.

❷ 이때 연령이 높은 경우에는 자기 나무를 정하고, 연령이 낮을수록 모둠 나무 또는 우리반 나무를 정한다.

❸ 자기 나무의 잎, 줄기, 꽃, 열매, 나뭇가지 등을 자세히 살펴보고 특징을 찾아낸다.

❹ 자기 나무의 특징을 잘 살려서 이름을 정한다. 예를 들면 소나무를 '뾰족이 나무' 또는 '따끔이 나무'라 한다.

❺ 종이에 자기 나무 이름을 예쁘게 적어서 이름표를 만든다.

❻ 이름표를 코팅하고 줄을 달아서 자기 나무에 달아준다.

다. 활동 유의점

'나무 지도 그리기' 활동에서

- 처음에 너무 넓은 범위를 정하면 지도를 완성하기가 힘들다. 따라서 처음에는 놀이터와 같은 좁은 범위의 지도를 그린 후 확장하여 동네의 나무 지도 그리기로 확장한다.

활동 3. 서로 서로 돕기 : 생물과 무생물

생활 주제	생태교육 주제
유치원(어린이집)과 친구	관계 · 태도
목　표	누리과정 관련 요소
• 실험을 통해 생물과 무생물의 차이점을 안다. • 생물과 무생물을 관찰하고 구별할 수 있다. • 생물과 무생물의 특징을 몸으로 표현할 수 있다.	• 자연탐구: 탐구과정 즐기기 – 궁금한 것을 탐구하는 과정에 즐겁게 참여한다. • 자연탐구: 자연과 더불어 살기 – 주변의 동식물에 관심을 가진다. • 예술경험: 창의적으로 표현하기 – 신체나 도구를 활용하여 움직임과 춤으로 자유롭게 표현한다.

가. 활동 자료

화분, 연필, 작은 식물, 촉감주머니, 밧줄, 화장지심

나. 활동 방법

[주제 탐색]

1) 생물과 무생물 실험

❶ 식물이 심어져 있는 작은 화분을 하나 준비한다.
❷ 화분에 연필을 꽂아 식물과 함께 키운다.
❸ 일주일에 한 번씩 식물과 연필의 키를 잰다.
❹ 식물은 자라는데 나무로 만들어진 연필은 왜 안 자랐는지 이야기 나누기를 통해 생물과 무생물을 이해한다.
❺ 교실에 있는 물건 중에서 생물과 무생물을 찾아본다.

[생태놀이]

1) 자연물 촉감 놀이

❶ 다양한 자연물을 넣은 촉감주머니를 준비한다.

❷ 한 명씩 나와서 주머니 속의 자연물을 촉감으로 느껴서 다른 친구들에게 이름은 말하지 않고 느낌을 말로 설명하여 준다.

❸ 설명을 들은 다른 유아들이 주머니 속의 자연물이 어떤 자연물인지 맞힌다.

2) 밧줄 따라 가며 숲보기

❶ 나무뿌리나 구조가 복잡한 숲의 사물에 밧줄을 걸쳐 놓는다.

❷ 밧줄의 위치에 따라 몸의 높낮이를 조절하면서 화장지심에 눈을 대고 관찰한다.

❸ 어떤 것들을 보았는지 이야기를 나눈다.

❹ 본 것 중에 생물인 것은 무엇이 있는지, 무생물인 것은 무엇이 있는지 구분해 본다.

❺ 생물과 무생물의 차이점을 다시 한 번 생각해 본다.

[표현 활동]

1) 생물과 무생물 몸으로 표현하기

❶ 전체를 생물 모둠과 무생물 모둠으로 나눈다.

❷ 생물 모둠은 생물 중에 하나를 선정해서 몸으로 흉내를 낸다. 그러면 무생물 모둠이 생물 모둠의 몸동작을 보고 맞춘다.

❸ 역할을 바꿔서 무생물 모둠이 무생물 중에서 하나를 몸으로 흉내를 내면 생물 모둠이 정답을 맞춘다.

다. 활동 유의점

'밧줄 따라 가며 숲보기' 활동에서

- 다양한 생물과 무생물을 볼 수 있도록 밧줄을 설치한다.

활동 4. 둥지를 만드는 새들 : 새 둥지 만들기

생활 주제	생태교육 주제
유치원(어린이집)과 친구	동물
목　표	**누리과정 관련 요소**
• 새들의 둥지에 대한 경험과 생각을 이야기할 수 있다. • 새들의 먹이사냥과 걸음걸이를 이해한다. • 새들의 집을 직접 표현한다.	• 자연탐구: 자연과 더불어 살기 – 주변의 동식물에 관심을 가진다. • 예술경험: 창의적으로 표현하기 – 다양한 미술 재료와 도구로 자신의 생각과 느낌을 표현한다.

가. 활동 자료

지끈, 숲보자기, 새집틀, 나뭇가지, 찰흙, 지점토

나. 활동 방법

[주제 탐색]

1) 다양한 새들의 둥지에 대해 이야기 나누기

❶ 새둥지를 본 적이 있는지 이야기 나눈다.
❷ 새들은 어떤 집(둥지)를 짓는지 이야기 나눈다.
❸ 우리가 사는 집과 새들의 둥지는 어떻게 다른지 이야기 나눈다.
❹ 새들은 왜 둥지를 짓는지 이야기 나눈다.

오목눈이집

까치집

[생태놀이]

1) 애벌레 먹이 사냥

❶ 알에서 깨어난 아기새를 위하여 어미새가 되어 먹이 사냥을 한다.

❷ 분홍색, 노랑색, 주황색, 초록색, 연두색, 갈색 등 다양한 색의 지끈 애벌레를 준비한다. 지끈 애벌레를 일정거리의 숲 바닥에 흩어놓는다.

❸ 유아들은 각자의 둥지에서 출발하여 애벌레 사냥을 시작한다. 이때 규칙은 한 번에 한 개의 지끈만을 가지고 올 수 있음을 강조한다.

❹ 일정시간 동안 애벌레를 사냥하고 난 뒤에 어느 둥지에 애벌레가 가장 많은지 확인한다.

❺ 숲보자기에 애벌레들을 모두 모아놓고 어떤 색의 애벌레가 많이 잡히고 어떤 색의 애벌레가 가장 적게 잡혔는지 알아본다.

❻ 왜 화려한 색깔의 지끈 애벌레들이 많이 잡혔는지 이야기를 나눈다.

2) 어미새와 아기새 놀이

❶ 두 명씩 짝을 정하여 한 명은 어미새가 되고 한 명은 아기새가 된다.

❷ 출발선과 반환점을 정하고 아기새들은 출발선에 나란히 선다.

❸ 어미새끼리 가위바위보를 하여 이긴 모둠의 아기새는 앞으로 갈 수 있다.

어미새가 주먹으로 이기면 콩! 하고 참새 걸음으로 한 걸음을 뛴다.
어미새가 가위로 이기면 아장아장! 하고 비둘기 걸음으로 두 걸음을 나간다.
어미새가 보로 이기면 콩콩! 아장아장! 하고 까치 걸음으로 네 걸음을 나갈 수 있다.

참새 : 콩!(두 발로 모아 한번 뛰기)
멧비둘기 : 아장! 아장!(한 발씩 번갈아 총 두 번 걷기)
까치 : 아장! 아장! 콩! 콩!(한 발씩 번갈아 두 번 걷고, 두 발로 모아 두 번 뛰기)

❹ 가위바위보를 반복하여 어느 아기새가 먼저 반환점을 돌아오는가를 겨루는 놀이이다.

[표현 활동]

1) 새들의 집짓기

❶ 주변에서 새집을 찾아보고 새를 관찰한다.
❷ 까치, 참새, 비둘기 등 새들의 걸음걸이와 울음소리를 따라해 본다.
❸ 다양한 새 둥지의 차이점을 이야기 나눈다.
❹ 각자 까치집이나 작은 새의 둥지를 정하여 자연물로 둥지 만들기를 한다.
❺ 이번에는 새알 만들기를 한다.
새들마다 알의 모양과 크기와 촉감 등이 모두 다름을 배운다.
찰흙과 지점토와 자연물로 각각 개성 있는 새알을 만든다.
새알을 각자의 새둥지에 놓는다.

다. 활동 유의점

애벌레 먹이 사냥 놀이에서는 다양한 애벌레의 보호색을 이해할 수 있도록 녹색·연두색·갈색과 같은 비율로 노랑색·분홍색·주황색을 준비한다.

2) 봄

활동 5. 씨앗은 생명의 시작 : 씨앗은 어디로 갔을까?

생활 주제	생태교육 주제
봄	식물
목 표	**누리과정 관련 요소**
• 씨앗 관련 동화와 동요를 듣고 이해한다. • 씨앗의 의미를 이해한다. • 씨앗을 심고 가꾸는 방법을 안다.	• 의사소통: 책과 이야기 즐기기 – 책에 관심을 가지고 상상하기를 즐긴다. • 자연탐구: 자연과 더불어 살기 – 주변의 동식물에 관심을 가진다.

가. 활동 자료

동화책『씨앗은 무엇이 되고 싶을까?』, 악보(씨앗), 밧줄, 씨앗, 찰흙, 부엽토, 흙, 모종삽

나. 활동 방법

[주제 탐색]

1)『씨앗은 무엇이 되고 싶을까?』동화책을 읽고 이야기 나누기

❶ 씨앗이 어떻게 변했는지 이야기 나눈다.

❷ 만약 내가 씨앗이라면 무엇이 되고 싶은지 생각해 보고 이야기 나눈다.

잣나무 새싹

2) '씨앗' 노래 부르기

[생태놀이]

1) 씨앗 속에 다 있어

❶ 바닥에 밧줄로 원을 만든다. 그리고 그 바깥쪽에 둥글게 모여 선다.

❷ 식물의 기관은 잎, 줄기, 뿌리, 꽃, 열매로 되어 있음을 알려 주고 각자 그 중 하나의 역할을 맡는다(연령에 따라 어린 경우에는 목걸이를 준비하여 역할을 표시하면 좋다).

❸ 교사가 식물 기관의 한 부분을 부르면 해당되는 유아들은 밧줄 안에 들어간다.

❹ 처음에는 한 기관씩 돌아가며 부르다가, 점점 많은 기관이 함께 들어가게 한다.

❺ 마지막엔 모든 참가자가 다 함께 밧줄 안에 들어가도록 함으로써 씨앗 안에는 식물의 모든 것이 들어 있음을 이해하도록 한다.

[표현 활동]

1) 씨앗 심기

❶ 씨앗에 대한 이야기를 나눈다.

❷ 준비한 찰흙 조금에 부엽토와 흙을 적당히 섞어서 흙 공을 만든다.

❸ 유아들에게 씨앗을 나누어주고 만든 흙 공 안에 넣도록 한다.

❹ 엄마의 마음으로 씨앗이 가장 잘 자랄 수 있는 곳을 찾아 씨앗볼을 심는다.

다. 활동 유의점

'씨앗 심기' 활동에서

- 실내에서 진행 할 경우에는 화분을 마련하여 심어도 된다.
- 씨앗을 심을 때는 햇빛이 잘 들고 너무 건조하지 않은 곳을 선택하도록 한다.

활동 6. 새싹이 돋아나는 봄 : 새싹 찾기

생활 주제	생태교육 주제
봄	식물
목 표	**누리과정 관련 요소**
• 새싹 관련 동화와 동요를 듣고 이해한다. • 들풀에 대해 관심을 갖고 주변에서 찾는다. • 새싹들의 아름다움을 느낀다.	• 의사소통: 책과 이야기 즐기기 – 책에 관심을 가지고 상상하기를 즐긴다. • 자연탐구: 자연과 더불어 살기 – 주변의 동식물에 관심을 가진다. • 예술경험: 창의적으로 표현하기 – 다양한 미술 재료와 도구로 자신의 생각과 느낌을 표현한다.

가. 활동 자료

그림책 『맛있는 들풀』, 사진액자틀, 모양판, 모양카드, 루페, 네임펜, 밧줄, 집게

나. 활동 방법

[주제 탐색]

1) 『맛있는 들풀』 그림책을 읽고 이야기 나누기

봄이 되면 많은 들풀들이 새싹을 피운다. 봄에 피는 작은 들풀들에 대해 이야기 나누기를 한다.

2) 우리 주변의 들풀에 대해 이야기 나누기

❶ 주변에서 들풀을 본 경험을 이야기 나눈다.

❷ 주변에서 볼 수 있는 들풀에는 어떤 것이 있는지 찾아보고 이야기 나눈다.

꽃다지

별꽃

꽃마리

제비꽃

할미꽃

봄까치꽃

[생태놀이]

1) 새싹 찾기

❶ 사진액자틀을 가지고 봄과 숲의 사진찍기 놀이를 한다.
❷ 사진찍기 놀이의 마지막은 숲바닥의 새싹들에 초점을 맞춘다.
❸ 유아들이 사진찍기 놀이를 하고 있는 동안 교사는 주변에서 가장 관찰하기 좋은 새싹들에 모양판을 설치한다.
❹ 유아들에게 각각의 모양카드를 나누어 주고 자신과 같은 모양판을 찾아가서 자세히 관찰한다.
❺ 자신의 새싹을 루페로 자세히 관찰하고 모양카드에 그리거나 붙여 본다.
❻ 각자가 다시 모여 모양카드 자랑하기를 하고 난 뒤에 모양판마다 돌아다니며 각각의 새싹을 자세히 관찰하고 특징을 이야기 나눈다.
❼ 모양카드를 더 다양하고 예쁘게 꾸며서 밧줄에 걸고 전시회를 한다.

[표현 활동]

1) 사랑나무 만들기

❶ 종이를 하트모양으로 오린다.
❷ 하트모양 종이의 위쪽에 구멍을 뚫어 마끈을 달아준다.
❸ 하트모양 종이 가운데 양면테이프를 붙여놓는다.
❹ 유아들은 숲이나 공원을 산책하며 작은 새싹이나 들꽃을 찾는다.
❺ 찾은 새싹이나 들꽃을 하트종이의 양면테이프를 벗기고 그 자리에 붙인다.
❻ 나뭇가지를 하나 구해 땅바닥에 꽂은 후 유아들이 만든 하트종이를 걸어 사랑나무를 완성한다.

다. 활동 유의점

가급적이면 바닥에 떨어진 자연물을 주워서 장식하고, 살아 있는 잎이나 꽃을 딸 때는 "고마워."라고 인사하고 필요한 만큼만 따도록 한다.

활동 7. 봄을 맞이하는 동물들 : 개구리가 깨어나는 봄

생활 주제	생태교육 주제
봄	동물
목 표	**누리과정 관련 요소**
• 개구리 관련 동화를 듣고 이해한다. • 개구리의 한살이 과정, 먹이, 짝짓기를 안다. • 친구들과 함께 즐겁게 놀이에 참여한다. • 개구리의 특성을 알고 표현한다.	• 의사소통: 책과 이야기 즐기기 – 책에 관심을 가지고 상상하기를 즐긴다. • 자연탐구: 자연과 더불어 살기 – 주변의 동식물에 관심을 가진다. • 사회관계: 더불어 생활하기 – 친구와 서로 도우며 사이좋게 지낸다. • 예술경험: 창의적으로 표현하기 – 다양한 미술 재료와 도구로 자신의 생각과 느낌을 표현한다.

가. 활동 자료

동화책『입 큰 개구리』,『나 너 좋아해』,『101마리 올챙이』, 개구리머리띠, 바람머리띠, 사진자료, 마분지, 고무줄, 색연필

나. 활동 방법

[주제 탐색]

1)『입 큰 개구리』,『나 너 좋아해』,『101마리 올챙이』 동화 읽고 이야기 나누기

❶ "개구리는 무엇을 먹고 사나요?"
❷ "개구리는 어떻게 결혼을 했나요?"
❸ "엄마 개구리는 올챙이를 찾기 위해 누구누구를 만났나요?"

2) 개구리 한살이와 먹이

❶ 개구리의 한살이 과정과 먹이에 대해 이야기를 나눈다.
암컷 개구리 알을 낳으면 6일 정도 지나면 올챙이가 되고, 올챙이는 40일 정도 지나면 어른 개구리가 된다.

❷ 개구리는 파리와 같은 작은 곤충을 주로 먹는다. 그런데 곤충 중에서도 죽은 곤충이 아니라 살아 움직이는 곤충을 잡아먹는다는 특징이 있다.

알

올챙이

북방산개구리

[생태놀이]

1) 개구리 먹이 사냥

❶ 개구리 역할 1명, 바람 역할 1명을 뽑는다. 다른 유아들은 모두 곤충이 된다.

❷ 교사는 개구리가 움직이는 곤충만 잡아먹는 습성을 이야기해주고, 바람이 불면 곤충들은 움직여야 한다고 알려 준다.

❸ 개구리는 곤충을 잡으러 다닌다. 개구리에게 잡힌 곤충은 술래가 되어 개구리의 역할을 하고, 개구리였던 유아는 곤충이 되어 도망다닌다.

❹ 단 곤충이 개구리에게 잡히기 전에 그 자리에 서서 움직이지 않으면 개구리는 곤충을 잡을 수 없다. 곤충이 잡혀 먹히지 않으려 그 자리에 계속 가만히 서서 있을 수 있다.

❺ 바람이 와서 곤충을 건드리면 곤충은 다시 움직여야 한다(처음에는 교사가 바람의 역할을 해서 유아들이 활발히 움직이도록 유도하는 것이 좋다).

2) 개구리의 짝짓기

❶ 유아들 모두 개구리가 되어 겨울잠을 자는 행동을 하다가 봄이 되어 잠에서 깨어난다.

❷ 그 중 한 명이 암컷 개구리가 되어 개구리머리띠를 쓴다.

❸ 다른 유아들은 모두 수컷 개구리가 된다.

❹ 암컷 개구리가 2미터 정도 앞에 서고 수컷 개구리들은 뒤에 선다.

❺ 그 자리에서 개구리처럼 네 발로 폴짝폴짝 점프해 본다.

❻ 교사가 "봄이다!" 외치면 수컷 개구리들은 암컷 개구리를 잡으러 폴짝폴짝 뛰어간다.

❼ 암컷 개구리가 잡히며 술래가 바뀌어 다시 놀이를 한다(유아들이 어려서 폴짝 뛰기가 어려우면 두 발로 뛰게 한다).

[표현 활동]

1) 개구리 만들기

❶ 마분지(두꺼운 도화지)에 개구리 모형을 미리 그려 놓는다
❷ 개구리 표현을 다양하게 할 수 있도록 미리 다양한 개구리 사진을 보여준다.
❸ 다양한 그리기 도구를 이용해 개구리를 꾸민다.
❹ 고무줄을 이용해 X자 형태로 묶는다.
❺ 마분지를 접어서 바닥에 놓으면 개구리가 폴짝 뛰듯이 위로 튀어 오른다.

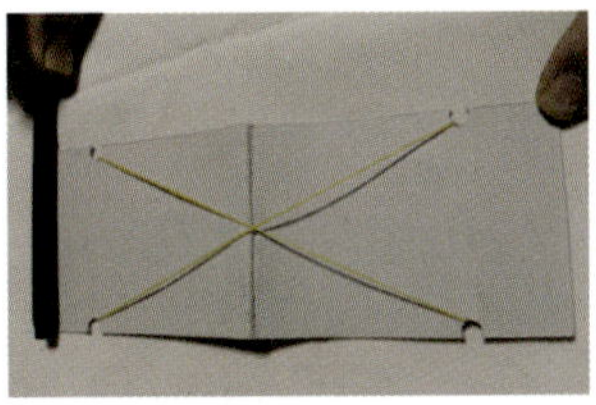

다. 활동 유의점

'개구리의 먹이 사냥' 활동에서

- 개구리가 바람을 따라 다니지 않도록 한다.
- 활발히 뛰는 활동이므로 넓은 평지에서 하는 것이 좋다.

활동 8. 봄의 색깔 : 봄의 아름다운 색 찾기

생활 주제	생태교육 주제
봄	식물
목 표	**누리과정 관련 요소**
• 봄과 관련된 동요 부르기를 즐긴다. • 봄숲의 다양한 색을 찾아 감상한다. • 봄의 아름다운 색을 표현한다.	•예술경험: 창의적으로 표현하기 – 노래를 즐겨 부른다. • 예술경험: 아름다움 찾아보기 – 자연과 생활에서 아름다움을 느끼고 즐긴다. •예술경험: 창의적으로 표현하기 – 다양한 미술 재료와 도구로 자신의 생각과 느낌을 표현한다.

가. 활동 자료

악보(봄이 왔어요), 색깔띠(색상환), 1mm 굵기의 철사, 칡덩굴, 숲보자기

나. 활동 방법

[주제 탐색]

1) '봄이 왔어요' 노래 부르기

2) 주변의 색깔 찾기

우리가 입고 있는 옷의 색깔을 찾아보고, 어떤 색깔이 있는지 알아본다.

[생태놀이]

1) 봄의 색깔 찾기

❶ 숲주변을 살펴보면서 어떤 색깔이 있는지 먼저 이야기를 나눈다.

❷ 바닥에 숲보자기를 깔고, 그 위에 색깔띠(색상환)를 놓는다.

❸ 색깔띠와 같은 색깔의 자연물을 주변에서 찾아오고, 같은 색깔의 색깔띠 옆에 찾아온 자연물을 놓는다.

❹ 활동이 끝나면 다 함께 모아온 자연물의 색깔을 감상하고 우리가 방문한 숲에는 어떤 색깔이 있는지 이야기를 나눈다.

[표현 활동]

1) 개나리 화관 만들기

❶ 1mm 가는 철사 20~25cm를 준비한다.
❷ 한쪽 끝을 구부린다.
❸ 구부려지지 않은 철사 쪽으로 개나리를 한 송이씩 넣는다.
❹ 개나리를 다 넣은 후 끝을 구부려 개나리 꽃이 밖으로 빠지지 않도록 한다.

2) 봄꽃 화관 만들기

❶ 칡덩굴을 1~1.5m 정도 준비한다.
❷ 머리 크기에 맞춰 칡덩굴을 감는다.
❸ 칡줄기 사이사이에 꽃을 꽂아 화관을 완성한다.

다. 활동 유의점

'화관 만들기' 활동에서

• 가급적이면 바닥에 떨어진 꽃을 이용하여 자연훼손을 줄인다.

3) 우리 동네

활동 9. 서로 돕는 이웃 : 강아지 똥

생활 주제	생태교육 주제
우리 동네	무생물, 관계 · 태도
목　표	**누리과정 관련 요소**
• 똥 관련 동화를 듣고 이해한다. • 신체를 조절하여 즐겁게 활동한다. • 생물과 무생물, 생물과 생물의 관계를 이해한다.	• 의사소통: 책과 이야기 즐기기 – 책에 관심을 가지고 상상하기를 즐긴다. • 신체운동 · 건강: 신체활동 즐기기 – 신체 움직임을 조절한다. • 자연탐구: 자연과 더불어 살기 – 주변의 동식물에 관심을 가진다.

가. 활동 자료

동화책『강아지똥』, 스테인레스 그릇, 도화지, 색연필, 붓

나. 활동 방법

[주제 탐색]

1)『강아지똥』동화책 읽고 이야기 나누기

❶ 강아지똥의 마음을 이해한다.

❷ 나중에 강아지똥은 어떻게 되었는지 이야기 나눈다.

❸ 자연 속에서 서로 도와줘서 함께 살아가는 것은 어떤 것이 있는지 이야기 나눈다(개미와 진딧물, 악어와 악어새, 말미잘과 흰동가리 등).

❹ 우리가 살기 위해서 도와주는 것은 어떤 것이 있는지 이야기 나눈다.

[생태놀이]

1) 동물의 똥 싸기

❶ 주변을 산책하며 동물의 똥처럼 생긴 자연물을 하나씩 주워온다. 이때 솔방울이나 스트로브잣나무 열매 같은 딱딱한 열매가 좋다. 열매가 없는 경우에는 돌멩이나 나뭇가지도 좋다.

❷ 두 모둠으로 나누어 각 모둠별로 한 줄 서기를 한다.

❸ 허벅지 사이에 똥(열매)을 넣고 출발선에서 동시에 출발하여 반환점에 있는 똥통(스테인레스 그릇)에 정확하게 열매를 떨어뜨린 후 출발선으로 돌아온다.

❹ 출발선에 기다리고 있는 다른 유아에게 손바닥 치기를 하면 다음 주자가 출발할 수 있다.

❺ 만약 열매가 통 밖으로 나갔다면 다시 주워서 한다.

❻ 모든 모둠원이 먼저 들어 온 모둠이 승리한다.

❼ "숲 속에 동물들이 없다면? 숲 속에 식물(나무나 풀)이 없다면? 어떻게 될까?" 이야기를 나눈다. 숲에서는 동식물들이 서로 도와가며 함께 살아간다.

[표현 활동]

1) 개미와 진딧물 꾸미기

❶ 도화지에 색연필이나 연필로 개미와 진딧물을 그린다.
❷ 주변에서 물이 많이 나오는 식물의 잎, 꽃, 열매를 찾는다.
❸ 돌멩이로 식물의 잎, 꽃, 열매를 두들겨 자연색소를 만든다.
❹ 붓이나 손가락을 이용해 개미와 진딧물을 색칠한다.

다. 활동 유의점

'동물들의 똥 싸기' 활동에서

- 유아의 연령에 따라 허벅지를 조이는 힘이 다르다. 만 3세의 경우에는 허벅지를 조이는 힘이 약해 힘들어 한다면 거리를 조금 더 가깝게 조절해서 활동한다.

활동 10. 우리 동네 자랑거리 : 숲 속 보물찾기

생활 주제	생태교육 주제
우리 동네	식물
목　표	**누리과정 관련 요소**
• 들꽃 관련 동화를 듣고 이해한다. • 단어의 뜻을 이해한다. • 우리 동네 동식물을 안다. • 우리 동네 동식물을 그림으로 표현할 수 있다.	• 의사소통: 책과 이야기 즐기기 – 책에 관심을 가지고 상상하기를 즐긴다. • 자연탐구: 자연과 더불어 살기 – 주변의 동식물에 관심을 가진다. • 예술경험: 창의적으로 표현하기 – 다양한 미술 재료와 도구로 자신의 생각과 느낌을 표현한다.

가. 활동 자료

동화책『우리 동네에 들꽃이 피었어요』, 단어카드, 컵, 도화지, 색연필, 숲보자기

나. 활동 방법

[주제 탐색]

1)『우리 동네에 들꽃이 피었어요』 동화책 읽고 이야기 나누기

❶ 책에는 어떤 들꽃이 있었는지 이야기 나눈다.

❷ 우리 동네에 있는 들꽃도 책 속에 있었는지 이야기 나눈다.

[생태놀이]

1) 단어카드로 보물찾기

❶ 활동 장소에 도착하여 주변을 한 바퀴 살펴본다. 숲에 들어오니 어떤 느낌이 드는지 이야기 나눈다.

② 숲에 숨어 있는 보물을 찾을 거라고 이야기하고 단어카드와 재활용 컵을 1명당 1개씩 나눠 준다. 나눠 주면서 단어카드를 읽어 준다.
③ 컵에 자유롭게 단어카드에 적힌 단어에 해당하는 자연물을 담게 한다. 담을 때 유아들에게 다가가 단어를 다시 한 번 상기시켜 준다.
④ 보물을 찾은 사람은 자연물이 담긴 컵을 숲보자기 위에 모아 놓는다.
⑤ 유아들과 무엇이 담겨 있고 어떤 느낌인지 이야기하고 가지고, 온 컵에서 골라 폭죽 컵에 담는다.
⑥ 숲에 우리도 고마운 표시로 축하해 주자고 하며 폭죽놀이를 한다. 모두 섞은 뒤 조금씩 나눠 컵에 다시 담는다. 숲에는 이런 것들이 모두 있다고 말하고 나뭇가지를 꽂아 마셔보거나 숲에 되돌려 주기로 한다.
⑦ 상황에 따라 돌을 밑에 넣거나 나무 조각으로 무게중심을 잡아 준다.

● 단어카드에 적는 단어의 예

작다	크다	작다
빨갛다	초록이다	
예쁘다	귀엽다	
기쁘다	슬프다	
길다	짧다	
복잡하다	간단하다	
부드럽다	딱딱하다	
물렁물렁하다		

[표현 활동]

1) 우리 동네 동식물 자랑하기

❶ 우리 동네를 산책하며 피어 있는 들풀이나 나무, 곤충 등을 관찰한다.
❷ 관찰했던 것 중에 하나를 도화지에 그린다.
❸ 다 함께 모여 어떤 그림을 그렸고, 왜 그 그림을 그리게 되었는지 발표한다.

다. 활동 유의점

'단어카드로 보물찾기' 활동 중에서

- 유아의 경우에는 숲에서 감정을 표현해 보는 좋은 경험이 되지만 글자를 아는 유아와 모르는 유아의 차이가 있을 수 있으므로 유아들의 상황을 판단하여 진행해야 한다. 일반적으로 7세의 경우 90%의 유아가 단어를 알고 있고, 모르는 경우도 받침이 많은 경우만 모르는 경우가 많다. 5, 6세는 30~50%의 유아가 단어를 알고 있는 것으로 보면 된다. 글씨를 아는 경우 단어카드를 직접 써도 좋다.

활동 11. 시장 놀이 : 숲 속 장터

생활 주제	생태교육 주제
우리 동네	식물
목 표	**누리과정 관련 요소**
• 시장 관련 동화를 듣고 이해한다. • 자연물을 이용한 다양한 문구와 장난감을 만들 수 있다. • 물건을 사고파는 경제의 원리를 안다.	• 의사소통: 책과 이야기 즐기기 – 책에 관심을 가지고 상상하기를 즐긴다. • 예술경험: 창의적으로 표현하기 – 다양한 미술 재료와 도구로 자신의 생각과 느낌을 표현한다. • 자연탐구: 자연과 더불어 살기 – 주변의 동식물에 관심을 가진다.

가. 활동 자료

동화책 『한이네 동네 시장이야기』, 『두근두근 꽃시장 나들이』, 목공본드, 찰흙, 칼라 클레이, 지점토, 전지가위, 톱, 숲보자기, 네임펜, 디지털카메라

나. 활동 방법

[주제 탐색]

1) 『한이네 동네 시장이야기』 『두근두근 꽃시장 나들이』 동화책을 읽고 이야기 나누기

❶ 동화책을 다 함께 읽고 동화책에 나온 시장의 모습에 대해 이야기 나눈다.
❷ 우리 동네 시장에 가본 적이 있는지 이야기 나눈다.
❸ 시장에서 어떤 것을 봤는지 이야기 나눈다.

[생태놀이]

1) 숲 속 보물찾기

❶ 숲에서 약 10분간 자유롭게 거닐면서 자신에게 특별한 느낌을 주는 숲 속 보물을 한 가지씩 가져오게 한다.

❷ 숲 속 보물찾기가 끝나면 동그랗게 원을 만들어 앉고, 다른 친구들과 숲 속 보물에 대한 느낌을 서로 이야기하는 시간을 갖는다.

2) 숲 속 문구점

❶ 다양한 자연물을 이용해 만든 문구들로 숲 속 문구점을 차린다.

❷ 숲 속 문구점에 있는 문구들의 사용법을 알려 준다.

❸ '숲 속 보물찾기' 활동에서 내가 찾은 숲 속 보물을 돈 대신 내어 주고, 필요한 문구를 빌려가 사용한 다음 반납한다.

나무 연필

솔잎 붓

책갈피

[표현 활동]

1) 자연물 장난감을 만들어 시장놀이 하기

❶ 주변의 자연물과 물품을 이용하여 나만의 숲 속 장난감을 만든다.

❷ 만들기가 끝나면 인증 사진을 찍고, 발표시간을 갖는다.

❸ 숲 속 장터에서 사고파는 가게 놀이를 한다.

❹ 가장 잘 팔렸던 장난감 주인에게 박수를 쳐준다.

❺ 숲을 나설 때 우리가 만든 숲 속 장난감을 보물 상자에 담아 숲에 선물로 주고 이동한다.

나무 주사위

솔방울 축구공

다. 활동 유의점

'자연물 장난감 만들기' 활동에서

- 가위나 칼을 사용하는 경우에 안전사고에 주의한다.

활동 12. 아름다운 우리 동네 숲 : 나무의 생일 잔치

생활 주제	생태교육 주제
우리 동네	식물
목 표	**누리과정 관련 요소**
• 우리 동네 나무에 대해 안다. • 나무가 살아가기 위해 필요한 것이 무엇인지 안다. • 신체활동을 통해 나무와 친해진다. • 자연물을 이용하여 아름다운 케이크를 만들 수 있다.	• 자연탐구: 자연과 더불어 살기 – 주변의 동식물에 관심을 가진다. • 신체운동 · 건강: 신체 활동에 즐기기 – 실내외 신체활동에 자발적으로 참여한다. • 예술경험: 창의적으로 표현하기 – 다양한 미술 재료와 도구로 자신의 생각과 느낌을 표현한다.

가. 활동 자료

색끈, 원형틀, 밀가루, 생일초(그림)

나. 활동 방법

[주제 탐색]

1) 우리 동네 나무에 대해 이야기 나누기

우리 동네에 어떤 나무들이 있는지 살펴본다. 이때 장소를 구분해서 살펴보면 더욱 좋다. 예를 들어, 우리 유치원(어린이집) 마당, 길에 있는 가로수, 동네 공원, 동네 뒷산 등으로 나눠서 어떤 나무들이 있는지 이야기 나눈다.

[생태놀이]

1) 나무의 생일잔치

❶ 봄을 맞이한 나무의 생일을 축하해 주자고 한다.
❷ 나무의 생일을 축하하기 위한 선물을 준비한다.
❸ 어떤 선물을 왜 준비하였는지 자신의 생각을 발표한다.
❹ 자연물로 생일 케이크를 준비한다.
❺ 선물과 케이크를 나무에게 주면서 생일축하 노래를 다 함께 부른다.

2) 나무를 바꿔라!

❶ 각자의 나무를 정하여 색끈을 나무에 풀어지기 쉽게 리본으로 묶는다.
❷ 교사가 "나무를 바꿔라!"를 외치면 재빨리 색끈이 있는 다른 나무로 이동한다.
❸ 여러 번 연습을 되풀이 한다.
❹ 나무의 색끈을 하나씩 풀어가면서 놀이를 하면 탈락자가 한 명씩 생긴다.
❺ 마지막 남은 두 명의 우승자에게 축하를 해 준다.

[표현 활동]

1) 나무의 생일 케이크 만들기

❶ 원형틀에 흙을 담아 다진다. 이때 물을 살짝 뿌려 주면 더욱 잘 다져진다. 찰흙을 사용하여 케이크 모양을 만들어도 좋다.
❷ 흙케이크 위에 밀가루를 뿌려 준 후 다시 손으로 다진다.
❸ 주변의 자연물을 이용하여 생일 케이크의 장식을 멋지게 꾸며 준다.

다. 활동 유의점

'나무를 바꿔라' 활동에서

- 활동적인 신체놀이의 경우에 숲바닥이 평편하고, 위험요소가 없는 곳으로 한다.

4) 동식물과 자연

활동 13. 애벌레 이야기 책 : 배고픈 애벌레

생활 주제	생태교육 주제
우리 동네	동물
목 표	**누리과정 관련 요소**
• 애벌레 관련 동화를 듣고 이해한다. • 애벌레를 몸으로 표현하며 애벌레의 마음을 이해할 수 있다. • 애벌레 몸의 구조를 이해하고 자연물로 표현할 수 있다.	• 의사소통: 듣기 – 책과 이야기 즐기기 – 책에 관심을 가지고 상상하기를 즐긴다. • 예술경험: 아름다움 찾아보기 – 신체나 도구를 활용하여 움직임과 춤으로 자유롭게 표현한다. • 자연탐구: 자연과 더불어 살기 – 주변의 동식물에 관심을 가진다. • 예술경험: 창의적으로 표현하기 – 다양한 미술 재료와 도구로 자신의 생각과 느낌을 표현한다.

가. 활동 자료

동화책 『배고픈 애벌레』, 『분홍애벌레 위글리』, 『애벌레는 커서 무엇이 될까요?』, 목공풀, 도토리 각두, 낚시줄, 목련 열매, 눈알, 숲보자기

나. 활동 방법

[주제 탐색]

1) 『배고픈애벌레』, 『분홍애벌레 위글리』, 『애벌레는 커서 무엇이 될까요?』 동화책을 읽고 이야기 나누기

❶ 애벌레와 관련된 동화책은 시중에 많이 나와 있다. 따라서 유아의 연령을 고려하여 동화책을 선정해서 읽는다.

❷ 애벌레는 무엇을 먹고 살았는지 이야기 나눈다.
❸ 애벌레는 커서 무엇이 되었는지 이야기 나눈다.
❹ 애벌레의 성장 과정에 대해 이야기 나눈다.

2) 애벌레의 지혜에 대해 이야기 나누기

❶ 애벌레는 연약한 몸을 보호하기 위해 여러 가지 지혜를 가지고 있다.
❷ 많은 애벌레들이 나뭇잎과 같은 초록색의 몸색깔을 가지고 있어서 천적의 눈에 잘 안 띄게 한다. 그리고 일부 애벌레는 오히려 천적들에게 겁을 주기 위해 화려한 몸색깔을 띠기도 한다.

[생태놀이]

1) 애벌레 되어 보기

❶ 다 같이 모여서 잔디밭에 신발이나 나뭇가지를 이용해 길을 만든다.
❷ 한 명씩 애벌레가 되어 기어서 길을 가본다.

[표현 활동]

1) 애벌레 만들기

❶ 나뭇잎 그림의 종이에 나뭇가지를 잘라서 목공본드를 이용해 애벌레를 만든다.
❷ 도토리 각두의 가운데에 구멍을 뚫어서 낚시줄로 연결하여 애벌레를 만든다.
❸ 익지 못하고 땅바닥에 떨어진 목련 열매에 눈알을 붙여 애벌레를 만든다.

나뭇가지로 만든 애벌레

도토리 각두로 만든 애벌레

목련 열매로 만든 애벌레

2) 낙엽으로 애벌레 만들기(협동 작품)

❶ 바닥에 숲보자기를 먼저 깐다.

❷ 떨어진 자연물을 이용해서 숲보자기 위에 애벌레를 표현한다.

다. 활동 유의점

'애벌레 되어보기' 활동에서

- 잔디밭에서 기는 것이 꺼림직하다면 헌 현수막을 바닥에 깔고 길을 만들어도 좋다.

활동 14. 숲의 곤충들 : 누가 그랬어?

생활 주제	생태교육 주제
동식물과 자연	동물
목 표	누리과정 관련 요소
• 곤충 관련 동화를 듣고 이해한다. • 곤충을 관찰하고, 곤충의 한살이와 곤충의 지혜를 안다.	• 의사소통: 책과 이야기 즐기기 – 책에 관심을 가지고 상상하기를 즐긴다. • 자연탐구: 자연과 더불어 살기 – 주변의 동식물에 관심을 가진다.

가. 활동 자료

동화책『누가 그랬어?』, 칡줄기, 비눗물, 컵, 관찰통, 투명테이프

나. 활동 방법

[주제 탐색]

1)『누가 그랬어?』동화책을 읽고 이야기 나눈다.

❶ 거품벌레 : 엉덩이에서 거품을 만들어서 그 속에 숨는다. 거품벌레는 매미목 거품벌레과 곤충이다. "똥이 무서워서 피하나요? 더러워서 피하지." 이처럼 지저분해서 먹을 맘이 뚝 떨어지게 하는 것이 거품벌레의 살아가는 지혜이다. "거품벌레 애벌레는 항문으로 거품을 내어 그 속에 숨어 지내요. 마치 침을 퉤 뱉어 놓은 것같이 지저분해 보이지요." 적들은 침 같은 거품이 지저분해 보여 그 속에 있는 애벌레를 잡아먹지 않는다. 크기는 0.95~1.05cm이다.

❷ 왕거위벌레 : 나뭇잎을 동그랗게 말아서 그 속에 알을 낳아서 알을 보호하기 위해 땅바닥으로 떨어뜨려 놓는다.

❸ 장미가위벌 : 나뭇잎을 동그랗게 자른 후 잘라 낸 잎을 돌돌 말아서 집으로 가져간

후 잎 위에 알을 낳는다.

④ 참나무하늘소 : 날카로운 부리로 군데군데의 나무껍질을 갉아서 그 속에 알을 낳는다.

⑤ 도토리거위벌레 : 도토리가 익기 전에 도토리 속에 알을 낳는다. 그 다음 나뭇가지를 잘라서 땅바닥으로 떨어뜨려 애벌레가 자라면서 도토리를 먹이로 먹고 살 수 있도록 한다.

[생태놀이]

1) 거품벌레 따라하기

❶ 숲에서 거품벌레의 거품을 찾아보고, 거품의 주인은 누구인지 왜 만들었는지 함께 생각한다.

❷ 칡줄기를 나누어 주고 비눗물을 조금 묻힌 후에 거품을 만들어 본다.

❸ 마른 나뭇가지에 거품벌레를 만들어 모아 본다(거품벌레 애벌레가 자신을 숨기기 위해 꼬리부분으로 거품을 만들고, 그 속에 숨어 지내는 곤충의 지혜를 이야기해 준다).

[표현 활동]

1) 거위벌레 알집 만들기

❶ 상수리나무 나뭇잎 또는 밤나무 나뭇잎으로 거위벌레처럼 알집을 만든다.

❷ 사람은 거위벌레처럼 마무리를 할 수 없기 때문에 투명테이프를 이용하여 마무리를 한다.

다. 활동 유의점

'거위벌레 알집 만들기' 활동에서

- 작은 나뭇잎은 접는 것이 어려울 수 있으므로 큰 나뭇잎으로 한다.

활동 15. 신나는 곤충놀이 : 나비의 한살이

생활 주제	생태교육 주제
동식물과 자연	동물
목 표	**누리과정 관련 요소**
•나비 관련 동화와 동요를 듣고 이해한다. •친구들과 함께 즐겁게 놀이에 참여한다. •나비의 성장과정을 이해한다. •나비를 아름답게 표현할 수 있다.	•의사소통: 책과 이야기 즐기기 – 책에 관심을 가지고 상상하기를 즐긴다. •사회관계: 더불어 생활하기 – 친구와 서로 도우며 사이좋게 지낸다. •자연탐구: 자연과 더불어 살기 – 주변의 동식물에 관심을 가진다. •예술경험: 창의적으로 표현하기 – 다양한 미술 재료와 도구로 자신의 생각과 느낌을 표현한다.

가. 활동 자료

동화책 『세밀화로 보는 나비 애벌레』, 『네가 나비니?』, 악보(곤충), 도화지, 색연필, 밧줄, 가위

나. 활동 방법

[주제 탐색]

1) 『세밀화로 보는 나비 애벌레』 『네가 나비니?』 동화책을 읽고 이야기 나누기

❶ 주변의 애벌레나 나비를 관찰통에 담아서 자세히 관찰한다.
❷ 나비의 한살이와 관련된 동화책을 읽는다.
❸ 나비의 한살이를 몸으로 표현해 본다.
❹ 마지막에 나비가 되어 풀줄기로 꿀물을 먹어 본다.
❺ 나비와 꽃의 관계에 대하여 이야기를 나눈다.

2) '곤충' 노래 부르기

[생태놀이]

1) 나비의 한살이 가위바위보! 놀이

❶ 나비의 한살이 과정(알−애벌레−번데기−나비)에 대해 이야기 나눈다.

❷ 하나의 생명을 지닌 알을 표현하면서 "알알!" 소리를 내어보고, 다음 단계인 꿈틀꿈틀 애벌레, 뻔뻔! 번데기, 훨훨~ 나비가 되어보며 나비의 한살이 단계를 몸으로 표현해 본다.

❸ 우리 모두는 똑같이 알 단계에서 시작해서 같은 단계끼리만 가위바위보를 해 이기면 다음 단계로 갈 수 있다.

❹ 어른벌레 나비가 되면 교사(왕나비)와 가위바위보를 한 후, 이기면 왕나비가 되고, 지면 다시 알이 되어 가위바위보 게임을 반복한다.

❺ 여러 번 반복해서 익숙하게 알게 되면 교사는 "겨울이다!" 하고 외친다. 그럼 그 상태에서 모두 멈춘다. 겨울이 되면 곤충들은 이렇게 다양한 상태로 겨울을 지낸다.

❻ 곤충은 알, 애벌레, 번데기, 어른벌레 다양한 형태로 겨울을 난다는 이야기를 해준다.

[표현 활동]

1) 나비 만들어 꽃 찾기

❶ 종이에 나비 밑그림을 그린다.
❷ 색칠하거나 스티커를 붙여서 나비 날개를 예쁘게 꾸민다.
❸ 나비 몸통에 세 개의 칼집을 내어 손가락을 끼울 수 있게 한다.
❹ 손가락에 나비를 끼운 후 주변에 있는 꽃 찾기 놀이를 한다.

2) 나비 만들기(협동 작품)

❶ 밧줄로 숲바닥에 나비 밑그림을 그린다.
❷ 바닥에 떨어져 있는 다양한 자연물로 나비를 꾸민다.

다. 활동 유의점

'나비의 한살이 가위바위보!' 놀이에서

- 6, 7세 경우 가위바위보가 가능해서 할 수 있다. 그러나 여럿이 하는 경우 잘 모르는 경우도 있으므로 구역을 정한 뒤 한 단계씩 가위바위보 하는 걸 보고 몇 번에 걸쳐 한다. 익숙해지면 스스로 하게 하고 멈추게 한다.
- 겨울에는 어떻게 지내는지 낙엽 밑, 줄기 등을 찾아본다.

활동 16. 곤충 만들기 : 자연물로 나만의 곤충 만들기

생활 주제	생태교육 주제
동식물과 자연	동물
목 표	**누리과정 관련 요소**
• 곤충 관련 동화를 듣고 이해한다. • 곤충의 걸음걸이에 대한 호기심을 갖고 표현하다. • 곤충의 몸 구조를 이해하고 아름답게 표현할 수 있다.	• 책과 이야기 즐기기 – 책에 관심을 가지고 상상하기를 즐긴다. • 자연탐구: 탐구과정 즐기기 – 주변 세계와 자연에 대해 지속적으로 호기심을 가진다. • 예술경험: 창의적으로 표현하기 – 다양한 미술 재료와 도구로 자신의 생각과 느낌을 표현한다.

가. 활동 자료

동화책『굉장한 곤충들』, 재활용 박스, 양면테이프, 눈알스티커, 찰흙

나. 활동 방법

[주제 탐색]

1)『굉장한 곤충들』동화책을 읽고 이야기 나누기

❶ 주변에서 곤충을 본 경험을 이야기 나눈다.

❷ 곤충과 관련된 동화책을 읽고 이야기 나눈다.

[생태놀이]

1) 곤충 되어 걸어보기

❶ 3명씩 한 모둠이 되고, 모둠별로 곤충카드 중에서 한 장씩 뽑는다.

❷ 모둠별로 뽑은 곤충을 몸으로 표현하게 하고, 다른 모둠은 맞춰보게 한다.

❸ 사람은 어떻게 걷는지 물어보고, 다리가 많은 곤충은 어떻게 걷는지 생각하며 한 번 곤충이 되어 걸어보자고 말한다.
❹ 모둠별로 일렬로 서서 앞사람의 어깨를 잡아 곤충의 가슴(첫 번째 마디, 두 번째 마디, 세 번째 마디)을 만든다.
❺ 맨 앞의 친구는 두 손을 살짝 들어 더듬이를 만든다.
❻ 모둠원끼리 의논하여 한 모둠의 다리 6개로 곤충의 걸음걸이를 흉내 낼 수 있도록 충분한 시간을 준다.
❼ 모둠별로 곤충의 걸음걸이를 흉내 내어 걸어 본다.
❽ 모든 발표가 끝나면 교사는 곤충의 걸음걸이를 가르쳐 주고, 모둠별로 배운 곤충의 걸음걸이 방법으로 걸어보게 한다.

[표현 활동]

1) 재활용 박스 곤충 만들기

❶ 박스지에 양면테이프를 미리 붙여 준비한다.
❷ 양면테이프를 떼어내고, 주변의 자연물(나뭇잎이나 풀잎, 나뭇가지, 열매, 나무껍질 등)을 이용하여 날개와 더듬이, 다리를 만들어 붙여준다.
❸ 곤충이 완성되면 동그랗게 모여 하나, 둘, 셋! 구호와 함께 자신의 곤충을 자랑해 본다.
❹ 나뭇가지에 완성된 곤충을 올려 꾸미기를 한다.

2) 찰흙 곤충 만들기

❶ 3~4명씩 모둠을 만든다.

❷ 한 모둠당 찰흙공을 3개씩 나눠 준다.

❸ 마음에 드는 나무를 고른 후 나무에 찰흙공 3개를 붙인다. 곤충의 몸 구조를 다시 생각해 보며 주변의 자연물을 이용하여 나만의 곤충을 만든다.

❹ 다 함께 모여 다른 모둠은 어떻게 곤충을 만들었는지 감상한다.

다. 활동 유의점

'곤충 되어 걸어보기'의 놀이에서

- 여러 명이 한 몸이 되어 곤충의 걸음걸이를 흉내 내어 보는 활동이므로 경사지보다는 평지에서 진행한다.
- 유아들의 미숙한 몸놀림으로 서로의 발걸음에 넘어지지 않도록 충분한 주의와 연습할 시간을 준다.
- 모둠별로 다리의 부딪침 없이 걸어보는 '곤충 걷기 시합'을 해보아도 좋다.

5) 여름

활동 17. 나무와 숲의 생물들 : 나무 하나에

생활 주제	생태교육 주제
여름	관계 · 태도
목 표	**누리과정 관련 요소**
• 나무 관련 동화를 듣고 이해한다. • 나무와 함께 사는 동식물의 관계를 이해한다. • 놀이를 통해 천적관계에 대해 안다.	• 의사소통: 책과 이야기 즐기기 – 책에 관심을 가지고 상상하기를 즐긴다. • 자연탐구: 자연과 더불어 살기 – 주변의 동식물에 관심을 가진다.

가. 활동 자료

동화 『나무 하나에』, 밧줄, 자연물공, 나무그림이 그려진 숲보자기나 종이, 동물 그림, 색연필

나. 활동 방법

[주제 탐색]

1) 『나무 하나에』 동화책을 읽고 이야기 나누기

❶ 동화책 속에는 어떤 동물이 나왔는지 이야기 나눈다.

❷ 숲에는 어떤 동식물이 있는지 이야기 나눈다.

❸ 산책하면서 나무 한 그루에 깃들어 살고 있는 숲 속 친구를 찾아본다.

[생태놀이]

1) 사냥꾼과 숲 속 동물

❶ 일정한 구역의 숲을 정하고, 두 모둠으로 나눈다(사냥꾼과 동물모둠).

❷ 사냥꾼은 바깥구역에서 공을 던져 숲 속 동물을 맞추고, 동물들은 사냥꾼의 공격을 피해 도망 다닌다.

❸ 사냥꾼의 공에 맞으면 사냥꾼이 되어 동물들을 공격하게 한다.

❹ 1마리의 동물만 남게 되면, '10회 피하기'에 도전하여 성공하면 다시 살아나게 한다.

[표현 활동]

1) 나무에 사는 동식물 표현하기

❶ 숲보자기(또는 종이)에 큰 나무 한그루를 그린다.

❷ 숲보자기 대신에 숲바닥에 나뭇가지를 이용하여 큰 나무 한그루를 표시해도 좋다.

❸ 다양한 동물들을 종이에 그린 후 색칠해서 오린다.

❹ 오린 동물을 나무에 어느 부위에 놓으면 좋을지 생각해서 나무 위에 놓는다.

다. 활동 유의점

'사냥꾼과 숲 속 동물' 놀이에서

- 너무 과격하게 진행되지 않도록 속도를 조절한다.
- 놀이에 사용되는 공은 잘 굴러가지 않도록 스폰지로 만들어진 공이나 자연물로 만든 공을 사용한다.

활동 18. 물가의 생물 : 수생식물과 수서곤충

생활 주제	생태교육 주제
여름	식물, 동물
목 표	**누리과정 관련 요소**
•수생식물과 수서곤충의 살아가는 지혜를 안다. •몸으로 수서곤충의 지혜를 표현할 수 있다.	•자연탐구: 자연과 더불어 살기 – 주변의 동식물에 관심을 가진다. •자연탐구: 탐구과정 즐기기 – 주변 세계와 자연에 대해 지속적으로 호기심을 가진다.

가. 활동 자료

동화책『알을 어디에 숨기지?』, 부들 · 창포 · 연꽃 · 갈대 등의 줄기, 비눗물, 컵

나. 활동 방법

[주제 탐색]

1) "식물은 어디에서 살까요?" 이야기 나누기

❶ "식물은 어디에서 살까요?"라는 질문을 통해 유아들에게 식물이 흙에서만 사는 게 아니라 물에서도 사는데 이런 식물을 '수생식물'이라고 한다는 것을 이야기해 준다.

❷ 수생식물이 하천이나 연못의 가장자리에 있는 식물, 뿌리와 줄기는 물에 잠기고 잎은 물 위에 떠 있는 것도 있고, 식물의 모든 부분이 물속에 잠겨 있는 식물도 있다는 것을 이야기해 주며, 각자의 종류와 특징에 대해 이야기해 주고 수생식물이 물에 살기에 알맞은 잎과 뿌리를 가지고 있으며, 더러운 물을 깨끗하게 해 주는 일을 하는 고마운 식물이라는 것을 알려 준다.

2) 다양한 수생식물 관찰 또는 사진 보기

❶ 다양한 수생식물을 유아들이 직접 만지고 볼 수 있도록 한다.

❷ 개구리밥 : "아주 가장 작은 식물이에요."

❸ 부들 : "소시지같이 생겼네요."

❹ 연꽃 : "잎이 두껍고 동그랗게 생겼네요."

개구리밥

부들

연꽃

3) 『알은 어디에 숨기지?』 동화책 읽고 이야기 나누기

❶ 『알은 어디에 숨기지?』라는 책을 읽고 이야기 나눈다.

❷ 여러 종류의 수서곤충에 대한 이야기를 나눈다.

- 애벌레 때만 물속에서 살아가는 곤충 : 잠자리 애벌레, 날도래 애벌레, 하루살이 애벌레, 강도래 애벌레
- 평생 물에서 살아가는 곤충 : 물장군, 게아재비, 물방개, 소금쟁이

[생태놀이]

1) 수생식물 놀이

❶ 물에서 사는 식물을 관찰하고 어떻게 물에 잠겨서도 썩지 않고 잘 사는지 생각해 본다.

❷ 부들, 창포, 연꽃, 갈대 등의 줄기나 잎을 조금 잘라서 준비한다.

❸ 수생식물 줄기의 한 끝에 비눗물을 조금 묻힌 후 입을 대고 불어서 거품이나 비눗방울을 만들어 본다. 누가 길게 만드나 내기해 보는 것도 재미있다.

❹ 어떻게 줄기로 비눗방울을 만들 수 있는지 돋보기로 수생식물 줄기의 단면을 관찰한다.

[표현 활동]

1) 게아재비·물방개의 공기저장 표현하기

❶ 그림 자료를 보며 물속 곤충들에 대해 이야기 나눈다.
"우리는 물속에 들어가면 숨을 쉬기가 어려운데 물에 사는 곤충들은 어떻게 숨을 쉴까요?" 물방개는 물 밖으로 나와 배와 날개 사이에 공기를 가득 채우고 들어가 숨을 쉰다. 게아재비는 물속에서 배 끝에 침처럼 긴 숨관을 물 밖으로 빼서 공기 중의 산소를 들이마신다.
❷ 우리 사람들이 물속으로 잠수할 때 어떻게 하는지 이야기 나눈다.
❸ 곤충들은 물속에서 어떻게 숨을 쉴까 생각해본다.
❹ 한손을 쭉 뻗어 게아재비의 숨관을 만든다. 공기방울을 5개씩 잡는다(손가락을 폈다 오므리기).
❺ 물방개는 양손을 뒤로 뻗어 날개를 만들고 몸통에 공기 모으는 시늉을 한다(5번).
❻ 유아들의 흥미를 높이기 위해 유아들 나이 숫자만큼 공기방울을 모아본다.

다. 활동 유의점

'수생식물의 지혜' 놀이에서

- 유아들은 잘못하여 비눗물을 빨아들일 수 있으므로 미리 철저히 주의를 준다.
- 자연 거품이 아니라 비눗물이므로 살아 있는 나뭇가지나 나뭇잎에 비누거품을 마구 붙여 놓지 않도록 한다.

활동 19. 여름 곤충 : 매미가 맴맴맴

생활 주제	생태교육 주제
여름	동물
목 표	**누리과정 관련 요소**
• 매미 관련 동화를 듣고 이해한다. • 매미의 생태를 안다. • 매미의 몸 구조를 알고 아름답게 표현한다.	• 의사소통: 책과 이야기 즐기기 – 책에 관심을 가지고 상상하기를 즐긴다. • 자연탐구: 자연과 더불어 살기 – 주변의 동식물에 관심을 가진다. • 예술경험: 창의적으로 표현하기 – 다양한 미술 재료와 도구로 자신의 생각과 느낌을 표현한다.

가. 활동 자료

동화책『매미의 한살이』, 매미 모형, 매미 날개 그림, 검정콩, 송곳, 돌멩이(나무토막, 열매), 철사, 네임펜

나. 활동 방법

[주제 탐색]

1)『매미의 한살이』동화책 읽고 이야기 나누기

❶ 동화책에서 매미는 어떤 모습으로 변하였는지 이야기 나눈다.

❷ 주변에서 매미를 본 적이 있는지, 매미 소리 흉내 내기 등 매미에 관한 경험에 대해 이야기 나눈다.

[생태놀이]

1) 네가 매미니? 놀이

❶ 모두 손을 잡고 큰 원을 만든다.

② 모두 참매미가 되어 '맴맴맴' 울어본다.
③ 매미모형을 준비한다.
④ 술래 1명을 정해 원 안으로 들어오게 한 후 눈가리개로 눈을 가린다.
⑤ 뒷짐 진 1명에게 매미모형을 준다.
⑥ 술래가 보지 못하게 매미모형을 뒷짐 진 손에서 손으로 옮긴다.
⑦ 교사가 "그만!" 하면 매미들은 울음소리를 멈추고 술래는 매미를 찾는다.
⑧ 술래는 1명에게 "네가 매미니?" 하고 묻는다.
⑨ 매미가 아니면 손바닥을 보여 주며 "아니, 난 매미가 아니야."한다.
⑩ 매미가 맞으면 손바닥을 보여 주며 "내가 매미야." 하며 빨리 도망가서 원을 한 바퀴 돌아 자기자리로 돌아온다. 이때 술래는 매미를 잡는다.

[표현 활동]

1) 매미 만들기

① 코팅지에 매미 날개 그림을 그려 오리고, 날개의 윗부분에 송곳으로 구멍을 뚫는다.
② 날개 그림을 유성펜으로 색칠하여 꾸미고, 날개의 구멍에 철사를 끼운다.
③ 돌멩이(나무토막, 칠엽수 열매…)를 매미의 몸통으로 하고, 철사로 날개를 고정한다.
④ 목공풀로 눈알을 붙여 완성하고, 매미 작품을 전시한다.
⑤ 매미를 바닥에 놓고 전시를 할 수도 있으나, 직접 나무에 달아 전시하면 더욱 좋다.

다. 활동 유의점

'네가 매미니?' 놀이에서

- 한쪽 방향으로 돌면서 도망가기로 규칙을 정한다.
- 유아들이 뒷짐 진 손으로 매미모형 옮기기가 어렵다면 교사가 직접 한 유아의 손에 쥐어 주어도 좋다.

활동 20. 여름 나무 : 나무에도 표정이 있어요

생활 주제	생태교육 주제
여름	식물
목 표	**누리과정 관련 요소**
• 나뭇잎의 다양한 모양을 안다. • 나무를 의인화하여 나무를 이해하고 표현할 수 있다.	• 자연탐구: 자연과 더불어 살기 – 주변의 동식물에 관심을 가진다. • 예술경험: 창의적으로 표현하기 – 다양한 미술 재료와 도구로 자신의 생각과 느낌을 표현한다.

가. 활동 자료

종이카드(1인당 2장), 숲보자기, 가위, 딱풀, 찰흙

나. 활동 방법

[주제 탐색]

1) 다양한 나뭇잎 찾기

❶ 교사는 미리 종이카드(2가지 색깔)에 양면테이프를 길게 붙여서 준비한다.

❷ 한 가지 색깔의 종이카드에 다양한 나뭇잎을 붙여 둔다.

❸ 유아 1인당 나뭇잎이 붙은 종이카드 1장과 빈 종이카드 1장, 총 두 장씩을 나눠 준다.

❹ 주변에서 나뭇잎 카드에 붙어 있는 나뭇잎과 같은 나뭇잎을 찾아서 빈 종이카드에 붙여오도록 한다.

❺ 유아들이 나뭇잎을 모두 찾아왔으면 숲보자기 위에 놓고 다 같이 나뭇잎을 살펴보고, 나뭇잎의 생김새가 모두 다르다는 것과 각각의 나뭇잎 이름과 특징을 말해 준다. 이때 다른 방법으로는 숲보자기 위에 놓지 않고 서로 자랑하기를 해서 다양한 나뭇잎의 모양을 살펴볼 수 있다.

[생태놀이]

1) 나뭇잎 퍼즐 맞추기

❶ '다양한 나뭇잎 찾기' 활동에서 찾아온 나뭇잎을 살펴본 후에는 전체 인원을 두 모둠으로 나눈다.

❷ 각 모둠에 같은 색깔의 카드를 나눠 준다. 예를 들면, 노랑 모둠과 분홍 모둠. 숲 보자기 위에 나뭇잎 카드를 놓고 4조각으로 잘라서 나뭇잎 퍼즐을 만든다.

❸ 나뭇잎은 양면테이프로 간단히 붙여 놓았기 때문에 카드를 그냥 자르게 되면 나뭇잎들이 떨어져 버린다. 따라서 카드를 자르기 전에 반드시 딱풀로 나뭇잎 전체를 붙이도록 한다. 이때 두꺼운 나뭇잎은 무독성 본드로 붙인다.

❹ 다 자르면 모둠끼리 서로 바꿔서 퍼즐 맞추기 놀이를 한다. 한 모둠에 4~5명 정도가 적당하다. 인원에 따라 3모둠, 4모둠으로 할 수 있으며, 이때는 모둠 수만큼의 색깔 종이를 준비한다. 예를 들어, 4모둠이면 4가지의 색깔 종이를 준비한다.

[표현 활동]

1) 나무의 표정 만들기

❶ 마음에 들거나 친구가 되어주고 싶은 나무를 찾아가 그 나무 앞에 선다.

❷ 찰흙은 흔히 구입하는 크기에서 1/3씩 유아들에게 나누어 준다.

❸ 다양한 얼굴(ㅁ, ▯, ▽, ㅇ)모양을 만들어 유아의 눈높이에서 찰흙을 나무줄기에 붙인다.

❹ 주변에 떨어진 자연물을 이용하여 눈, 코, 입, 귀 등의 구성 요소와 표정을 만들어 본다.

❺ 마무리로 자연물 장신구를 붙여 멋지게 꾸며준다.

❻ 나무의 얼굴 꾸며주기가 완성이 되면 각자 유아들에게 돌멩이나 솔방울을 하나씩 주워 오게 한다(주변상황에 맞게…).

❼ 친구들의 작품을 감상하고 가장 맘에 드는 나무에게 돌멩이나 솔방울을 내려놓기로 마무리 한다.

다. 활동 유의점

'다양한 나뭇잎 찾기' 활동에서

- 유아의 경우에는 같은 나뭇잎 찾기 활동 자체가 힘든 경우가 많다. 이때는 나뭇잎카드를 나눠 주고, 각자 흩어져서 자신의 나뭇잎카드와 같은 나뭇잎을 찾기보다는 교사와 함께 전체가 숲길을 걸으면서 해당 나무가 나오면 나뭇잎을

관찰하게 한 후 같은 나뭇잎을 가진 유아는 누구인지 물어보고 앞으로 나오게 해서 진짜 같은 모양인지 맞춰 본다.

'나뭇잎 퍼즐' 활동에서

- 퍼즐의 조각수는 유아의 연령에 따라 조절한다. 만 3세는 모둠을 나누지 않고 개별활동으로 한다. 나뭇잎을 3~4조각으로 자른 후, 여러 나뭇잎을 섞지 말고 1인당 1개의 나뭇잎을 맞추도록 한다.
- 만 4세는 나뭇잎을 2~3조각으로 자른 후, 3~4종류의 나뭇잎을 섞어서 퍼즐을 맞추도록 한다.

'나무의 표정 만들기' 활동에서

- 나무의 껍질이 매끈한 것보다 거칠수록 찰흙이 떨어지지 않고 잘 붙는다.
- 유아들이 찰흙을 조금 쓰고 남겨서 가져 가려고 하는데 한 번 개봉된 찰흙은 쉽게 굳어 버리므로 나누어 준 양을 모두 사용할 수 있도록 한다.

6) 우리나라

활동 21. 옛날 이야기 : 토끼와 호랑이

생활 주제	생태교육 주제
우리나라	동물, 관계 · 태도
목 표	누리과정 관련 요소
• 토끼와 호랑이 관련 전래동화에 흥미를 갖고 이해한다. • 친구들과 함께 즐겁게 놀이에 참여한다. • 동물들의 천적 관계를 안다.	• 의사소통: 책과 이야기 즐기기 – 책에 관심을 가지고 상상하기를 즐긴다. • 사회관계: 더불어 생활하기 – 친구와 서로 도우며 사이좋게 지낸다. • 자연탐구: 자연과 더불어 살기 – 주변의 동식물에 관심을 가진다.

가. 활동 자료

동화책 『토끼와 호랑이』, 호랑이 머리띠, 토끼 머리띠, 토끼와 호랑이 그림, 흙물감, 도화지

나. 활동 방법

[주제 탐색]

1) 『토끼와 호랑이』 동화책 읽고 이야기 나눈다.

❶ "토끼는 더 힘이 강한 호랑이로부터 어떻게 잡아먹힐 위험에서 빠져나올 수 있었나요?"

❷ 약하지만 지혜롭게 위기를 모면한 토끼에 대하여 이야기 나눈다.

[생태놀이]

2) '토끼와 호랑이' 놀이

❶ 유아들 가운데에서 토끼 한 명과 호랑이 한 명을 정한다.
❷ 나머지 유아들은 모두 나무가 되어 서로의 손을 잡고 원을 만들며 선다.
❸ 토끼가 된 유아는 나무 안에 선다.
❹ 호랑이가 된 유아는 조금 떨어진 나무 가까이에 선다.
❺ 전체 유아들이 호랑이에게 묻는다.
"호랑아, 호랑아 뭐하니?"
"밥 먹는다."
"무슨 반찬?"
"토끼 반찬."
"죽었니? 살았니?"
"살았다!" 하면 호랑이는 토끼를 잡으러 달려오고 토끼는 도망을 간다.
❻ 나무들은 토끼는 도와주고, 호랑이를 방해한다.
❼ 놀이가 끝나면 호랑이와 토끼 역할을 할 사람을 바꾸어 가며 놀이를 반복한다.

[표현 활동]

1) 흙물감으로 토끼와 호랑이 색칠하기

❶ 고운 흙에 물을 섞어서 흙물감을 만든다.

❷ 토끼와 호랑이 밑그림을 준비한다.

❸ 손가락에 흙물감을 묻혀서 토끼와 호랑이를 색칠한다.

다. 활동 유의점

'토끼와 호랑이' 놀이에서

- 전래놀이인 '여우야, 여우야 뭐하니?' 놀이를 함께 배우면 좋다.
- 활발히 뛰는 활동이므로 평지에서 놀이한다.

활동 22. 우리 땅의 나무 : 노나무야, 노나무야!

생활 주제	생태교육 주제
우리나라	식물
목 표	**누리과정 관련 요소**
•나뭇잎 관련 동요를 듣고 이해한다. •소나무 솔방울의 지혜를 안다. •친구들과 함께 즐겁게 놀이에 참여한다. •솔잎을 이용하여 아름답게 표현한다.	•자연탐구: 자연과 더불어 살기 – 주변의 동식물에 관심을 가진다. •사회관계: 더불어 생활하기 – 친구와 서로 도우며 사이좋게 지낸다. •예술경험: 창의적으로 표현하기 – 다양한 미술 재료와 도구로 자신의 생각과 느낌을 표현한다.

가. 활동 자료

악보(나뭇잎 송), 솔방울, 컵, 물, 솔잎, 목공풀, 도화지

나. 활동 방법

[주제 탐색]

1) '나뭇잎 송' 노래 부르기

2) 솔방울 변화 실험

❶ 솔방울 두 개를 준비한다.

❷ 솔방울 하나는 그대로 두고, 다른 솔방울 하나는 물이 들어 있는 컵에 2~3번 담궜다가 뺀다.

❸ 1시간 후에 두 개의 솔방울이 어떻게 변하였는지 관찰한다.

❹ '솔방울은 왜 물에 젖으면 오그라들까?' 이야기 나눈다.

[생태놀이]

1) 나뭇잎 짝짓기 놀이

❶ 모두 둥글게 모여서 하나의 원을 만든다.

❷ 교사는 소나무 잎은 2장, 리기다소나무 잎은 3장, 잣나무 잎은 5장이라고 이야기해 준다.

❸ 교사가 "소나무 잎이 피었습니다!"라고 하면 유아들은 2명씩 모여 짝을 짓는다.

❹ 다시 원을 만든다. 교사가 "리기다 잎이 피었습니다!"라고 하면 유아들은 3명씩 모여 짝을 짓는다.

❺ 교사가 "잣나무 잎이 피었습니다!"라고 하면 유아들은 5명씩 모여 짝을 짓는다.

❻ 교사가 "넓은 잎이 피었습니다!"라고 하면 유아들은 모두가 모여 짝을 짓는다.

2) 솔잎 씨름 놀이

❶ 주변에서 솔잎을 주워온다.

❷ 두 명씩 짝을 지어 서로의 솔잎을 엉켜 잡아당겨 솔잎 끊기 놀이를 한다.

[표현 활동]

1) 소나무 꾸미기

❶ 도화지에 소나무 줄기를 그린다.

❷ 주변에서 솔잎을 주워 와서 소나무 줄기에 솔잎을 붙여 꾸며준다.

다. 활동 유의점

- 산책하면서 소나무뿐만 아니라 우리 주변에서 쉽게 볼 수 있는 리기다소나무, 스트로브잣나무도 찾아보고 비교해서 관찰하도록 한다.

활동 23. 옛날 놀이 : 나무야, 나무야 뭐하니?

생활 주제	생태교육 주제
우리나라	식물
목 표	**누리과정 관련 요소**
• 전래놀이를 이해하고 즐긴다. • 놀이를 통해 나무가 살기 위한 필요한 요소를 안다. • 친구들과 함께 즐겁게 놀이에 참여한다. • 나무의 구조를 이해하고 표현한다.	• 사회관계: 사회에 관심 가지기 – 우리나라에 대해 자부심을 가진다. • 자연탐구: 자연과 더불어 살기 – 주변의 동식물에 관심을 가진다. • 사회관계: 더불어 생활하기 – 친구와 서로 도우며 사이좋게 지낸다. • 예술경험: 창의적으로 표현하기 – 다양한 미술 재료와 도구로 자신의 생각과 느낌을 표현한다.

가. 활동 자료

나무 머리띠, 찰흙

나. 활동 방법

[주제 탐색]

1) 나무는 무엇을 먹고 사는지 이야기 나누기

❶ 우리들은 음식을 먹고 살아가는데 나무는 무엇을 먹고 살아가는지 이야기 나눈다.

❷ 나무가 살기 위해 필요한 것은 공기(이산화탄소, 산소), 물, 햇빛, 흙이 필요하다.

2) 전래놀이 '여우야, 여우야 뭐하니?'

❶ 전래놀이 '여우야, 여우야 뭐하니?' 놀이를 해본 경험이 있는지 이야기 나눈다.

❷ 여우가 좋아하는 것은 무엇인지 이야기 나누고, 나무가 좋아하는 것, 우리들이 좋아하는 음식에 대해 이야기를 나눈다.

❸ 여우나 사람과는 달리 움직일 수 없는 나무는 먹을 것을 직접 만들어 먹는데 그때 필요한 물, 공기, 햇빛에 대해 이야기한다(나무가 먹는 공기와 사람이 먹는 공기에 대해서도 이야기한다).

[생태놀이]

1) '나무야, 나무야 뭐하니?' 놀이

❶ '나무야, 나무야 뭐하니?' 놀이는 '여우야, 여우야 뭐하니?' 놀이와 같은 방식으로 진행되는 놀이이다.

❷ 한 명이 나무가 되어 나무 머리띠를 하고 큰 나무 앞에 서서 나무 역할을 한다.

❸ 다른 유아들은 나무와 일정 거리를 두고 출발선에 선다.

"나무야, 나무야 뭐하니?"
"잠잔다."
"잠꾸러기"
"나무야, 나무야 뭐하니?"
"세수한다."
"멋쟁이!"
"나무야, 나무야 뭐하니?"
"밥 먹는다."
"무슨 반찬?"

❹ 이때 나무가 "햇빛 반찬!" 또는 "공기 반찬!", "물 반찬!"이라고 외치면 나무 역할 유아는 다른 유아들을 잡으러 가고, 유아들은 나무가 있는 곳까지 도망가야 한다.

❺ 도망가는 유아가 근처의 나무를 먼저 잡으면 나무(술래)는 그 유아를 잡을 수가 없다. 이때 나무에게 잡힌 사람은 그 다음 놀이에서 나무(술래)가 된다.

❻ 나무가 없다면? 어떻게 될지 이야기 나누고, 나무의 고마움을 생각해본다.

[표현 활동]

1) 나무 만들기

❶ 찰흙을 나무의 껍질에 붙여 탁본 뜨기를 한다.
❷ 숲바닥에 탁본 뜬 것을 두 줄로 놓아 나무의 줄기를 표현한다.
❸ 주변의 나뭇가지, 잎, 열매 등을 주워 와서 나무의 가지, 뿌리, 잎 등을 표현한다.

다. 활동 유의점

'나무야, 나무야 뭐하니' 놀이에서

- 활발히 뛰는 활동이므로 평지에서 놀이한다.
- 다양한 나무가 있는 장소에서 하면 더욱 좋다.

활동 24. 우리나라의 자랑 : 나는 숲 속 건축가

생활 주제	생태교육 주제
우리나라	식물, 무생물
목 표	**누리과정 관련 요소**
• 우리나라 전통가옥의 모습을 안다. • 동물들의 집에 대해 안다. • 자연물로 전통가옥을 표현할 수 있다.	• 사회관계: 사회에 관심 가지기 – 우리나라에 대해 자부심을 가진다. • 자연탐구: 자연과 더불어 살기 – 주변의 동식물에 관심을 가진다. • 예술경험: 창의적으로 표현하기 – 다양한 미술 재료와 도구로 자신의 생각과 느낌을 표현한다.

가. 활동 자료

전통가옥(초가집, 기와집, 너와집, 동물들의 집) 사진자료, 솔잎, 딱풀, 가위

나. 활동 방법

[주제 탐색]

1) 우리들은 어떤 집에 살고 있는지 이야기 나눈다.

❶ 우리가 살고 있는 집은 모양에 따라 아파트, 빌라, 단독주택 등으로 구분한다.

❷ 우리 친구들은 어떤 집에 살고 있니?

2) 옛날 사람들이 살았던 집에 대해 사진자료를 보면서 이야기한다.

❶ 초가집 : 백성들이 살던 소박한 집으로 지붕 위에 볏짚을 엮어 만든 이엉을 단단히 묶어 여름엔 시원하고 겨울에는 따뜻하다.

❷ 기와집 : 흙으로 빚은 기와장을 올려 우아하고 아름다운 곡선미를 지님

❸ 너와집 : 나무로 지붕을 만들어 바람에 날아가지 않게 돌이나 큰나무를 지붕에 올려놓은 집

❹ 귀틀집 : 통나무를 잘라 우물정(井)자 모양으로 쌓고 통나무 사이의 틈을 진흙으로 발라 만든 집

❺ 제주도집 : 바닷바람에 지붕이 날아가는 것을 막기 위해 '띠'라는 풀을 그물처럼 묶어 만들고 돌을 성기게 쌓아 담을 만든 집

❻ 한옥 : 흙과 돌과 나무로 지은 집(온돌, 기단, 처마, 마루)

3) 우리가 살고 있는 집과 다른 점을 이야기 나눈다.

❶ "주변에서 옛날 집을 본 적이 있니?"

❷ "어디에 가면 옛날 집을 볼 수 있을까?"

4) 숲 속 동물이 사는 집에 대해 사진자료를 보면서 이야기한다.

❶ "숲 속 동물은 어떤 집에서 살고 있었니?"

❷ 나뭇가지, 흙, 다양한 자연물로 숲 속 동물의 집을 표현해본다.

[생태놀이]

1) 동물의 집짓기

❶ 숲에서 다양한 동물의 집을 찾아본다.

❷ 3~4명씩 모둠을 나눈다.

❸ 모둠별로 주변의 나뭇가지, 풀, 열매 등을 이용해서 동물의 집을 만든다.

❹ 다 함께 모여 각 모둠이 만든 동물의 집을 감상한다.

[표현 활동]

1) 솔잎으로 초가지붕 만들기

❶ 초가집을 그린다.

❷ 솔잎을 초가지붕에 붙여 꾸며준다.

다. 활동 유의점

전통문화의 소중함과 동물들의 집의 역할을 알 수 있도록 한다.

7) 가을

활동 25. 톡 떽떼구르 여행 : 도토리

생활 주제	생태교육 주제
가을	기후, 식물, 관계 · 태도
목　표	**누리과정 관련 요소**
• 도토리 관련 동화를 듣고 이해한다. • 참나무와 다람쥐의 관계를 이해한다. • 도토리를 이용한 장난감을 만들어 놀이에 즐겁게 참여한다.	• 의사소통: 책과 이야기 즐기기 – 책에 관심을 가지고 상상하기를 즐긴다. • 자연탐구: 자연과 더불어 살기 – 주변의 동식물에 관심을 가진다. • 예술경험: 창의적으로 표현하기 – 다양한 미술 재료와 도구로 자신의 생각과 느낌을 표현한다.

가. 활동 자료

동화책『도토리는 다 먹어』, 땅콩, 도도리, 이쑤시개, 목공본드, 송곳, 네임펜

나. 활동 방법

[주제 탐색]

1)『도토리는 다 먹어』 동화책을 읽고 이야기 나눈다.

❶ "도토리를 좋아하는 동물 친구들은 누가 있을까?"
❷ "도토리는 누가 누가 먹었지?"
❸ "우리 친구들도 도토리를 먹어 본 적이 있니?"
❹ "도토리는 어떤 맛이었니?"

[생태놀이]

1) 다람쥐의 겨울나기

❶ 먼저 놀이를 시작하기 전에 겨울숲 생태계에 대한 대략적인 설명을 한다.

❷ 교사는 다람쥐의 생활을 대략적으로 이야기한다. 즉, 집모양이라든가, 한식구로 겨울을 난다거나 10~12월까지 집에서 겨울잠을 잔다는 것 등등.

❸ 다 함께 주변의 나뭇가지를 주워 와서 다람쥐가 겨울 동안 함께 머무를 집을 만든다.

❹ 유아들은 모두 다람쥐가 되고 교사로부터 10개의 도토리를 받는다(도토리 대신 땅콩이나 잣도 괜찮다).

❺ 받은 개암열매를 다른 동물에 뺏기지 않고 자신이 겨울에 찾아 먹을 수 있도록 숨겨 놓는다. 이때 숨기는 시간은 3분 정도가 적당하다.

❻ 12월 말쯤 다람쥐는 기지개를 펴면서 일어나고 "아이 배고파!"를 외친다. 바깥은 눈이 너무나 많이 쌓여 있었고, 다람쥐에게는 무한한 시간이 없으며 분명한 목적을 가지고 먹이 찾기를 해야 한다. 이때 유아들에게 주어진 시간은 1분 30초이며 이 시간 안에 겨울이 되기 전에 숨겨 놓은 열매를 4개만 찾아오게 한다.

❼ 12월이 지나 1월이 되었다. 이때에는 겨울 중 가장 춥고, 냉엄하고, 참혹한 날씨이다. 바깥 외출은 할 수가 없기 때문에 몸의 지방으로 에너지를 보충해야 한다.

❽ 2월 중순이 지나 다람쥐는 다시 기지개를 펴고 잠에서 깨어난다. 교사는 숲에 대한 대략적인 설명을 하고 눈높이는 1m 정도 쌓여 있는 상태이다. 다람쥐는 몸이 허약해졌고 먹이를 찾아 뛸 수 있는 힘은 1분밖에 주어져 있지 않은 상태이다. 1분 안에 숨겨 놓은 개암열매 4개를 먹지 않으면 다람쥐는 죽게 되는 것이다. 다른 다람쥐가 숨겨 놓은 열매를 찾아 먹어도 상관없다.

❾ 3월이 되었다. 다람쥐가 숨겨 놓은 개암열매는 이제 2개 밖에 남아 있지 않았다.

❿ 유아들은 30초 안에 남아 있는 2개를 찾는다.

⓫ 교사는 다람쥐가 겨울에 먹이를 찾아다니는 것이 얼마나 힘든 것인가를 유아들이 느끼게 하고, 다람쥐가 영악하고, 똑똑하고, 능력이 있다는 사실, 다람쥐가 겨울을 나기 위해 숨겨 놓았지만 찾아먹지 못한 열매로 인해 숲이 건강해진다는 사실을 알 수 있게 한다.

2) 도토리 굴리기

❶ 평지, 경사면에서 도토리 굴려보기

❷ 도토리가 잘 굴러가는 이유?

❸ 참나무가 도토리열매를 동그란 모양으로 만든 이유는 뭘까? 둥근 열매의 전략에 대해 이야기를 나눈다.

[표현 활동]

1) 도토리 팽이 만들기

도토리 팽이는 아래의 그림처럼 다양한 방법으로 만들 수 있다.

도토리 전체로 팽이 만들기

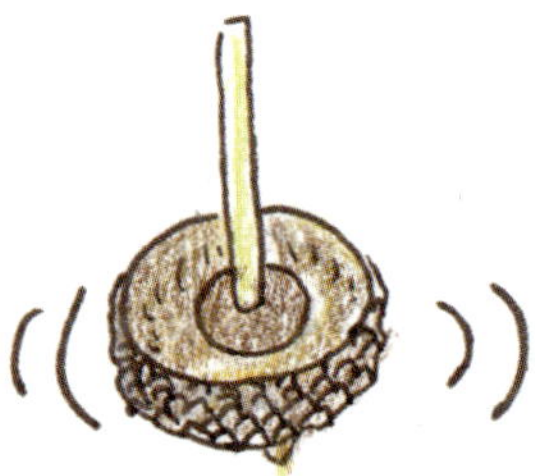

도토리 각두로 팽이 만들기

도토리 열매로만 팽이 만들기

다. 활동 유의점

'다람쥐의 겨울나기' 활동에서

- 다람쥐의 먹이로 겉껍질이 있는 땅콩을 사용하면 좋다. 찾은 땅콩은 놀이를 하면서 먹으면 간식도 되고 일석이조이다.
- 5세 유아의 경우에는 처음 나눠 주는 열매 개수를 5개로 조정한다.
- 6~7세 유아의 경우에는 처음 나눠 주는 10개의 열매가 너무 클(예, 겉껍질이 있는 땅콩) 경우에는 맨손에 주지 말고 주머니에 담아준다.
- 유아의 경우에는 간혹 숨겨 놓은 열매를 찾지 못했다고 우는 유아들이 있다. 우는 유아들에게는 못 찾은 열매는 자라서 큰 나무가 될 거라고 위로를 한다.

활동 26. 나뭇잎의 가을 여행 : 낙엽

생활 주제	생태교육 주제
가을	기후, 식물
목　표	**누리과정 관련 요소**
• 나뭇잎 관련 동화를 듣고 이해한다. • 놀이를 통해 형제간에 도움을 주며 화목하게 지내야 함을 안다. • 낙엽을 이용해 다양한 표현을 할 수 있다.	• 의사소통: 책과 이야기 즐기기 – 책에 관심을 가지고 상상하기를 즐긴다. • 사회관계: 더불어 생활하기 – 가족의 의미를 알고 화목하게 지낸다. • 예술경험: 창의적으로 표현하기 – 다양한 미술 재료와 도구로 자신의 생각과 느낌을 표현한다.

가. 활동 자료

동화책『내가 만난 나뭇잎 하나』, 숲보자기, 나뭇잎, 도화지, 가위, 눈스티커

나. 활동 방법

[주제 탐색]

1)『내가 만난 나뭇잎 하나』동화책 읽고 이야기 나누기

❶『내가 만난 나뭇잎 하나』라는 동화책을 읽고 이야기를 나눈다.

❷ "가을이면 왜 나뭇잎이 떨어질까요?"

❸ "추운 겨울을 준비하기 위해 나무는 어떤 일을 할까?"

[생태놀이]

1) 낙엽을 모아라

❶ 숲보자기를 중앙에 준비하고 시작과 끝의 신호를 주고 주변에서 낙엽을 모아 오도록 한다.

❷ 모아놓은 낙엽 속에 한 명씩 들어가 온기를 느껴본다.

2) 의좋은 형제 낙엽 나르기

❶ 형과 동생 두 모둠으로 나눈다.

❷ '낙엽을 모아라' 활동에서 쌓아둔 낙엽을 중심으로 같은 거리에 좌우로 각자의 집을 표시해둔다.

❸ 시작과 끝의 신호를 주고 상대 모둠의 집에 겨울을 따뜻하게 날 수 있도록 낙엽을 가져다준다.

❹ 어느 모둠이 더 많은 낙엽을 가져다주었는지 비교하며 형제간에, 친구 간에, 어려운 이웃에게 도움을 줌으로써 내가 기쁠 수 있다는 것을 놀이를 통해 경험해본다.

[표현 활동]

1) 나뭇잎으로 동물 표현하기

❶ 떨어진 나뭇잎을 주워서 준비한다(벚나무, 느티나무, 생강나무, 물오리나무 참나무 등).

❷ 잎자루가 올라오게 잡고 위로부터 3분의 1 지점을 잎맥 따라 가위로 자른다.

❸ 잘린 부분을 아래로 꺾어 내리고 잎자루 끝을 잎의 중앙에 끼운다.

❹ 눈 모양의 스티커를 붙이고 여러 크기의 동물을 만들어 종이에 붙이면 나뭇잎 동물원이 완성된다.

다. 활동 유의점

'나뭇잎으로 동물 표현하기' 활동에서

- 종이에 붙이는 대신에 나뭇가지에 끼워 나뭇잎 동물 가족을 만들어도 좋다.
- 나뭇잎 동물을 한 마리씩 만들어 책갈피를 만들어도 좋다.

활동 27. 가을 열매 올림픽 : 동물이 도와줘서 멀리 가요

생활 주제	생태교육 주제
가을	기후, 관계 · 태도
목 표	**누리과정 관련 요소**
• 가을 열매의 다양한 생김새를 관찰하고, 동물을 이용하는 열매들의 번식전략을 안다. • 친구들과 놀이에 즐겁게 참여한다.	• 자연탐구: 자연과 더불어 살기 – 주변의 동식물에 관심을 가진다. • 사회관계: 더불어 생활하기 – 친구와 서로 도우며 사이좋게 지낸다.

가. 활동 자료

도꼬마리, 멧돼지 과녁 그림의 숲보자기, 다양한 열매, 도화지, 양면테이프(목공풀)

나. 활동 방법

[주제 탐색]

1) 가을 숲 열매 이야기 나누기

❶ 씨앗과 열매의 차이는 무엇인지 이야기 나눈다.
열매는 씨앗에 과육까지 있는 것이다.

❷ 가을에 주변에서 볼 수 있는 열매는 어떤 것이 있는지 이야기 나눈다.

❸ 가을 열매 중에서 동물들이 도와줘서 멀리가는 씨앗들에 대해 이야기 나눈다.
갈고리가 있어 동물털에 붙어 이동 : 도꼬마리, 도깨비바늘 등
끈적이가 있어 동물털에 붙어 이동 : 개여뀌 등
동물에게 먹혀서 이동 : 감처럼 맛있는 과육 속에 딱딱한 씨앗 있는 열매

도꼬마리

도깨비바늘

감

[생태놀이]

1) 도꼬마리 던지기

❶ 도꼬마리 열매를 옷에 붙여본다.
❷ 멧돼지 과녁 그림의 숲보자기를 나무에 붙인다.
❸ 과녁을 향해 도꼬마리를 던진다.
❹ 도꼬마리 열매의 갈고리가 동물의 털을 이용해 번식을 하는 전략에 대해 이야기 나눈다.

[표현 활동]

1) 열매 도감 만들기

❶ 주변에 떨어진 다양한 열매를 줍는다.
❷ 열매의 번식방법에 따라 분류한다.
❸ 도화지에 열매를 붙여 열매도감을 만든다.
❹ 열매 이름을 적을 때 이름을 잘 알지 못하면 열매의 이름을 지어주어도 좋다.

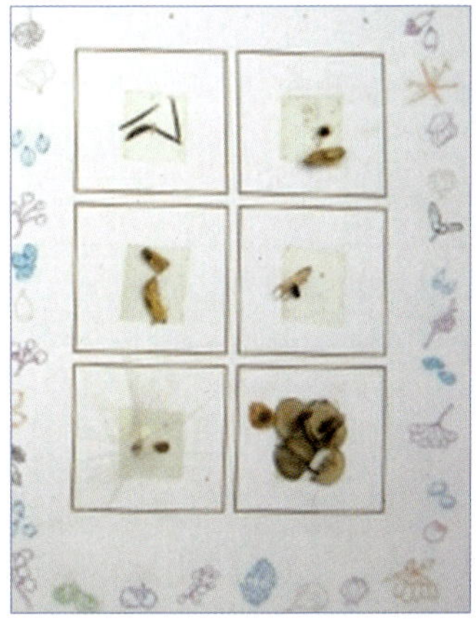

다. 활동 유의점

'열매 도감 만들기' 활동에서

- 너무 큰 열매는 붙이기 어렵기 때문에 적당한 크기의 열매를 선정한다.

활동 28. 가을 숲으로의 초대 : 가을 숲의 색 찾기

생활 주제	생태교육 주제
가을	기후, 식물
목 표	**누리과정 관련 요소**
• 가을 관련 동요를 듣고 이해한다. • 가을을 주제로 동시를 짓는다. • 가을 숲의 아름다운 색을 느끼고 작품으로 표현하고 감상한다.	• 의사소통: 책과 이야기 즐기기 – 말놀이와 이야기 짓기를 즐긴다. • 예술경험: 창의적으로 표현하기 – 다양한 미술 재료와 도구로 자신의 생각과 느낌을 표현한다.

가. 활동 자료

악보(가을 길), 밧줄, 집게, 도화지, 연필, 팔레트 그림, 딱풀

나. 활동 방법

[주제 탐색]

1) '가을 길' 노래 부르기

[생태놀이]

1) 숲 속 초대장 만들기

❶ 숲의 입구에서 가을 숲에서는 어떤 색깔을 볼 수 있을까?

❷ 숲에 들어가기 전 가을 숲으로부터 초대장을 받아왔는지 묻는다.

❸ 교사는 미리 준비한 자연물로 만든 초대장을 보여주고 유아들도 초대장을 준비해 오도록 한다.

❹ 유아들이 흩어져 주변의 자연물로 만든 자신의 초대장을 가지고 밧줄에 걸은 후 숲으로 들어가 숲에 인사를 한다.

❺ 다 함께 밧줄 밑으로 통과한 후 우리들의 초대장을 뒤돌아보고 감상한다(가능한 바닥에 떨어진 자연물을 이용한다).

[표현 활동]

1) 가을 주제 동시 짓기

❶ 가을을 느끼고 그 느낌을 표현한 동시를 지어본다.

2) 낙엽 팔레트 만들기

❶ 오늘 만난 가을 숲엔 어떤 색깔들이 있었는지 팔레트에 있는 물감과 같은 색깔의 낙엽을 찾아본다.

❷ 색깔물감이 그려져 있는 팔레트 그림 위에 같은 색깔 낙엽을 찾아 붙인다.

❸ 완성된 낙엽 팔레트는 밧줄에 걸어 전시를 한다.

다. 활동 유의점

'숲 속 초대장 만들기' 활동과 '낙엽 팔레트 만들기' 활동을 할 때 자연물을 훼손하지 않도록 가급적이면 바닥에 떨어져 있는 자연물을 이용한다.

8) 환경과 생활

활동 29. 땅속 친구들 : 땅속 생물

생활 주제	생태교육 주제
환경과 생활	동물, 무생물
목 표	**누리과정 관련 요소**
• 땅속 생물 관련 동화를 듣고 이해한다. • 다양한 흙의 종류와 땅속 생물을 관찰하여 안다. • 흙을 이용해 그림 그리기를 할 수 있다.	• 의사소통: 책과 이야기 즐기기 – 책에 관심을 가지고 상상하기를 즐긴다. • 자연탐구: 자연과 더불어 살기 – 주변의 동식물에 관심을 가진다. • 예술경험: 창의적으로 표현하기 – 다양한 미술 재료와 도구로 자신의 생각과 느낌을 표현한다.

가. 활동 자료

동화책 『땅속 생물 이야기』, 『살아 있는 땅』, 모종삽, 체, 관찰통, 검정도화지, 물풀, 활동지, 색연필, 숲보자기

나. 활동 방법

[주제 탐색]

1) 『땅속 생물 이야기』 『살아 있는 땅』 동화책을 읽고 이야기 나눈다.

❶ 동화책에 나오는 땅속 생물들은 어떤 것이 있었나요?

❷ 땅속에 사는 생물들의 종류와 역할에 대해 이야기 나눈다.

2) 다양한 땅속 생물들이 땅속에서 하는 일들에 대하여 이야기한다.

❶ 숲 속 흙의 종류에 대해 이야기 나눈다. 이때 숲 속의 흙은 수직적인 높이에 따라 흙의 상태가 다르다는 것을 알려 주기 위하여 각각의 층별로 흙을 준비하면 더욱 좋다(낙엽 그대로 → 낙엽이 절반 정도 부서진 층 → 낙엽이 잘게 부서진 층 → 영양분이 많은 검은 흙).

❷ 땅속에 어떤 생물들이 사는지 이야기 나눈다.

❸ 다양한 땅속 생물들을 몸으로 표현한다(두더지, 개미, 지렁이, 애벌레 등).

[생태 놀이]

1) 땅속 생물 찾기

❶ 숲바닥 중에서 오래된 낙엽층이 많은 곳에 일정 구역을 정한다.

❷ 모종삽을 이용하여 흙을 퍼서 체에 담아 흙을 골라낸다.

❸ 흰 종이에 흙을 떨어뜨려서 어떤 생물이 있는지 관찰한다.

❹ 관찰통에 찾은 생물을 잘 담아서 세어 보고 기록한다.

2) 흙의 종류 관찰

❶ 모종삽으로 땅을 파고 흙의 느낌을 느껴 본다. 이때 장소에 따라 다른 흙의 냄새, 흙의 촉감, 흙의 굵기와 흙의 색깔 차이 등을 발견한다.

[표현 활동]

1) 흙그림 그리기

❶ 흙을 모종삽으로 떠서 체에 걸러 고운 흙으로 만든다.
❷ 고운 흙을 검정색 또는 여러 가지 색의 종이 위에 올리고 손가락으로 그림을 그린다.
❸ 손가락 그림 위에 여러 자연물을 올려서 표현한다.
❹ 종이에 밑그림을 그린다.
❺ 밑그림에 물풀을 칠한 후 위에서 고운 흙을 뿌린다.
❺ 완성된 흙그림을 전시하고, 그림 가장자리를 자연물로 꾸며 준다.

다. 활동 유의점

'땅속 생물들을 찾기' 활동에서

- 찾아낸 생물체를 다룰 때는 특별히 조심하기로 유아들과 사전에 약속한다.
- 활동 전에 그림 자료 등을 이용하여 땅속 생물에 대한 예비지식을 갖는 것이 좋다.

활동 30. 숲의 소리 : 숲 속 음악회

생활 주제	생태교육 주제
환경과 생활	무생물
목 표	**누리과정 관련 요소**
• 숲의 다양한 소리를 집중하여 듣는다. • 자연물을 이용해 소리를 만들고, 같은 소리를 찾을 수 있다. • 숲의 소리를 그림으로 표현할 수 있다.	• 자연탐구: 탐구과정 즐기기 – 주변 세계와 자연에 대해 지속적으로 호기심을 가진다. • 자연탐구: 탐구과정 즐기기 – 궁금한 것을 탐구하는 과정에 즐겁게 참여한다. • 예술경험: 창의적으로 표현하기 – 다양한 미술 재료와 도구로 자신의 생각과 느낌을 표현한다.

가. 활동 자료

소리통과 자연물, 도화지, 색연필

나. 활동 방법

[주제 탐색]

1) 숲의 소리 듣기

❶ 숲의 소리를 듣는 것만으로도 마음의 안정감을 줄 수 있다.

❷ 제일 먼저 조용히 둘러 앉아 눈을 감고 숲의 소리를 듣는다. 어떤 소리들을 들었는지 가볍게 이야기 나눈다.

❸ 이번에는 눈을 감고 손가락을 접으면서 몇 가지 소리를 들었는지 세어본다. 눈을 뜨고 몇 가지 소리를 들었는지 이야기 나눈다.

❹ 이번에는 특정한 소리, 예를 들면 '새소리'만 들어보자고 한다. 눈을 감고 새소리만 집중해서 들어본다. 유아들에게 한 가지 소리만 듣는 것은 매우 어려운 일이다. 그러나 집중력을 키워 줄 수 있는 좋은 활동이다.

❺ 숲의 소리 듣기 활동 후 어떤 느낌을 받았는지 발표하는 시간을 갖는다.

[생태놀이]

1) 같은 소리 짝 찾기

❶ 미리 자연물을 넣어 준비한 소리통을 하나씩 나누어 주고 같은 소리가 나는 친구끼리 모인다.

❷ 같이 모인 친구들이 모두 같은 자연물인지 뚜껑을 열어 확인한다.

2) 이동하며 같은 소리 찾기

❶ 교사는 미리 숲의 바닥에 떨어진 자연물을 소리통에 넣어 문제를 낼 소리통을 준비해 둔다.

❷ 유아들에게 각자의 소리통을 나누어 준다(소리통이 부족하면 두 명씩 짝을 지어 하나씩 나누어 준다. 이때 소리통은 비워서 나누어 준다).

❸ 유아들과 함께 숲길을 걸으며 교사가 미리 준비한 문제의 소리통을 흔들어 소리를 듣게 하고, 유아들은 주변 숲에서 같은 소리가 나는 자연물을 담아온다.

❹ 다 함께 모여서 각자 찾아온 소리통의 소리를 들어보고 같은 자연물을 찾아왔는지 확인한다.

❺ 교사는 소리통에 있는 열매에 대해 설명한 후, 다 함께 소리통을 흔들며 노래를 불러 본다.

❻ 소리통을 비운 후 다음 문제의 소리를 찾아 이동한다.

[표현 활동]

1) 숲의 소리를 그림으로 표현하기

❶ 숲의 소리를 듣고 그 느낌을 종이에 그림으로 표현한다.

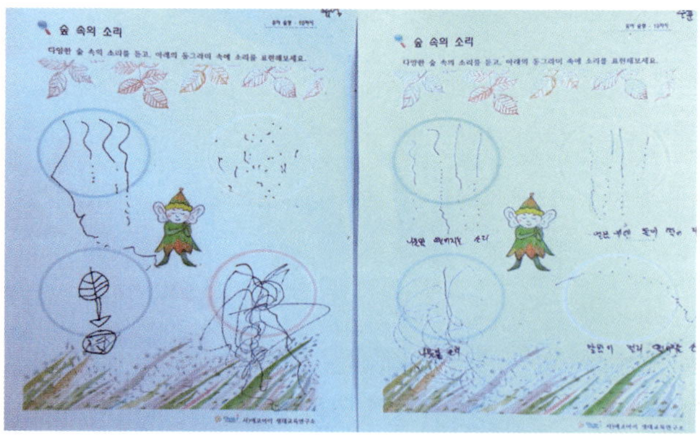

다. 활동 유의점

'소리 찾기' 활동에서

- 소리통에 넣는 열매는 과육이 없는 것으로 준비한다. 과육이 있는 열매는 흔드는 과정에서 열매가 터질 수도 있기 때문이다.
- 소리통의 제작은 너무 어렵게 생각하지 말고, 빈 필름통(검정색)이나 다 쓴 종이우유팩(200ml)을 재활용하여 사용하여도 좋다. 우유팩을 사용할 경우에는 유아들이 직접 우유팩을 꾸며서 '나만의 소리통'을 만들어 준비한다.

활동 31. 빛과 그림자 : 거울 속의 빛 놀이

생활 주제	생태교육 주제
환경과 생활	무생물
목　표	**누리과정 관련 요소**
• 거울과 빛을 이용하여 다양하게 숲의 아름다움을 느낀다. • 거울 속에 비친 숲을 그림으로 표현할 수 있다.	• 자연탐구: 탐구과정 즐기기 - 궁금한 것을 탐구하는 과정에 즐겁게 참여한다. • 예술경험: 창의적으로 표현하기 - 다양한 미술 재료와 도구로 자신의 생각과 느낌을 표현한다.

가. 활동 자료

밧줄, 거울, 종이, 색연필

나. 활동 방법

[주제 탐색]

1) 숲 속 기차놀이를 한다.

❶ 다 함께 일렬로 서서 앞 친구의 어깨를 잡고 기차가 되어 숲을 거닌다.

❷ 교사는 기관사가 되어 나무와 나무 사이로 다닌다.

❸ 유아들은 일정 거리를 두고 서 있다가 기차가 오면 숲 속 생물의 이름을 대고 기차에 탈 수도 있다.

[생태놀이]

1) 거울을 이용한 다양한 활동하기

❶ 거울을 각자 들고 자신의 얼굴을 비추어 본다.

❷ 친구와 나의 얼굴을 동시에 거울에 비추어 본다.

❸ 나무를 잡고 그 둘레를 돌며 거울에 비친 나무를 본다.
❹ 나뭇잎, 수피, 나뭇가지 아래의 모습을 거울을 통해 본다.
❺ 거울을 숲 바닥에 놓고 무릎으로 기어가서 보거나, 손을 잡고 돌다가 동시에 가까이 가서 들여다 본다.

2) 하늘 걷기

❶ 유아들은 한 줄로 선다.
❷ 각자 거울 한 개씩 나눠 주고 거울의 홈이 파진 부분을 콧등에 댄다.
❸ 오른손은 거울을 쥐고, 왼손은 앞사람의 어깨를 잡는다.
❹ 교사는 맨 앞에 서서 거울을 보지 않고 앞을 바라보며 길을 인도한다.
❺ 거울로 보이는 세상을 바라보면서 발바닥으로는 숲의 바닥을 느껴 본다.
❻ 이번에는 거울을 뒤집어 땅으로 향하게 하고 눈썹 위에 대고 바닥을 보며 걷는다.
❼ 놀이가 끝나면 느낌이 어땠는지 서로 이야기한다.

[표현 활동]

1) 거울 속에 비친 숲 그리기

❶ 거울을 이용해 본 다양한 숲의 모습을 종이에 그린다.

다. 활동 유의점

'하늘 걷기' 활동에서

- 앞을 보지 못하고 걷는 활동이므로 활동 공간이 평편하고 돌이나 나무뿌리가 없는 안전한 곳이어야 한다.
- 맨 앞에서 길을 안내하는 교사는 매우 천천히 걸어야 한다. 교사가 아무리 천천히 걷는다고 해도 뒤에서 따라오는 유아는 빠르다고 느끼기 때문이다(보폭을 자신의 발 크기 절반 정도).
- 거울에 비친 숲의 모습이 다양할 수 있도록 나무의 종류와 높이가 다양한 장소를 선택하면 가장 좋다.

활동 32. 겨울을 준비하는 숲 : 동물의 겨울나기

생활 주제	생태교육 주제
환경과 생활	기후, 동물, 관계 · 태도
목 표	**누리과정 관련 요소**
• 동물의 겨울나기 관련 동화를 듣고 이해한다. • 동물들의 겨울나기 지혜를 안다. • 추운 겨울을 보내는 동물들을 위한 행동이 무엇인지 알아보고 실천한다.	• 의사소통: 책과 이야기 즐기기 – 책에 관심을 가지고 상상하기를 즐긴다. • 자연탐구: 자연과 더불어 살기 – 주변의 동식물에 관심을 가진다.

가. 활동 자료

동화책『장갑』, 종이컵, 풍선, 가위, 투명테이프, 쇠기름, 잣송이, 여러 가지 열매

나. 활동 방법

[주제 탐색]

1)『장갑』동화책을 읽고 이야기 나누기

❶ 할아버지가 잃어버린 장갑 속에는 모두 몇 마리의 동물이 들어갔나요?

❷ 장갑 속에는 어떤 동물들이 들어갔는지 이야기를 나눈다.

❸ 장갑 속에 있던 동물들은 어떤 기분이었을까 생각해보고 이야기 나눈다.

2) 곤충의 겨울나기 지혜

❶ 여러 가지 종류의 곤충 집을 관찰한다.

❷ 겨울을 나는 곤충의 여러 가지 모습에 대해 이야기 나눈다.

알: 메뚜기, 사마귀

애벌레: 하늘소, 풍뎅이

번데기: 주머니나방(도롱이벌레), 쐐기나방

어른벌레: 무당벌레, 네발나비, 방아벌레, 거저리

3) 동물의 겨울나기 지혜

❶ 겨울잠을 자는 동물들 : 무당벌레와 같은 곤충, 개구리, 뱀, 다람쥐, 곰 등은 추위와 먹이가 부족한 겨울을 나기 위해 겨울이 오기 전에 미리 겨울잠을 잘 장소를 준비하고, 자다가 일어나 먹이를 먹는 동물인 경우에는 먹이도 미리 저장해둔다.

❷ 겨울잠을 자지 않는 동물들 : 토끼, 사슴, 박새, 청설모 등은 겨울 전에 털갈이를 하고 추위를 견디며 먹이도 잘 구한다.

[생태놀이]

1) '자연물 폭죽'으로 겨울을 나는 동물들에게 먹이를 나눠 주기

❶ 재생종이컵과 풍선을 이용해 폭죽을 만든다.

❷ 동물들이 좋아하는 겨울 양식에는 무엇이 있는지 생각해 본다.

❸ 숲의 동물들에게 폭죽을 이용하여 먹이를 날려 준다.

[표현 활동]

1) 겨울새를 위한 먹이 만들기

❶ 겨울이 되면 숲 속 생명들이 어떻게 지낼지 이야기 나눈다.
❷ 주변에 새가 보이면 새들을 관찰하고 새의 먹이는 무엇일지 생각한다.
❸ 먹이가 부족한 겨울새들에게 먹이를 주기로 하고 잣송이를 주워온다.
❹ 준비한 열매(콩, 팥, 땅콩, 사과, 단풍의 열매, 산수유 열매 등)를 잣송이 사이에 끼운다.
❺ 잣송이를 줄로 묶고 새들이 좋아할 만한 장소를 찾아서 매달아 둔다.

다. 활동 유의점

'겨울새를 위한 먹이주기' 활동에서

- 잣송이가 없으면 솔방울로 하여도 된다.
- 먹이는 자연에서 나온 것으로 한다. 식빵이나 과자 등은 오히려 새들에게 좋지 않으므로 삼간다.
- 햇볕이 잘 들고 새들이 많이 모이는 장소에 매달아 준다(장소의 선정과 매다는 활동을 유아들과 함께 의논하며 한다).
- 일주일쯤 시간이 지난 뒤에 얼마나 먹었는지 확인하는 활동을 한다.

9) 겨울

활동 33. 겨울의 동물들 : 누구 발자국일까?

생활 주제	생태교육 주제
겨울	기후, 동물
목　표	**누리과정 관련 요소**
• 눈 관련 동시와 동화를 듣고 이해한다. • 동물의 걸음걸이 방법을 이해하고 몸으로 표현한다.	• 의사소통: 책과 이야기 즐기기 – 동화, 동시에서 말의 재미를 느낀다. • 자연탐구: 자연과 더불어 살기 – 주변의 동식물에 관심을 가진다.

가. 활동 자료

동시(눈 내린 날), 동화『누구 발자국일까?』, 동물 발자국이 그려진 천

나. 활동 방법

[주제 탐색]

1) 동시 읽고 느낌 나누기

'눈 내린 날'이란 동시를 읽고 느낌과 생각을 이야기 나눈다.

눈 내린 날

장인영

눈이 하얗게 내린 날
오늘은 숲속 친구들
발자국 도장 찍는 날이에요.

산토끼는 깡충깡충
여우는 살금살금
호랑이는 어험어험.

눈도장을 찍지요
늦게 일어난 친구들
어서어서 오라 하지요.

2) 『누구 발자국일까?』 동화책을 읽고 이야기 나누기

❶ 동물의 다리는 몇 개일까?

❷ 동물들은 왜 눈이 오면 뛰어다닐까요?

❸ 토끼와 고라니 발자국의 모양과 차이점을 비교해본다.

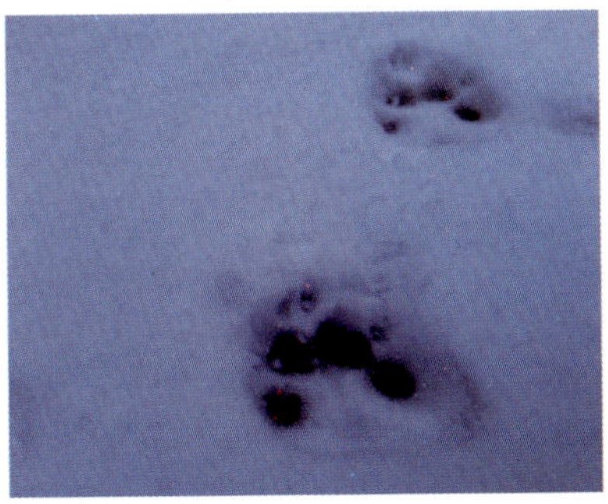

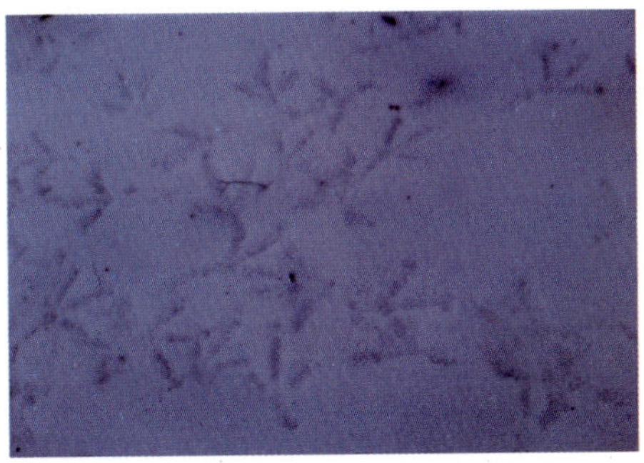

[생태놀이]

1) 동물 발자국 따라 걷기

❶ 바닥에 토끼 발자국, 고라니 발자국을 길게 붙인다.

❷ 전체 모둠을 토끼모둠과 고라니모둠으로 나눈다.

❸ 각 모둠별로 한 줄로 선 후에 토끼모둠 첫 번째 주자는 토끼발자국을 따라 가서 반환점을 돌아오고, 고라니모둠 첫 번째 주자는 고라니발자국을 따라 가서 반환점을 돌아온다.
❹ 첫 번째 주자가 두 번째 주자의 손뼉을 쳐 주면 두 번째 주자는 출발한다.
❺ 마지막 주자가 먼저 출발점으로 들어온 모둠이 승리한다.

2) 동물들의 발자국을 몸으로 흉내 내기

❶ 각자 되고 싶은 동물을 정한다.
❷ 동물의 감정에 따라 어떻게 걷는지 흉내 낸다.
편안하게 걸을 때, 맛있는 음식을 발견했을 때, 천적에게 쫓길 때 등

[표현 활동]

1) 동물들의 걸음걸이

❶ 교사가 네 발 달린 동물의 울음소리나 행동을 흉내 낸다.
❷ 참가자들은 동물 이름을 알아맞힌다.
❸ 각자 네 발 가진 동물이 되어 걸어본다(개별 활동).
❹ 두 명씩 짝을 지어 네 발 동물이 된다.
❺ 모둠별로 어떻게 걸을지 고민해 본다.
❻ 모둠별로 네 발 동물의 이름을 정한다.
❼ 각 모둠이 정한 동물의 걸음걸이를 발표한다.

※ 동물들의 걸음걸이

동물들은 네 발을 떼고 딛는 때가 모두 다르다. 대개 앞발을 디딘 곳에 뒷발을 내디딘다. 그래서 앞발자국은 뒷발자국에 가려 일부만 보이거나 아예 보이지 않는 경우가 많다. 걷는 발걸음은 규칙적이어서, 오른쪽 뒷발을 먼저 떼었다면 오른쪽 앞발, 왼쪽 뒷발, 왼쪽 앞발 순으로 발을 뗀다. 느리게 걸으면 뒷발 자국이 앞발자국에 닿지 못하거나 살짝 겹쳐지고, 빠르게 걸을수록 뒷발자국이 앞발자국을 지나쳐 찍힌다.

다. 활동 유의점

'동물의 걸음걸이' 활동에서

- 바닥에 엎드려 걷기 전에 가시나 유리조각 등 위험한 물건이 없는지 사전에 점검한다.

'동물들의 발자국을 몸으로 흉내 내기' 활동에서

- 움직임의 속도 변화, 공간에 변화를 주어 표현할 수 있도록 제시어를 준다.
- 자기 공간 내에서 표현하도록 하여 다른 사람과 충돌하지 않도록 한다.

활동 34. 겨울에도 씩씩한 숲의 나무 : 나무야, 나무야 겨울나무야

생활 주제	생태교육 주제
겨울	기후, 동물
목 표	**누리과정 관련 요소**
• 겨울눈 관련 동화를 듣고 이해한다. • 겨울눈을 관찰하고, 나무들의 겨울나기에 대해 이해한다. • 겨울눈을 그릴 수 있다.	• 의사소통: 책과 이야기 즐기기 – 책에 관심을 가지고 상상하기를 즐긴다. • 자연탐구: 자연과 더불어 살기 – 주변의 동식물에 관심을 가진다. • 예술경험: 창의적으로 표현하기 – 다양한 미술 재료와 도구로 자신의 생각과 느낌을 표현한다.

가. 활동 자료

동화『겨울눈아 봄꽃들아?』, 다양한 겨울눈, 전지가위, 도화지, 색연필

나. 활동 방법

[주제 탐색]

1)『겨울눈아 봄꽃들아?』동화책을 읽고 이야기 나누기

❶ 겨울눈이란 무엇이라 생각하는지 이야기 나눈다.
❷ 동화책에 어떤 겨울눈이 나왔는지 이야기 나눈다.
❸ 동화책에 나온 겨울눈을 주변에서 본 경험이 있는지 이야기 나눈다.

2) 다양한 겨울눈에 대한 이야기 나누기

❶ 다양한 겨울눈 실물 자료를 준비하거나, 사진자료를 준비하여 이야기를 나눈다.
❷ 겨울나무들은 추운 겨울이면 에너지를 최대한 아끼기 위한 방법으로 나뭇잎을 모두 떨어뜨리고 지낸다. 또한 다시 다가올 봄을 대비하는 것도 게을리하지 않는다.

겨울눈이란 것을 만들어 그 안에 꽃, 잎, 가지를 품고 봄을 기다리는 것이다. 겨울눈에도 나무들의 지혜가 있는데 털, 비늘, 진액으로 겨울눈을 감싸서 겨울눈을 보호한다.

목련 겨울눈(털 옷)

떡갈나무 겨울눈(비늘 옷)

칠엽수 겨울눈(진액)

[생태놀이]

1) 겨울눈 관찰

❶ 겨울나무는 살아 있을까? 죽은 것일까? 질문을 한다.
❷ 살아 있다면 어떻게 추운 겨울을 견딜 수 있을까?
❸ 겨울에 식물과 동물들의 다른 점은 무엇일까?
동물들은 털옷을 입거나 겨울잠을 잔다.
❹ 백목련의 겨울눈을 준비하여 털을 만져보고 향기도 맡아 보고, 칼을 이용해 세로로 잘라서 직접 겨울눈의 안쪽을 관찰할 수 있도록 한다.
❺ 겨울눈의 꽃눈과 잎눈을 설명해주고 관찰하도록 한다.
❻ 함께 걸으면서 겨울눈 찾기를 한다.

2) 겨울눈 퍼즐 맞추기

❶ 겨울눈의 종류는 약 3~5개 정도로 준비하고, 연령에 따라 겨울눈의 개수를 조절한다.
❷ 겨울눈이 붙어 있는 줄기를 약 10cm 정도 자른다. 그리고 자른 줄기를 다시 2~3 조각으로 자른다.

❸ 여러 개의 겨울눈 조각을 섞는다.

❹ 퍼즐을 맞추듯이 같은 겨울눈 줄기를 찾아 완성한다.

[표현 활동]

1) 겨울눈 따라 그리기

❶ 겨울눈이 붙어 있는 줄기를 약 10cm 정도 자른다.

❷ 도화지에 겨울눈 줄기를 올려놓고 연필을 이용해서 겨울눈 줄기를 따라 그린다.

❸ 그려진 테두리에 색연필을 이용해 색칠하기 등 꾸미기를 한다.

❹ 연령에 따라 도화지에 겨울눈 줄기를 올려놓지 않고, 겨울눈 줄기를 관찰하면서 도화지에 그려보는 활동을 할 수도 있다.

다. 활동 유의점

'겨울눈 관찰' 활동에서

- 루페나 돋보기 사용법을 미리 알려 주어야 한다.
- 관찰을 위해 지나치게 나무를 훼손하지 않도록 주의한다.

활동 35. 추워도 신나는 눈놀이 : 펑펑 눈이 왔어요

생활 주제	생태교육 주제
겨울	기후
목 표	**누리과정 관련 요소**
• 눈 관련 동요를 듣고 이해한다. • 겨울 날씨를 이해하고, 바깥놀이의 즐거움을 안다. • 눈을 이용한 다양한 그림 그리기를 할 수 있다.	• 자연탐구: 자연과 더불어 살기 – 날씨와 계절의 변화를 생활과 관련짓는다. • 예술경험: 창의적으로 표현하기 – 다양한 미술 재료와 도구로 자신의 생각과 느낌을 표현한다.

가. 활동 자료

악보(꼬마 눈사람), 삽, 빗자루

나. 활동 방법

[주제 탐색]

1) '꼬마 눈사람' 동요 부르기

2) 눈이 오면 좋은 점들 이야기 나누기

❶ 눈이 오면 우리들에게 어떤 점이 좋을까?

❷ 눈이 오면 숲의 동·식물들에게는 어떤 점이 좋을까?

❸ 겨울에 내리는 눈은 식물과 동물에게 소중한 존재이다. 눈은 나무의 줄기나 겨울눈이 메마르는 것을 막아준다. 그리고 겨울 동안 나무와 동물에게 필요한 물을 준다.

[생태놀이]

1) 눈길 만들기

❶ 유아들과 함께 눈이 와서 고마운 점과 불편한 점에 대하여 이야기를 나눈다.

❷ 눈이 오면 불편하신 할머니, 할아버지를 위하여 눈을 치우기로 한다.

❸ 부삽이나 빗자루를 가지고 밖으로 나간다.

❹ 두 모둠으로 나누어 어느 모둠이 길을 많이 내고 눈을 많이 모아 놓았는지 놀이를 한다.

❺ 눈길이 닦아진 길을 함께 걸어본다.

❻ 모아 놓은 눈으로 '눈 빼앗기 놀이', '눈사람 만들기', '눈 집 만들기' 등의 활동으로 연계할 수 있다.

[표현 활동]

1) 눈을 이용한 그림 그리기

❶ 눈이 많이 쌓인 곳으로 간다.

❷ 아직 사람이 밟지 않은 눈 위에 자연물을 이용하여 그림을 그린다.

❸ 나뭇가지, 나뭇잎, 열매, 돌멩이 등의 자연물을 이용할 수 있다.

❹ 눈 위에 유아가 누워서 양팔을 움직이거나 발자국을 이용하여 그림을 그릴 수도 있다.

다. 활동 유의점

'눈을 이용한 그림 그리기' 활동에서

- 물감, 자연물 등 다양한 방법을 이용해서 그림을 그릴 수 있도록 한다.

활동 36. 눈과 얼음 : 눈 땡, 얼음 땡

생활 주제	생태교육 주제
겨울	기후
목 표	**누리과정 관련 요소**
• 눈 관련 동화를 듣고 이해한다. • 겨울 날씨를 이해하고, 바깥놀이의 즐거움을 안다. • 다양한 미술활동으로 눈을 표현할 수 있다.	• 의사소통: 책과 이야기 즐기기 – 책에 관심을 가지고 상상하기를 즐긴다. • 자연탐구: 자연과 더불어 살기 – 날씨와 계절의 변화를 생활과 관련짓는다. • 예술경험: 창의적으로 표현하기 – 다양한 미술 재료와 도구로 자신의 생각과 느낌을 표현한다.

가. 활동 자료

동화책『눈 오는 날』, 면봉, 물감, 풀, 종이, 비닐봉투, 눈결정체 그림카드, 루페

나. 활동 방법

[주제 탐색]

1)『눈 오는 날』동화를 읽고 이야기 나누기

❶ 피터는 눈 오는 날에 어떤 놀이를 하고 놀았는지 이야기 나눈다.

❷ 피터의 주머니 속에 넣어 둔 눈덩어리는 왜 사라졌는지 이야기 나눈다.

[생태놀이]

1) 얼음! 바람!

❶ 대기 중의 수증기가 얼음이 되는 이유를 알게 되는 활동이다.

❷ 차가운 바람 한 명과 나머지 친구들은 수증기의 역할을 한다.

❸ 게임이 시작되면 수증기는 바람을 피해 도망갈 수 있으나, 차가운 바람이 수증기를 스치면 얼음이 되어 움직일 수 없다.
❹ 모두가 얼음이 되면 모든 친구들은 아래로 아래로 서서히 몸을 낮추어 바닥에 앉는다.
❺ 유아들 한명 한명이 새하얀 눈송이가 되었음을 알리며 놀이를 마무리한다.

[표현 활동]

1) 면봉으로 눈 그리기

❶ 눈 오는 풍경 사진을 보며 눈의 색깔과 눈의 모양에 대해 이야기 나눈다.
❷ 면봉에 하얀색 물감을 묻혀 눈을 그린다.
❸ 유아들이 직접 면봉에 흰색 포스터 물감과 반짝이 풀을 이용하여 색지에 눈 오는 모습을 표현하도록 격려하며 자신이 그린 그림을 보며 언어적으로 표현하도록 한다.

2) 눈가루 만들기

❶ A4용지를 잘게 찢어서 눈 입자를 만든다.
❷ 잘게 찢은 눈가루를 눈이 내리는 것처럼 뿌린다.
❸ 유아들 스스로 놀던 눈가루를 비닐봉투에 넣고 묶어 눈덩이를 만든다.
❹ 종이로 만든 눈덩어리를 함께 던지며 눈싸움을 한다.

3) 자연물로 눈결정체 만들기

❶ 유아들과 함께 눈이 쌓인 곳으로 나간다.
❷ 미리 준비한 여러 가지 모양의 눈결정체 그림카드를 모둠별로 나누어 준다.
❸ 유아들은 자기 모둠의 눈결정체 모양에 따라 주변의 자연물을 이용하여 그림을 그린다.
❹ 다른 모둠은 어떻게 표현했는지 돌아가며 감상하고 설명을 듣는다.
❺ 눈은 왜 모양이 다른지 생각해 보는 시간을 갖는다.
❻ 실제로 눈을 루페를 이용해서 관찰한다.

다. 활동 유의점

'자연물로 눈결정체 만들기' 활동에서

- 다양한 자연물을 이용해서 표현할 수 있도록 한다.

10) 생활도구

활동 37. 이야기 속의 생활도구와 자연 : 가나다라 세상

생활 주제	생태교육 주제
생활도구	관계 · 태도
목 표	**누리과정 관련 요소**
•한글을 통해 생활도구와 자연에 흥미를 갖는다. •자연물로 한글을 표현할 수 있다. •자연 속에서 한글을 찾을 수 있다.	•의사소통: 읽기와 쓰기에 관심 가지기 – 주변의 상징, 글자 등의 읽기에 관심을 가진다. •자연탐구: 탐구과정 즐기기 – 궁금한 것을 탐구하는 과정에 즐겁게 참여한다.

가. 활동 자료

한글 카드(가나다…하), 숲보자기

나. 활동 방법

[주제 탐색]

1) 가나다라로 시작하는 생활도구와 가나다라로 시작하는 자연에 있는 생물, 무생물을 연결하여 문장 만들기

❶ 주변에 있는 생활도구 중에서 '가, 나, 다…하'로 시작하는 물건은 무엇이 있는지 이야기 나눈다.

❷ 자연에 있는 생물과 무생물 중에서 '가, 나, 다…하'로 시작하는 것은 무엇이 있는지 이야기 나눈다.

❸ 두 단어를 넣어서 문장 만들기를 한다.

한글	생활도구	동식물	문장
가	가방	가는실잠자리	**가는실잠자리**가 윙윙 날다가 풀잎인 줄 알고 초록색 **가방** 속으로 쏙 들어가 버렸어요.
나	나팔	나비	갑자기 큰 소리로 '빵 빵' 들려오는 **나팔** 소리에 **나비**가 깜짝 놀라 꽃밭으로 쏙 숨었어요.
다	다리미	다람쥐	폴짝 폴짝 뛰어다니던 성격 급한 **다람쥐**가 **다리미** 위에서 쭈욱 미끄러져 방바닥에 떨어져 버렸어요.
라	라디오	라일락	**라디오**에서 흘러나오는 노래를 엄마가 흥얼흥얼 따라 불러요. '**라일락** 꽃향기 맡으며….'
마	마차	마가목	**마가목**으로 만든 **마차**가 덜컹덜컹 시골길을 달려가요.
바	바퀴	바람꽃	다양한 **바람꽃**들이 피어 있는 숲길을 **바퀴**가 떼굴떼굴 굴러가요.
사	사다리	사슴	높은 **사다리**를 다리가 네 개인 **사슴**이 올라간다면 크크크 힘들겠다.
아	아파트	아까시나무	무럭무럭 잘 자라는 **아까시나무**가 어느새 3층 **아파트** 베란다까지 쑥 올라왔어요.
자	자전거	자작나무	**자작나무**로 만든 하얀색의 멋진 **자전거**를 본 적이 있나요?
차	차	차돌(차조기)	예쁜 **차돌**을 가득 실은 **차**가 시골길을 달리고 있어요.
카	카메라	카멜레온줄풍뎅이	**카멜레온줄풍뎅**이가 **카메라** 앞에서 멋진 몸색깔을 뽐내고 있어요.
타	타자기	타조	**타조**가 커다란 부리로 **타자기**를 톡톡 두들겨요.
파	파라솔	파리매	**파리매**가 뜨거운 햇살을 피해 **파라솔** 밑에서 쉬고 있어요.
하	하모니카	하늘소	신나는 **하모니카** 소리에 참나무에 앉아 있던 **하늘소**도 춤을 춰요.

[생태놀이]

1) 가나다라 찾기(1)

❶ 카드마다 한 장씩 '가', '나', '다'…, '하'를 적어 준비한다.

❷ 전체를 두 모둠으로 나눈다.

❸ 한 모둠은 '숨기는 모둠'이 되고, 다른 한 모둠은 '찾는 모둠'이 된다.

❹ '숨기는 모둠'의 유아들에게 한글카드를 한 장씩 나눠 준다.

❺ 교사는 일정한 장소를 미리 표시해 두고, 교사가 시작을 알리면 '숨기는 모둠'의 유아들은 교사가 표시해 둔 장소에 한글카드를 숨긴다.

❻ 이때 찾는 모둠은 뒤돌아서서 동요를 두 번 부른다. '숨기는 모둠'은 노래가 끝날 때까지 한글카드를 숨긴다.

❼ '숨기는 모둠'이 동요를 세 번 부르는 동안 찾는 모둠은 숨겨진 한글카드를 찾는다. 찾아온 카드는 숲보자기에 놓아서 어떤 카드를 찾아왔는지 다 함께 살펴본다.

❽ 카드 찾기 활동이 끝나면 '숨기는 모둠'과 '찾는 모둠'이 역할을 바꿔서 다시 한 번 카드 찾기 활동을 한다.

2) 가나다라 찾기(2)

❶ 다 함께 숲을 산책하면서 이름이 '가', '나', '다'…. '하'로 시작하는 자연물을 찾는다. 예를 들면, '나무'

❷ '가', '나', '다'…, '하'로 시작하는 자연물을 찾는 것이 어렵다면 자연물의 이름순서 중에 어디에나 '가', '나', '다'…, '하'가 들어간 자연물을 찾는다. 예를 들면, '개나리'

[표현 활동]

1) 자연물로 가나다라 만들기

❶ 숲바닥에서 나뭇가지를 주워 온다.

❷ 땅바닥에 나뭇가지로 '가', '나', '다'…, '하'를 만든다.

❸ 이번에는 나뭇가지뿐만 아니라 열매, 꽃, 낙엽 등 여러 가지 자연물 주워 온다.

❹ 여러 가지 자연물로 땅바닥에 나뭇가지로 '가', '나', '다'…, '하'를 만든다.

다. 활동 유의점

'가나다라 찾기(1)' 활동에서

- 낙엽 속 등 너무 찾기 어려운 곳에 숨기지 않도록 한다.

활동 38. 자연에서 배운 것 : 자연에서 흉내 낸 물건들

생활 주제	생태교육 주제
생활도구	식물, 동물
목　표	**누리과정 관련 요소**
•생활도구 관련 동화를 듣고 이해한다. •우리가 사용하는 많은 생활도구가 자연에서 보고 만들어졌음을 안다.	•의사소통: 책과 이야기 즐기기 – 책에 관심을 가지고 상상하기를 즐긴다. •자연탐구: 자연과 더불어 살기 – 주변의 동식물에 관심을 가진다.

가. 활동 자료

동화 『두더지와 굴착기』, 사진자료(자연, 생활도구), 흡착기, 벨크로, 빨대, 탁구공, 도꼬마리 씨앗, 부직포

나. 활동 방법

[주제 탐색]

1) 『두더지와 굴착기』 동화책 읽고 이야기 나누기

❶ "두더지는 무엇으로 땅속의 굴을 파나요?"
❷ "두더지와 굴착기의 닮은 점은 무엇인가요?"
❸ "벌집과 비행기 날개의 닮은 점은 무엇인가요?"
❹ "그 외 동물들의 모습을 흉내 내서 만든 생활도구에는 어떤 것이 있을까요?"

2) 자연에서 보고 만든 생활도구 이야기 나누기

자연	생활도구

우엉열매	벨크로

단풍나무 열매	헬리콥터의 날개

장미 줄기의 가시	철조망

곤충의 관절	로봇의 관절

자연	생활도구

나비 잎	빨대

말벌	방사능의 위험표시
	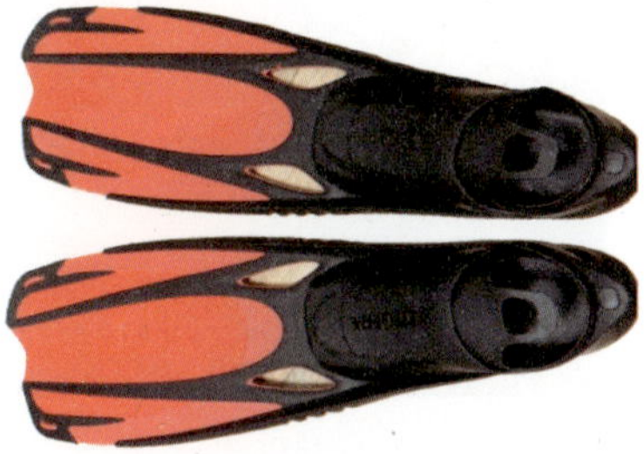
오리의 발	수영용 오리발

문어의 다리	흡착기

자연	생활도구
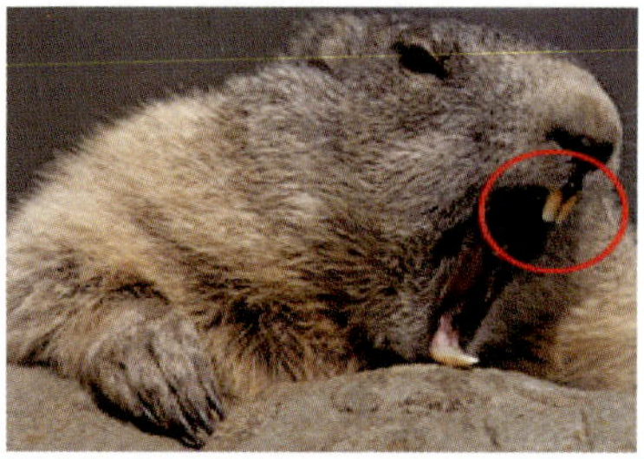	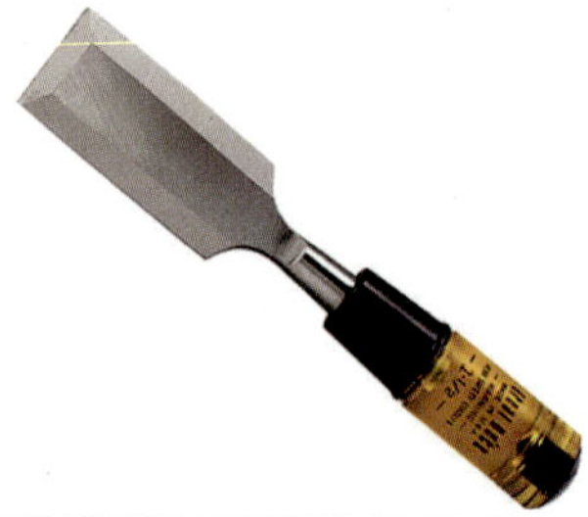
비버의 앞니	끌

두더지의 앞발	굴착기
	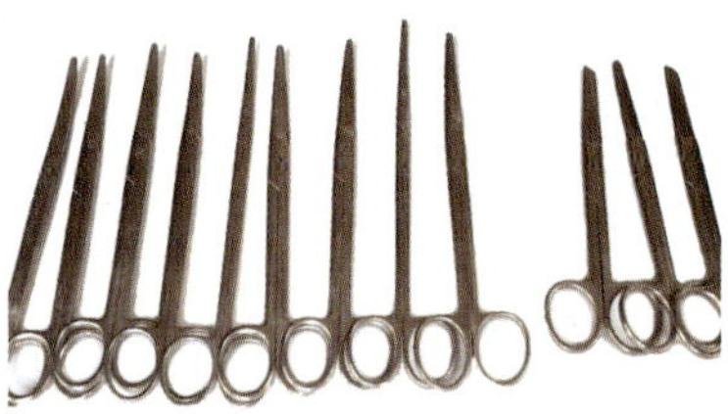
도요새의 부리	수술용 가위

[생태놀이]

1) 흡착기와 벨크로 닮은 자연물 찾기

❶ 사람들이 흡착기를 어떻게 발명하게 되었는지 이야기 나눈다.
문어나 오징어의 다리를 보고 만들었어요.

❷ 주변을 산책하면 흡작기 모양의 자연물을 찾아본다.
담쟁이덩굴의 흡착근 등

❸ 작은 흡착기를 여러 개 준비한다.
❹ 이마나 볼 등 얼굴의 원하는 곳에 붙이고 누가누가 오래 붙이고 있는지 시합한다.
❺ 우엉이나 도꼬마리 열매는 왜 털에 잘 달라붙는지 돋보기로 관찰한다.
❻ 우엉과 도꼬마리 열매를 보고 무엇을 만들었는지 이야기 나눈다.
벨크로
❼ 주변에서 벨크로 모양의 자연물을 찾아봐요.
갈고리 가시를 단 열매나 씨앗 찾기

2) 빨대로 공 나르기

❶ 사진자료나 실제 나비를 준비하여 입을 관찰한다.
❷ 우리 주변에서 나비의 입과 비슷한 것은 무엇이 있는지 이야기 나눈다.
❸ 빨대와 탁구공처럼 가벼운 공을 준비한다.
❹ 빨대를 이용해 공 나르기 놀이를 한다.

[표현 활동]

1) 도꼬마리 씨앗으로 꾸미기

❶ 도꼬마리 씨앗과 부직포를 준비한다.
❷ 부직포에 밑그림을 그린다.
❸ 도꼬마리 씨앗으로 부직포에 모양 꾸미기 활동을 한다.

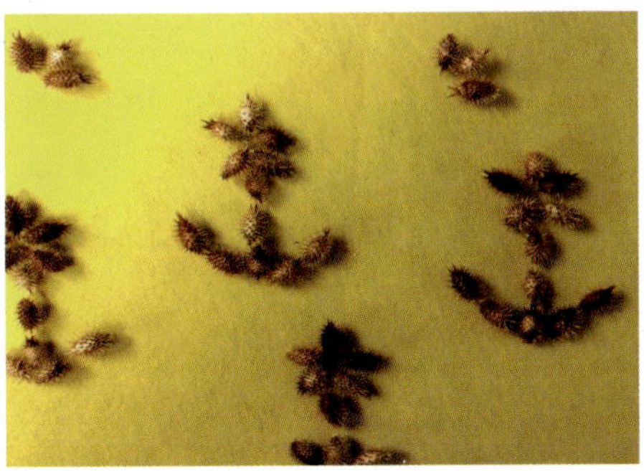

다. 활동 유의점

'도꼬마리 씨앗으로 꾸미기' 활동에서

- 부직포에 도꼬마리 씨앗을 한 번 붙이면 떼어내는 것이 쉽지 않을 수 있으므로 먼저 밑그림을 그리고 그 위에 붙인다.

활동 39. 자연예술가 되기 : 자연 음악가, 자연 화가가 되어요

생활 주제	생태교육 주제
생활도구	관계 · 태도
목 표	**누리과정 관련 요소**
• 자연과 관련한 음악과 그림을 감상한다. • 다양한 자연물로 악기를 만들고 연주한다. • 다양한 자연물로 미술작품을 만들고 감상한다.	• 예술경험: 예술 감상하기 – 다양한 예술을 감상하며 상상하기를 즐긴다. • 예술경험: 창의적으로 표현하기 – 신체, 사물, 악기로 간단한 소리와 리듬을 만들어 본다. • 예술경험: 창의적으로 표현하기 – 다양한 미술 재료와 도구로 자신의 생각과 느낌을 표현한다.

가. 활동 자료

카세트, 음악 CD, 자연을 표현한 그림, 여러 가지 악기, 액자틀, 메모지, 네임펜, 카드종이, 가위, 딱풀

나. 활동 방법

[주제 탐색]

1) 자연을 표현한 음악 듣기

❶ 비발디의 '사계'
❷ 차이코프스키의 '사계'

2) 자연을 표현한 그림을 감상한다.

❶ 정인성의 그림 등 자연을 표현한 그림 감상하기
❷ 그림을 보며 느낀 점 이야기 나누기

[생태놀이]

1) 숲 속 음악회(1)

❶ 자연의 소리를 표현한 악기를 미리 준비한다.

❷ 악기마다 어떤 소리가 나는지 들어 보고, 자연의 어떤 소리를 표현한 것인지 맞혀 본다.

❸ 각자 악기를 하나씩 가지고 동요를 부르며 악기를 연주한다.

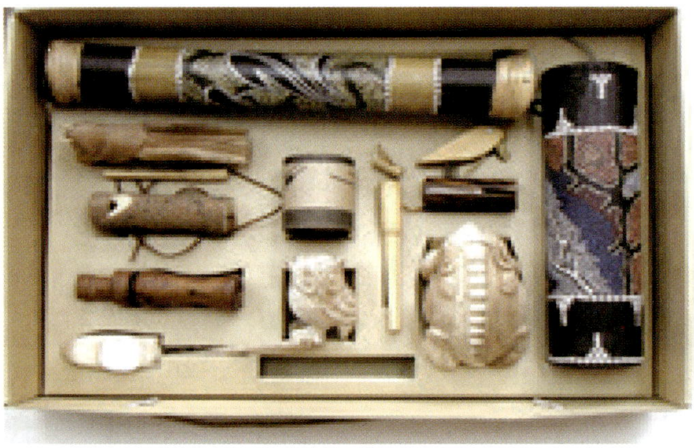

출처 : 에코샵 홀씨

2) 숲 속 음악회(2)

❶ 음악회에 들어오기 전 공연 티켓(자연물)을 준비하도록 한다.

❷ 나뭇가지 두 개로 부딪혀 소리 만들기, 나뭇가지로 쓰러진 통나무 두들기기, 돌멩이 두 개로 부딪혀 소리 만들기, 낙엽을 모아 밟으면서 소리 만들기 등 자연물을 이용해 소리 만드는 활동을 한다.

❸ 나뭇가지, 나뭇잎, 열매 등을 이용하여 숲 속 연주회를 갖는다.

❹ 한 사람씩 자기 악기를 소개하고, 다 함께 합주를 한다.

[표현 활동]

1) 숲 속 전시회

❶ 2~3명씩 짝을 지어 모둠을 만든다.

❷ 모둠당 한 장의 작은 액자틀을 나눠 준다.

❸ 모둠끼리 흩어져서 숲의 아름답거나 신기한 장면들을 찾아 액자로 숲을 들여다 본다.

❹ 마음에 가장 와 닿는 장면에 액자를 설치한다.

❺ 설치한 자연의 작품을 감상하고 난 후, 작품의 제목을 짓고 메모지에 작품명을 적어 붙인다. 이때 한글을 적지 못하는 유아들은 교사가 대신 적어 주거나, 한글로 적지 않고 메모지만 붙인 후에 제목은 말로 대신한다.

❻ 다 함께 모여 다른 모둠의 작품을 감상하는데, 이때 자신의 모둠의 작품을 소개하는 시간도 갖는다.

2) 뽀로로 옷 디자인하기

❶ A4 사이즈 하얀 종이를 준비하여 종이를 반으로 접는다.
❷ 접힌 종이에 뽀로로를 그린다.
❸ 가위로 뽀로로의 옷만 오려낸다.
❹ 다양한 낙엽이나 단풍잎을 모아오도록 한다.
❺ 접힌 종이를 열어 딱풀을 바르고 낙엽을 붙인다.
❻ 나무와 나무 사이에 밧줄을 묶은 후, 밧줄에 만든 뽀로로를 나무집게로 고정해서 전시회를 한다.
❼ 다 함께 모여 다른 사람들은 어떻게 했는지 감상하는 시간을 갖는다.
❽ 확장활동으로 뽀로로 밑그림을 주지 않고 자유롭게 그려 자연물로 옷을 디자인하도록 한다.

다. 활동 유의점

'뽀로로 옷 디자인하기'에서

- 연령에 따라 가위질이 어려운 경우에는 교사가 미리 옷 부분을 오려서 준비하거나, 옷을 오리지 않고 그냥 낙엽을 찢어서 옷 부분에 붙이도록 한다.
- 옷을 오릴 때 뒷장이 함께 오려지지 않도록 주의한다.

활동 40. 생활도구 : 자연물로 생활도구 만들기

생활 주제	생태교육 주제
생활도구	무생물
목 표	**누리과정 관련 요소**
• 자연물로 생활도구를 만들 수 있다. • 자연물로 만든 생활도구를 활용하여 놀이에 참여한다. • 친구들과 함께 즐겁게 놀이에 참여한다.	• 자연탐구: 자연과 더불어 살기 – 주변의 동식물에 관심을 가진다. • 예술경험: 창의적으로 표현하기 – 다양한 미술 재료와 도구로 자신의 생각과 느낌을 표현한다. • 사회관계: 더불어 생활하기 – 친구와 서로 도우며 사이좋게 지낸다.

가. 활동 자료

칠엽수 열매 껍질 또는 밤 쭉정이, 이쑤시개 또는 억새 줄기, 송곳, 목공본드, 숲보자기

나. 활동 방법

[주제 탐색]

1) 주변에 있는 생활도구에 대해 이야기 나누기

❶ 교실에 생활도구는 어떤 것이 있는지 이야기 나누기

❷ 집에 있는 생활도구는 어떤 것이 있는지 이야기 나누기

[생태놀이]

1) 열매 나르기

❶ 각자 하나씩 열매숟가락을 나눠 갖는다.

❷ 전체 인원을 두 모둠으로 나눈다.

❸ 각 모둠별로 한 줄서기를 한다.

❹ 첫 번째 유아에게 도토리 한 알을 숟가락에 담아 준다.

❺ 첫 번째 유아는 도토리를 떨어뜨리지 않도록 조심조심 반환점을 돌아와서 두 번째 유아에게 도토리를 넘겨 주면, 두 번째 유아는 반환점을 돌아와 세 번째 유아에게 도토리를 넘겨 준다.

❻ 두 모둠으로 나눠서 어느 모둠이 먼저 들어오는지 릴레이 게임을 한다.

2) 열매 전달하기

❶ 각자 하나씩 열매숟가락을 나눠 갖는다.

❷ 한 줄서기를 한다.

❹ 첫 번째 유아에게 다양한 열매가 담겨 있는 바구니를 준다. 이때 열매의 개수는 유아의 연령에 따라 조정한다.

❺ 마지막 유아에게는 빈 바구니를 준다.

❻ 교사가 '시작'이라고 외치면 첫 번째 유아는 숟가락에 열매를 하나만 담아서 두 번째 유아의 숟가락으로 전해 준다. 두 번째 유아는 다시 열매를 세 번째 유아의 숟가락으로 전해준다. 이렇게 해서 마지막 유아는 열매를 받아 빈 바구니에 담는다.

❼ 유아들이 숟가락으로 열매 전달하는 활동이 익숙해지면 두 모둠으로 나누어 시합을 해본나.

❽ 열매 전달하기를 한 다음 어떤 열매를 나르기가 수월했는지, 어떤 열매가 신기하고 궁금했는지 이야기를 나눈다.

[표현 활동]

1) 자연물로 숟가락 만들기

❶ 칠엽수 열매가 익으면 열매의 껍질이 2조각에서 3조각으로 갈라진다. 칠엽수 열매 껍질을 깨끗하게 다듬어서 미리 준비한다.
❷ 칠엽수 열매를 구하기 어려운 경우에는 밤 쭉정이를 사용해도 좋다.
❸ 이쑤시개, 억새줄기, 단단한 나뭇가지 중에 하나를 미리 준비한다.
❹ 송곳으로 칠엽수 열매껍질(밤 쭉정이) 끝부분에 구멍을 뚫는다.
❺ 이쑤시개나 억새 줄기 끝에 목공본드를 살짝 바른 후 칠엽수 열매껍질 구멍에 넣은 후 그늘에서 말린다.
❻ 다 만들어진 숟가락으로 '열매 나르기' 또는 '자연의 밥상 차리기' 활동을 한다.

2) 자연의 밥상 차리기

❶ 산책하면서 숲 주변에 어떤 자연물이 있는지 살펴본다.
❷ 칠엽수 열매껍질로 만든 숟가락을 하나씩 나눠 갖는다.
❸ 숲에서 찾은 자연물을 숟가락에 들어갈 만큼만 담아서 가져온다.
❹ 가운데 숲보자기를 깔고, 유아들이 찾아온 다양한 자연물들로 밥상을 차린다.
❺ 어떤 밥상을 차렸는지, 밥상의 재료는 무엇인지, 밥상 차리기를 하면서 어떤 느낌이 들었는지 이야기를 나눈다.
❻ 여기 있는 밥상은 숲의 동물들이 좋아하는 음식임을 설명하고, 숲 속 새들이나 동물들에게 나눠 준다.

다. 활동 유의점

'자연의 밥상 차리기' 활동에서

- 칠엽수 숟가락이 없다면 밤 쭉정이, 도토리 각두(유아들은 도토리 뚜껑이라 부름)로 하여도 된다. 그것도 없다면 나뭇잎 접시나 찰흙그릇으로 대신할 수도 있다.

Chapter 4

유아생태교육 프로그램의 기획과 개발

1. 유아생태교육 프로그램 기획
2. 유아생태교육 프로그램 개발

1. 유아생태교육 프로그램 기획

유아생태교육 프로그램은 유아를 대상으로 생태교육을 하는 것이므로 프로그램을 기획하고자 할 때에는 '유아'라는 대상에 대한 이해와 '생태'라는 교육내용에 대한 전반적인 이해가 바탕이 되어야 한다.

1) 유아생태교육 프로그램의 다양성

유아생태교육 프로그램에 대한 전체 내용은 아래 [그림 4-1]과 같이 정리할 수 있다.

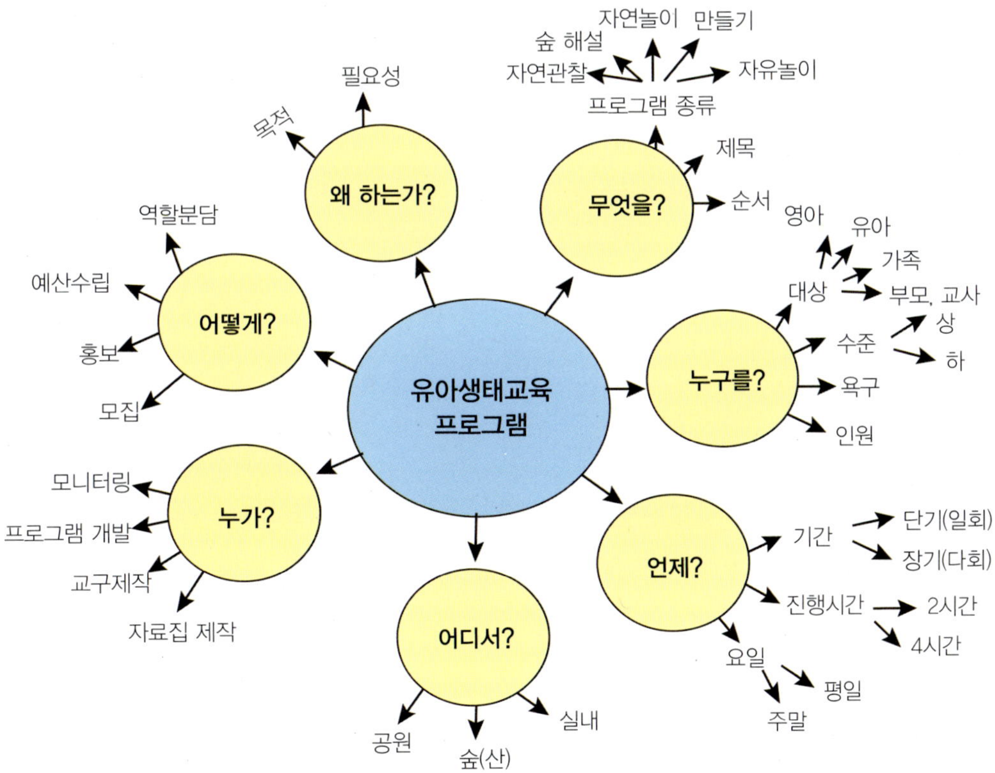

그림 4-1 유아생태교육 프로그램에 대한 마인드맵

첫째 '왜 하는가' 항목에는 유아생태교육의 목적과 필요성에 따라 프로그램은 달라진다.

둘째, '무엇을' 항목에는 프로그램 종류, 제목, 순서가 있다. 프로그램의 종류로는 자연관찰, 숲해설, 자연(생태)놀이, 만들기, 자유놀이 등이 있고, 제목과 순서를 정해야 한다.

셋째, '누구를' 항목에는 대상, 수준, 욕구, 인원이 있다. 대상은 영아, 유아, 가족, 부모, 교사를 들 수 있고, 수준에서는 교육대상자의 경험에 따라 상, 중, 하로 나눌 수 있다. 다음으로 교육대상자의 욕구를 고려해야 한다. 교육대상에서는 인원도 매우 중요하다. 인원에 따라 프로그램의 내용과 방법이 달라질 수 있기 때문이다.

넷째, '언제' 항목에는 기간, 진행시간, 요일 등이 있다. 기간은 단기적 교육이냐, 장기적 교육이냐에 따라 프로그램은 달라진다. 진행시간에 따라서도 프로그램은 달라진다. 요일도 중요한 항목인데 같은 장소라도 평일과 주말의 교육환경은 달라지기 때문이다.

다섯째, '어디서' 항목에는 실내, 산, 공원이 있으며 프로그램은 당연히 장소에 따라 달라진다.

여섯째, '누가' 항목에서는 강사의 역할을 들 수 있다. 강사는 단순히 교육만 진행할 수도 있지만 프로그램 개발, 교구 제작, 자료집 제작 능력까지 갖추어야 한다.

일곱째, '어떻게' 항목에는 역할분담, 예산수립, 홍보, 모집이 있다.

이와 같이 유아생태교육 프로그램은 단순하고 획일적이지 않으며, 여러 가지 항목의 경우의 수에 따라 수천 가지가 나올 수도 있다. 이점을 유념하여 기획을 해야 한다.

2) 유아생태교육 전체적인 흐름

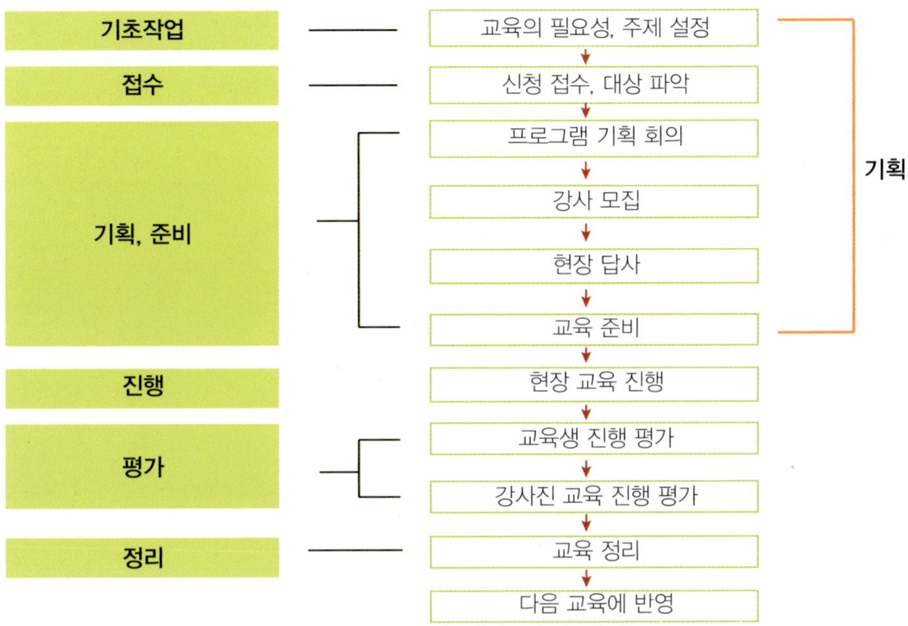

[그림 4-2] 유아생태교육 프로그램 전제적인 흐름

유아생태교육의 전체적인 흐름은 [그림 4-2]와 같이 6단계로 나눌 수 있다. 기초작업 단계에서는 교육의 필요성, 주제를 설정하며, 접수 단계에서는 대상에 대한 파악이 이루어져야 한다. 기획·준비 단계에서는 프로그램 기획 회의, 강사 모집 및 결정, 현장 답사, 교수자료 등 교육 준비를 한다. 진행 단계에는 현장 교육 진행을 하며, 평가 단계에서는 교육생의 만족도, 교육효과 등 교육생 평가와 강사진과 진행진의 교육평가가 이루어진다. 정리 단계는 교육물품 정리, 평가서 정리 등이 이루어지며 정리단계에서 얻은 정보는 다음 교육에 반영해야 한다. 이 중 기초작업 단계, 접수 단계, 기획·준비 단계가 기획에 해당된다.

3) 기획의 흐름

기획 회의	난상토론 혹은 브레인스토밍을 통해 다양한 의견 제시 및 수렴
정보수집, 분석	대내외적 환경요인 분석, 관련 자료 수집 및 분석 기존 실시된 자체 프로그램 및 타기관의 유사 프로그램 정보 수집 및 분석
기획초안 작성	목표, 대상, 주제 선정 정보수집 분석, 장소 선정 홍보계획, 전체·단위 프로그램 개발 예산수립 재원마련 계획 일정수립(업무추진, 진행팀 회의, 평가회의) 인력구성(역할분담) 및 활용 계획
기획 평가	팀내에서 기획내용 평가 기획의도, 취지, 대상의 적합성 여부 검토 위험요소 예측
기획안 수정	평가내용 보완 적합성 및 위험요소 확인, 검토 후 수정
최종기획안 확정	최종 기획안 완성
실행	진행 단계로 넘어가기

[그림 4-3] 유아생태교육 프로그램 기획의 흐름

기획은 다시 [그림 4-3]과 같이 7단계로 나눌 수 있다.

첫째, 기획 회의는 강사뿐만 아니라 교육에 참여하는 진행진이 함께 한다. 경우에 따라서는 교육생이 참여할 수도 있다. 기획 회의는 난상토론 또는 브레인스토

밍을 통해 다양한 의견을 제시하고 수렴해야 한다. 이때 다른 사람의 의견을 비판해서는 안 된다.

둘째, 정보수집·분석단계에서는 대내외적 환경요인 분석, 관련자료 수집 및 분석, 기존 실시된 자체 프로그램 및 타기관의 유사 프로그램에 대한 정보 수집 및 분석이 이뤄진다.

셋째, 기획초안 작성단계에서는 목표, 대상, 주제를 구체화한다. 이때 주제는 유아생태교육 프로그램의 의미와 목표에 부합하는 주제를 선정해야 한다. 수집된 정보 반영, 장소 선정, 홍보계획, 전체 프로그램 및 단위 프로그램 개발, 예산수립 및 재원마련 계획, 일정수립, 인력구성 및 활용계획을 구체적으로 작성하는 것이 이 단계에 해당한다. 장소 선정시에는 목표 및 주제를 실현할 수 있는 적합한 장소를 찾고, 사전답사를 통해 위험요소를 예측하고 위험요소에 대한 대안을 마련해야 한다. 장소에 대한 사전조사는 장소 선정의 문제를 최소화할 수 있다. 홍보계획에서는 교육대상의 특성 파악이 중요하다. 교육대상에 따라 여러 가지 매체를 달리 할 수 있기 때문이다. 인력구성에서는 교육대상, 전문가, 자원봉사자, 진행자 등 역할을 분명히 하고, 각 역할에 적합한 사람을 찾는 방법이 포함되어야 한다.

넷째, 기획초안 작성 후에는 바로 진행하여서는 안 되고, 기획초안의 문제점은 없는지 평가를 해야 한다. 기획초안 평가에서는 기획의도 및 취지에 따라 잘 작성되었는지? 대상에 따른 프로그램의 내용은 적합한지? 위험요소는 없는지 등을 평가해야 한다.

다섯째, 기획초안 수정단계에서는 위 기획초안 평가 단계의 결과를 반영하여 기획안을 수정한 후 최종기획초안을 확정한다.

4) 기획안 작성하기

(1) 기획안 구성 요소

기획안 작성시 목표 선정, 주제 선정, 대상 선정, 예산 수립, 재원마련 계획 수립, 일정 수립, 인력 구성 및 역할 분담, 장소 선정, 프로그램 개발, 기대 효과, 홍보 계획 등이 포함되어야 한다.

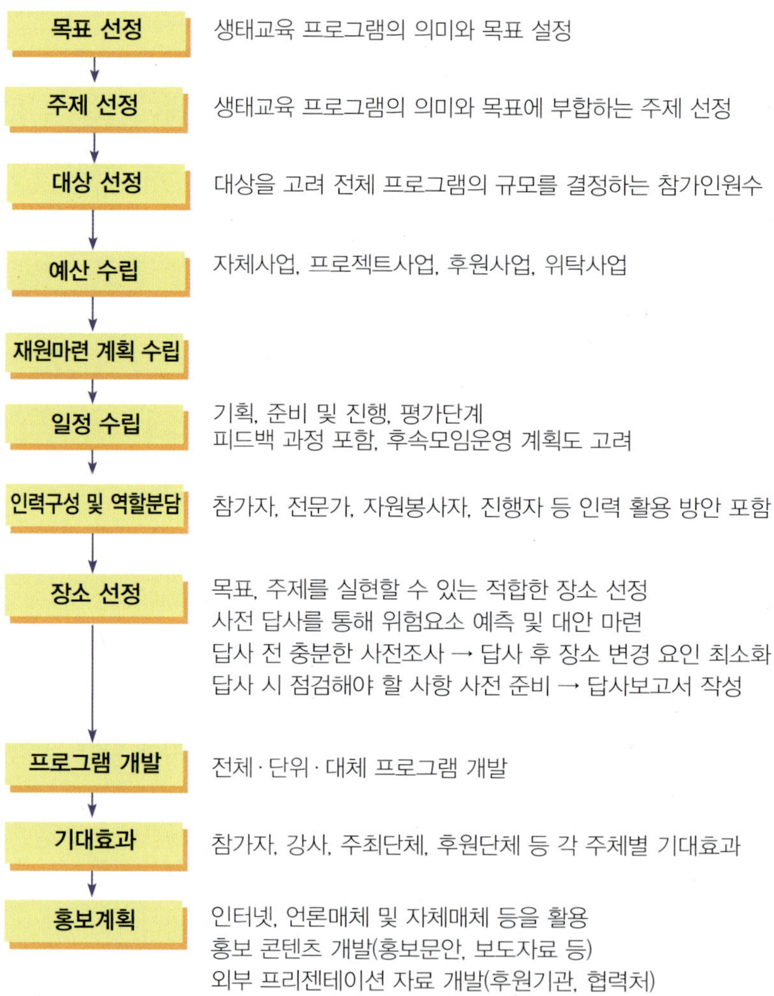

[그림 4-4] 유아생태교육 프로그램 기획안 작성흐름

(2) 기획안 양식

기획안 양식은 기관에 따라 약간의 차이가 있으나 일반적인 양식은 아래와 같다.

Ⅰ. 추진개요
  1. 사업명
  2. 목적 및 필요성
    1) 추진 배경(필요성)
    2) 목적 및 목표
  3. 추진 방향
  4. 추진 개요
    1) 대상 및 인원
    2) 기간 및 시기
    3) 지역 및 장소
    4) 주요 프로그램
    5) 운영 및 참가 형태
    6) 강사진 구성 방안
    7) 참가자 모집 방안
    8) 소요 예산
    9) 추진 일정

Ⅱ. 프로그램 운영 계획
  1. 프로그램 목표와 방향
  2. 프로그램 구성 체계(목표별/대상별/부분별/일정별)
  3. 일정별 단위 프로그램 운영 계획(개요)

Ⅲ. 프로그램 운영 지원 계획
  1. 부분별 운영 지원 관리(인원/장소/숙식/교통/강사진/예산 등)
  2. 프로그램 평가/결과보고 계획

Ⅳ. 기대효과

5) 기획 평가 및 평가 지표

(1) 평가의 흐름

평가에 관한 전체적인 흐름은 [그림 4-5]와 같다. 일반적으로 평가는 실행 후에 하는 것으로 생각하고 있다. 그러나 평가에는 기획 평가, 진행 평가, 전체 평가 등 세 가지로 나눌 수 있다. 유아생태교육 프로그램을 성공적으로 진행하기 위해서는 실행에 앞서 기획 평가가 선행되어야 한다.

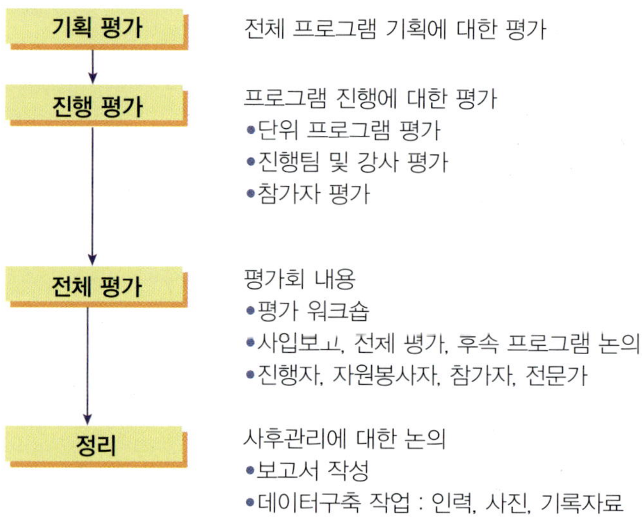

그림 4-5 평가의 전체적인 흐름

(2) 기획 평가 지표

기획안 평가를 위한 지표는 아래 〈표 4-1〉과 같다. 평가항목은 크게 기획안 형식, 전체 프로그램, 단위 프로그램으로 나눌 수 있다.

첫째, 기획안 형식에서는 기획안의 각 항목이 빠짐없이 기술되었는지, 각 항목의 순서가 적절한지, 문서 양식은 적절한지를 평가할 수 있다.

둘째, 전체 프로그램 기획에 대한 평가에서는 교육 목적 및 필요성, 교육 대상, 교육 기간 및 시간, 교육 내용, 교육 장소, 교육 강사, 교육 평가 방안, 예산, 홍보 방안 등 9가지 지표가 있다.

셋째, 단위 프로그램 기획에 대한 평가에서는 각 단위 프로그램별로 평가를 하며, 기획안 형식, 교육목표, 교육 대상, 교육 시간, 교육 내용, 교육 장소, 교육 도구 및 자료 등 7가지 지표가 있다.

〈표 4-1〉 기획안 평가 지표

평가 항목	평가 지표	평가 내용
기획안 형식	1. 기획안 형식	1) 기획안 각 항목이 빠짐없이 기술되어 있다.
		2) 기획안 각 항목의 순서가 적절하다.
		3) 기획안 문서 양식이 적절하다.
전체 프로그램	1. 교육 목적 및 필요성	1) 생태교육의 목적으로 적절하다.
		2) 교육 필요성이 적절하다.
	2. 교육 대상	1) 교육 대상의 발달특성을 충분히 반영하였다.
		2) 교육 인원이 적정하다.
	3. 교육 기간 및 시간	1) 계절의 특성을 반영하였다.
		2) 전체 교육 시간이 교육 대상에 적절하다.
		3) 단위 프로그램 당 시간이 교육 대상에 적절하다.
	4. 교육 내용	1) 교육 내용이 참신하였다.
		2) 교육 내용이 교육 대상에 적합하다
		3) 교육 내용이 지역과 장소의 특성을 반영하였다.
		4) 각 단위 프로그램 교육 내용이 전체적으로 연계되어 있다.
	5. 교육 장소	1) 교육 장소의 특성을 반영하였다.
		2) 교육 장소가 안전하다.
	6. 교육 강사	1) 강사의 자격을 갖추고 있다.
		2) 강사의 경력이 충분하다.
		3) 교육 대상에 적합한 강사이다.

평가 항목	평가 지표	평가 내용
전체 프로그램	7. 교육 평가 방안	1) 자체 평가 방안을 갖추고 있다.
		2) 교육생의 만족도를 평가하고 있다.
		3) 평가도구가 적절하다.
		4) 평가 결과를 다음 교육에 반영할 방안을 제시하였다.
	8. 예산	1) 예산이 적절하다.
		2) 예산 확보 방안을 제시하였다.
	9. 홍보방안	1) 다양한 홍보방안을 제시하고 있다.
		2) 홍보방안이 교육 대상의 특성을 반영하였다.
		3) 홍보문구가 적절하다.
단위 프로그램	1. 기획안 형식	1) 각 항목이 빠짐없이 기술되어 있다.
		2) 도입, 전개, 마무리가 적절하다.
	2. 교육목표	1) 교육 목적이 적절하다.
	3. 교육 대상	1) 교육 대상의 발달특성을 충분히 반영하였다.
		2) 교육 인원이 적정하다.
	4. 교육 시간	1) 단위 프로그램당 시간이 교육 대상에 적절하다.
	5. 교육 내용	1) 교육 내용이 참신하였다.
		2) 교육 내용이 교육 대상에 적합하다.
		3) 교육 내용이 장소의 특성을 반영하였다.
		4) 도입, 전개, 마무리가 유기적으로 연결되어 있다.
	6. 교육 장소	1) 교육 장소가 교육 대상에 적합하다.
		2) 교육 장소가 안전하다.
	7. 교육 도구 및 자료	1) 교육 도구 및 교재가 교육 내용에 적합하다.
		2) 교육 도구 및 교재가 교육 대상에 적합하다.
		3) 교육 도구 및 교재의 제작, 가격, 내구성이 적합하다.

6) 현장 답사 기록지

답사 기록지는 현장 답사시 꼭 점검해야 하는 항목을 놓치지 않고 조사할 수 있도록 도와준다. 또한 답사 기록지는 현장에 오지 않은 다른 진행자에게 정보를 전달할 수 있다. 추후에 다시 같은 장소에서 교육하는 경우에 사전 정보를 얻을 수 있도록 도와주며, 방문할 때 시간을 절약해주는 효과가 있다.

답사 일시	날짜		시간	
답사 장소	구체적인 장소명		기록자	
접근 방법 (교육장까지 가는 방법)	대중교통		자가용	주차가능여부 : 주차료 :
답사 과정	각 지점명	답사 내용	프로그램 아이디어	참고자료

사진으로 보는 각 지점	
지점 1	지점 2
지점 3	지점 4

이동경로				
자연 환경	식물상		동물상	
기타 사항	memo			
	교육기자재 : 역할 분담 : 교육프로그램에 대한 논의 :			

2. 유아생태교육 프로그램 개발

1) 유아생태교육 프로그램의 종류

유아생태교육 프로그램의 종류는 [그림 4-6]과 같다. 전체 프로그램, 단위 프로그램, 대체 프로그램, 틈새 프로그램으로 나눌 수 있다.

전체 프로그램이란 동일한 교육대상으로 하는 전체 교육 내용을 말한다. 단위 프로그램이란 단일 소주제로 진행하는 약 20~30분 정도의 프로그램을 말한다. 대체 프로그램이란 예기치 못한 상황이 발생 시 진행할 수 있는 프로그램을 말하며, 우천시 대체 가능한 프로그램, 현장에서 갑자기 프로그램 추가나 변경이 필요한 경우의 프로그램을 말한다. 대체 프로그램의 경우에는 특별한 교구가 없이 할 수 있는 프로그램이거나 아주 간단한 교구만 필요한 프로그램이어야 한다. 틈새 프로그램이란 단위 프로그램과 단위 프로그램의 사이에 진행하는 프로그램을 말하며, 주로 이동하면서 할 수 있는 프로그램이다.

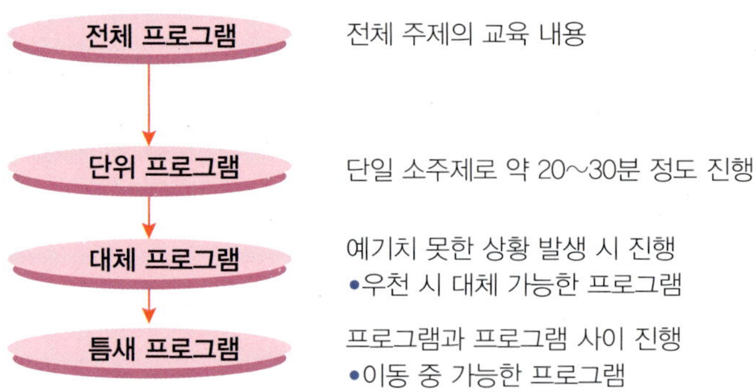

그림 4-6 유아생태교육 프로그램 종류

2) 유아생태교육 프로그램 개발을 위한 기본 방향

(1) 프로그램 개발은 생태 전문가 입장이 아니라 생태에 대한 지식과 정보가 부족한 또는 더 나은 능력을 요구하는 교육대상자를 지향해야 한다.
(2) 프로그램 개발은 사회의 변화와 함께 본질적으로 미래지향적인 특성을 요구하므로 지속적으로 새로운 내용과 방법의 개발이 요구된다.
(3) 프로그램 개발은 현장에서의 실천과 적용을 위해 개발되어야 한다.

3) 유아생태교육 프로그램 개발 시 고려사항

(1) 왜? 하는지부터 고민한다.
(2) 자연생태의 특성에 근거를 둔다.
(3) 유아의 발달 특성을 고려한다.
(4) 소속 기관의 목표와 특성을 고려한다.
(5) 실행 시 참가자의 100% 만족을 기대하지 않는다.
(6) 기존의 고정관념으로부터 탈출한다. 경험은 소중하지만 전적으로 기대지는 않는다.
(7) 계획은 수정을 전제로 한다.

4) 단위 프로그램 개발

(1) 나무를 주제로 한 마인드맵

나무를 주제로 구조적, 생리적, 생태계적, 이용적 측면으로 정리한 1차 마인드맵은 [그림 4-7]과 같다.

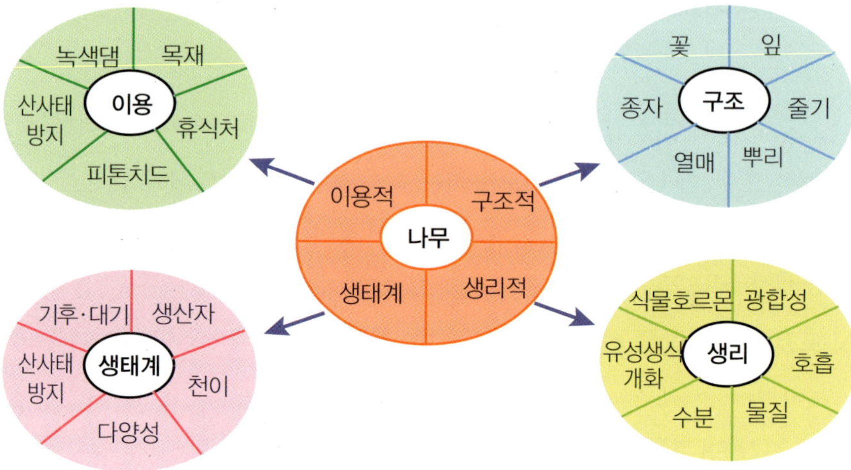

[그림 4-7] 나무를 주제로 한 마인드맵 1

[그림 4-8]의 마인드맵은 [그림 4-7]의 마인드맵에 기존의 유아생태교육 프로그램을 정리한 것이다. 기존 유아생태교육 프로그램을 소주제별로 정리함으로써 기존에 개발이 많이 된 소주제를 한눈에 볼 수 있는 장점이 있다.

마인드맵을 그리는 작업 후에는 두 가지 아이디어를 얻을 수 있는데 첫째, 기존에 개발되지 않은 소주제를 이용하여 프로그램을 개발하는 것이다. 둘째, 기존에 많이 개발된 소주제는 그러한 이유가 있다. 소주제에 대한 접근성이 좋거나, 교육 대상의 인지 수준에 적합하기 때문이다. 따라서 기존에 개발된 프로그램 중 빠진 것은 없는지 알아봄으로써 새로운 아이디어를 얻을 수 있다.

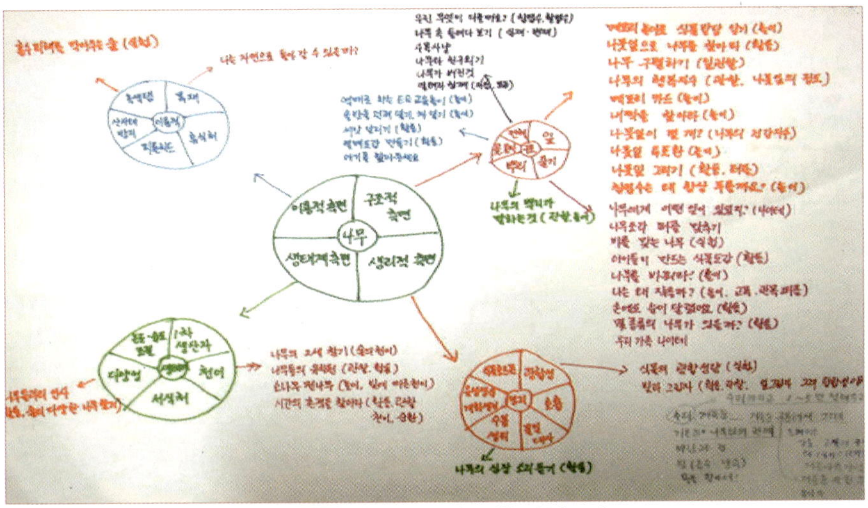

[그림 4-8] 나무를 주제로 한 마인드맵 2

(2) 단위 프로그램 계획서 작성(예 1)

활동 1. 나무의 생일잔치

활동 시기	봄
교육 대상	유아(만 3세 이상)
활동 주제	나무
활동 목표	· 이른 봄에 꽃 피우는 나무를 관찰한다. · 나무의 생일을 축하하며 나무와 친해진다. · 자신의 생각을 표현하는 능력을 키운다.
누리과정 관련요소	· 자연탐구 : 탐구과정 즐기기 – 주변 세계와 자연에 대해 지속적으로 호기심을 가진다. · 예술경험 : 창의적으로 표현하기 – 다양한 미술 재료와 도구로 자신의 생각과 느낌을 표현한다.
놀이 성향	관찰력 / 감각 · 감성 / **창의력** / 신체발달 / 관계 이해
활동 시간	25분
준 비 물	촛불그림, 흰 천

[개요]

나무의 생일은 언제일까? 봄에 암술머리에 꽃가루가 닿아 수분이 이뤄지고, 가을에 씨앗이 여물어 땅에 떨어지면, 봄에 씨앗에서 새로운 싹이 나온다. 따라서 나무의 생일은 봄이라 할 수 있다. 아이들이 좋아하는 생일잔치를 통해 나무에게 선물을 하고, 나무에게 필요한 것이 무엇인지 생각해 보는 시간을 갖는다.

[활동 방법]

① 오늘은 나무의 생일이라고 말하고, 우리들은 생일잔치에 초대되었다고 가정한다.
② 나무 기둥 앞에 흙을 모아서 작은 둔덕을 만들고 촛불그림을 꽂아둔다.
③ 유아들에게 나무에게 선물을 하자고 제안한 후, 나무에게 어떤 선물을 하면 좋을지 의견을 나눠본다. 나무는 어떤 선물을 가장 좋아할까?, 나무에게 꼭 필요한 것은 무엇일까?, 내가 나무에게 주고 싶은 것은 무엇이 있을까?
④ 유아들은 각자 주변으로 흩어져 나무에게 줄 선물을 가져 온다.
⑤ 이때 선물은 반드시 자연물을 이용해서 만들거나 준비한다.
⑥ 선물 준비가 끝나면 각자 어떤 선물을 가져왔는지 친구들 앞에 보여주고, 왜 그 선물을 가져왔는지 이유를 설명한다.
⑦ 선물에 대한 설명이 끝나면 나무 앞에 놓아두고 다 함께 생일 축하 노래를 부른다. 노래가 끝나면 생일 기념사진 찍기를 한다.

[진행상 유의점]

산에서 촛불에 불을 켜는 것은 위험하므로 촛불 그림을 준비한다.

(3) 단위 프로그램 계획서 작성(예 2)

<table>
<tr><td rowspan="2">프로그램 제목</td><td rowspan="2">내 나무 찾기</td><td>작 성 자</td><td>장인영</td></tr>
<tr><td>진행시간</td><td>20~30분</td></tr>
<tr><td rowspan="3">프로그램 목표</td><td rowspan="3">•손의 촉감을 이용하여 나무의 특징을 알 수 있으며 수피의 역할을 안다.
•아빠와 유아가 서로 신뢰를 쌓는다</td><td>대 상</td><td>가족
(아빠와 유아)</td></tr>
<tr><td>참가인원</td><td>20명</td></tr>
<tr><td>준비사항</td><td>눈가리개 10개</td></tr>
<tr><td rowspan="2">생태놀이 개요</td><td rowspan="2">아빠와 유아가 짝이 되어 한 사람은 눈을 가리고 한 사람은 안내자가 되어 나무로 안내한다. 눈을 가린 사람은 촉각과 후각을 이용해 나무의 특징을 기억한 후 눈가리개를 풀고 자신의 나무를 찾아본다.</td><td>주 제</td><td><table><tr><td>생태계</td><td>나무</td><td>동물</td><td>곤충</td><td>새</td><td>야생동물</td></tr><tr><td></td><td>○</td><td></td><td></td><td></td><td></td></tr></table></td></tr>
<tr><td>생태놀이 성향분석</td><td><table><tr><td>관찰</td><td>감성(감각)</td><td>창의력(상상력)</td><td>신체</td><td>관계</td></tr><tr><td></td><td>○</td><td></td><td></td><td></td></tr></table></td></tr>
<tr><td>진행사항</td><td colspan="3">내 용</td></tr>
<tr><td>시작</td><td colspan="3">평소 우리는 시각에 많이 의존해서 살고 있다는 것을 서로 공감하고, 오감 중에서 촉각과 후각을 이용해서 나무를 느껴 보자고 한다.</td></tr>
<tr><td>진행</td><td colspan="3">1. 아빠와 아이가 짝을 만든다.
2. 아이가 먼저 눈을 가리면 아빠는 아이에게 선물해 주고 싶은 나무로 인도를 해 준다.
3. 아빠는 눈을 가린 아이가 나무의 특징을 잘 기억할 수 있도록 나무의 수피를 만져 보게 하고 나무의 향기도 맡아 보게 하고, 나무를 안아 보게 한다.
4. 아빠와 아이는 눈을 가린 채 출발점으로 돌아온다.
5. 모두 모이면 다 함께 아이는 눈가리개를 풀고 자신이 만져 봤던 나무를 찾아본다. 찾아보는 과정에서 여러 나무들을 만져 보고 향기도 맡는다. 이때 아빠가 직접 가르쳐 주지 않도록 한다.
6. 아이가 나무 찾기를 너무 어려워하면 서로 신호를 정해서 힌트를 준다(예를 들어, 선물한 나무에 가까워지면 ‘딩동딩동’ 소리를 내고, 멀어지면 ‘땡땡땡’ 소리를 낸다).
7. 아이의 나무 찾기가 끝나면 이번에는 아빠와 역할을 바꿔서 아빠가 눈을 가리고 아이가 아빠에게 선물하고 싶은 나무로 안내한다.
8. 모든 활동이 끝나면 눈을 가렸을 때 느낌이 어땠는지?, 나무를 만졌을 때 느낌이 어땠는지?, 향기는 어땠는지?, 눈으로 본 나무와 손으로 느낀 나무는 어떻게 다른지 물어 본다.</td></tr>
<tr><td>마무리</td><td colspan="3">우리는 평소에 숲에 가면 자연을 눈으로만 감상하는 경우가 많다. 그러나 나무를 만져 봄으로써 자연을 몸으로 느낄 수 있다.
나무마다 수피가 다르다는 것과 나무에게 있어서 수피가 왜 중요한지, 나무줄기의 역할에 대해 함께 이야기한다.</td></tr>
<tr><td>유의점</td><td colspan="3">1. 여러 종류의 나무가 있는 장소를 선택한다.
2. 주변의 위험한 요소가 없는 장소를 선택한다.
3. 정답을 맞추는 과정에서 서로 가르쳐 주지 않도록 한다.</td></tr>
<tr><td>심화</td><td colspan="3">‘내 나무 찾기’ 프로그램을 한 후 ‘우리 아빠 찾기’ 프로그램을 연계하면 더욱 재미있다.</td></tr>
</table>

(4) 토양을 주제로 한 마인드맵

토양을 주제로 한 마인드맵은 [그림 4-9]와 같다. 마인드맵을 통해 소주제와 기존 프로그램을 정리한다.

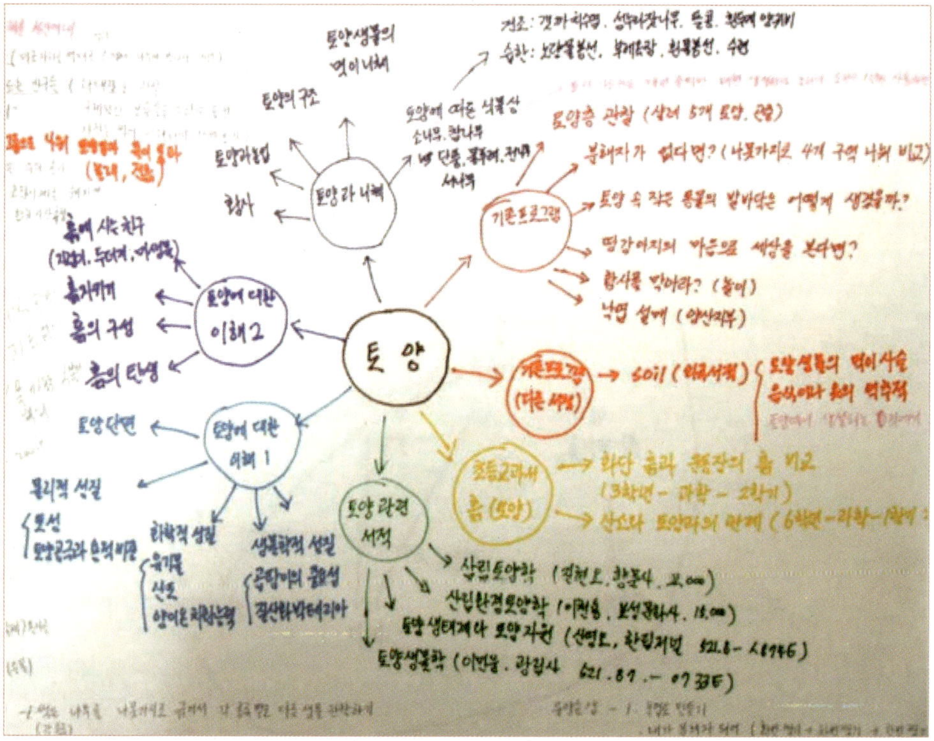

[그림 4-9] 토양을 주제로 한 마인드맵

(5) 단위 프로그램 계획서 작성(예 3)

토양에 관한 마인드맵을 통해 얻은 아이디어로 작성한 단위 프로그램 계획서는 아래와 같다.

프로그램 제목	누가 그랬을까?	작성자	장인영
		진행시간	20분
프로그램 목표	•바위의 풍화를 관찰한다. •생태놀이를 통해 바위를 풍화시키는 요인들을 이해한다.	대상	가족
		참가인원	20명
		준비사항	풍화요인 라벨
프로그램 개요	바위의 풍화요인을 이해하기 위해 한 팀은 스크럽을 짜고 바위가 되고, 한 팀은 풍화요인이 되어 바위를 풍화시키는 활동이다.	프로그램 성향분석	(아래 표 참조)

프로그램 성향분석

감각	관찰	창의력	신체	관계
○			○	○

감성					
관찰	■	■	■		
창의력					
관계	■	■	■	■	■
신체활동	■	■	■		

진행사항	내 용
시작	1. 바위의 풍화 모습을 관찰한다. 2. 바위를 흙으로 만드는 원인에는 어떤 것이 있는지 질문한다. 이때 바위의 풍화 관찰을 했던 것을 떠 올릴 수 있게 질문한다.
진행	1. 다 함께 '바윗돌 깨뜨려' 노래를 부른다. 바윗돌 깨뜨려 돌덩이, 돌덩이 깨뜨려 돌멩이, 돌멩이 깨뜨려 자갈돌, 자갈돌 깨뜨려 모래알, 랄라 랄라라 랄라라, 랄라 랄라라 랄라라 2. 전체를 두 모둠으로 나눈다. 3. 한 모둠은 바위의 역할을 하고, 다른 한 모둠은 풍화요인 역할을 한다. 4. 바위 역할을 하는 모둠은 가운데 둥글게 모여 스크럼을 짜고 앉는다. 5. 풍화요인 역할을 하는 모둠은 각자 풍화요인이 적힌 라벨을 몸에 붙인다. 6. 강사의 이야기에 따라 해당되는 풍화요인이 가운데로 가서 바위의 스크럼을 깨도록 한다. 예를 들어 강사가 '갑자기 하늘이 어두워지더니 비가 옵니다'라고 하면 '물' 라벨을 붙인 사람이 가운데로 가서 바위 스크럼을 깨도록 시도한다. 7. 차례 차례 풍화요인을 투입해도 바위 스크럼이 깨지지 않을 경우에는 두세 가지 풍화요인 동시에 투입시킨다. 예를 들어 강사가 "비가 많이 오면서 바람도 거세게 불어요."라고 하면 '물' 라벨 붙인 사람과 '바람' 라벨 붙인 사람이 동시에 스크럼을 깨기 위해 힘을 합친다. 8. 바위 스크럼이 깨지면 이번에는 두 모둠이 역할을 바꾸어서 다시 활동한다.
마무리	우리는 이렇게 빨리 바위를 풍화시켰지만 정말 바위가 흙으로 돌아갈 때는 얼마만큼 긴 시간이 걸리는지 설명하고 숲에서 흙의 역할과 소중함을 이야기한다.

5) 전체 프로그램 개발

(1) 개발 과정

전체 프로그램 개발 과정은 [그림 4-10]과 같다. 프로그램 개발은 준비, 요구분석, 프로그램 구성 3단계로 나누어진다. 준비 단계에서는 기존 유아생태교육 프로그램 분석을 통해 시사점을 도출하고, 관련 교과 및 문헌 연구를 한다. 요구분석 단계에서는 유아생태교육과 관련된 유아, 교사, 학부모의 요구를 조사한다. 프로그램 구성 단계에서는 프로그램 내용 체계 구성, 활동 구안 작성, 프로그램의 적합성 및 타당도 검토를 통해서 프로그램을 구체화한다.

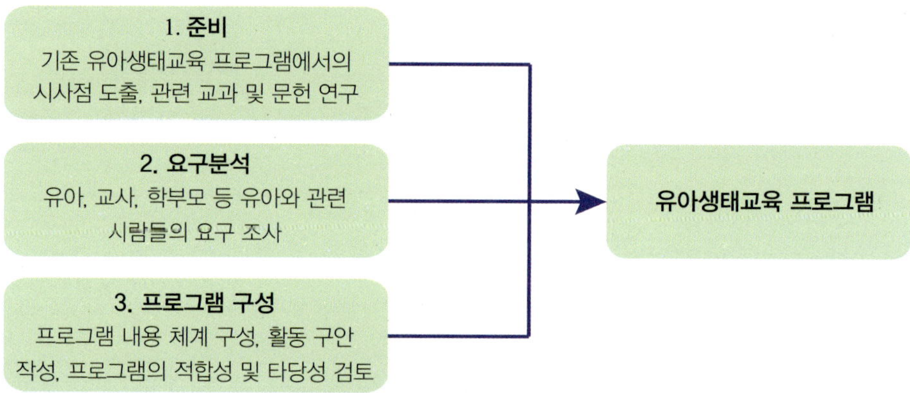

[그림 4-10] 전체 프로그램 개발 과정

(2) 요구 분석

유아, 교사, 학부모를 통해 유아생태교육 프로그램 개발 전에 요구도 분석을 한다. 〈표 4-2〉는 유아교육기관 교원을 대상으로 한 요구조사의 예이다. 유아나 학부모의 경우에는 문항의 내용을 일부 변경한다.

〈표 4-2〉 유아교육기관 교원의 요구 분석을 위한 설문지의 영역별 문항 내용

영역	문항 내용		문항 번호
일반배경	연령, 학력, 경력, 직위, 담당연령, 근무지역, 기관유형		1~7
유아생태교육 필요성 및 경험	유아생태교육과 관련된 교사연수 경험		8
	유아생태교육의 필요성		9
	유아생태교육이 필요한 이유		10
	유아생태교육 실시 경험 유무		11
	유아생태교육 실시 방법		12
	유아생태교육을 실시하지 않는 이유		13
유아생태교육 프로그램의 방향	유아교육	선호하는 교육 장소(숲, 공원) 선호하는 교육프로그램 주제 선호하는 1회 교육시간 선호하는 교육프로그램 참여 횟수 선호하는 교육프로그램 운영방법 교육시간이 2시간이라면 원하는 교육프로그램 운영방법	14~19
	부모교육	부모교육의 필요성 부모교육의 교육시간 부모교육의 주제 및 내용, 방법	20~24
	교사교육	교사연수의 필요성 교사연수의 교육 횟수 교사연수 주제 및 내용, 방법	25~27
	기타	프로그램의 참여의사	28

(3) 유아생태교육 프로그램의 평가

유아생태교육 평가는 평가대상 중심으로 유아평가, 강사·기관평가, 부모 평가 세 가지로 나눌 수 있다.

① 유아 평가

● 환경친화적 태도 검사지

일반적으로 환경친화적 태도 검사지는 Musser와 Diamond(1999)가 제작한 CATES-PV(The Children's Attitudes Toward the Environment Scale-Preschool

Version)을 허윤정(2001)이 수정 보완한 검사지를 사용하였다. CATES-PV는 크게 두 가지 요소인 자연친화적 태도와 환경보전 태도로 구성되어 있는데 두 가지를 함께 사용한다.

각 문항마다 동일한 이수에 대하여 자연과 환경에 대한 긍정적 태도와 부정적인 태도를 보이는 상반된 두 유아에 관하여 설명한다. 그리고 동시에 설명의 내용을 그림으로 표현한 그림 자료를 제시한 후 유아 자신이 어느 쪽 유아와 보다 유사한지를 선택하도록 한다. 선택 후 유아는 다시 그 유사한 정도를 결정하여 대답하여야 하는데 이때는 유아를 돕기 위해 크기가 다른 원 두 개를 그린 그림을 보여 주고 이 중 한 개를 선택하게 한다.

이 검사의 평가기준은 4점 척도로서 자연과 환경에 대한 매우 긍정적인 태도에서부터 매우 부정적인 태도까지 4단계로 나누어 각각 4, 3, 2, 1점으로 채점한다. 총점의 범위는 18점에서 72점이다.

〈표 4-3〉 환경친화적 태도 검사 항목 및 내용

검사항목	내용	그림번호
자연친화적 태도	동식물에 내한 애호와 관심, 생명에 대한 존중의식, 인공적인 환경보다 자연환경에 대한 선호	4, 5, 6, 7, 10, 12, 13, 14, 15, 16, 18
환경보전 태도	자연보호, 자원절약	1, 2, 3, 8, 9, 11, 17

1. 어떤 친구는 양치질을 할 때, 물을 계속 틀어 놓는다.

① ②

그러나

다른 친구는 양치질을 하는 동안 물을 잠궈 놓는다.

③ ④

2. 어떤 친구는 그림을 그리거나 글씨를 쓸 때, 종이의 양쪽 면을 모두 사용한다.

④ ③

그러나

다른 친구는 그림을 그리거나 글씨를 쓸 때, 종이의 한쪽 면만을 사용한다.

② ①

3. 어떤 친구는 한 번 사용한 물건을 모았다가 다시 사용해야 한다고 생각한다.

④ ③

그러나

다른 친구는 물건을 한 번 사용한 후에는 버려야 한다고 생각한다.

② ①

4. 어떤 친구는 야외에서 꽃이나 나무들을 관찰하기 좋아하지만, 그것들을 꺾어서 집으로 가져오지 않는다.

④ ③

그러나

다른 친구는 그들이 야외에서 발견한 꽃이나 나무들을 꺾어서 집으로 가져온다.

② ①

5. 어떤 친구는 새에게 먹이 주기를 좋아한다. ④ ③ 	그러나	다른 친구는 새에게 먹이 주는 것을 좋아하지 않는다. ② ① 
6. 어떤 친구는 사람처럼 동물도 모두 중요하다고 생각한다. ④ ③ 	그러나	다른 친구는 동물은 중요하지 않다고 생각한다. ② ① 
7. 어떤 친구는 야외에서 캠핑이나 놀이하는 것을 좋아하지 않는다. ① ② 	그러나	다른 친구는 야외로 캠핑이나 놀이하러 가는 것을 좋아한다. ③ ④ 

8. 어떤 친구는 자기가 더 이상 가지고 놀지 않는 장난감을 다른 친구에게 주거나 후에 다시 사용한다.

④ ③

그러나

다른 친구는 자기가 더 이상 가지고 놀지 않은 장난감을 팽개쳐 두거나 버려 버린다.

② ①

9. 어떤 친구는 길가에 버려진 쓰레기를 주워서 쓰레기통에 버리기를 싫어한다.

① ②

그러나

다른 친구는 쓰레기를 주워서 쓰레기통에 버리기를 좋아한다.

③ ④

10. 어떤 친구는 동물에 관해 궁금한 것은 책에서 찾아보고 싶어한다.

④ ③

그러나

다른 친구는 동물에 관한 책보기를 별로 좋아하지 않는다.

② ①

11. 어떤 친구는 쓰레기를 버릴 때 병과 종이 등을 분리(따로따로)하여 버린다.

④ ③

그러나

다른 친구는 쓰레기를 버릴 때 병과 종이 등을 분리하지 않고 한꺼번에 버린다.

② ①

12. 어떤 친구는 기르고 있는 동물의 집을 깨끗이 청소해준다.

④ ③

그러나

다른 친구는 기르고 있는 동물의 집이 더러워져도 그냥 내버려 둔다.

② ①

13. 어떤 친구는 사람이 많이 모여 사는 곳에서 사는 것을 좋아한다.

① ②

그러나

다른 친구는 식물과 동물이 많은 곳에서 사는 것을 좋아한다.

③ ④

14. 어떤 친구는 야외에서 발견한 곤충이나 벌레를 자세히 보지 않는다. ① ② 	그러나	다른 친구는 곤충이나 벌레를 만지거나 보는 것을 좋아한다. ③ ④ 
15. 어떤 친구는 차 안이 붐비더라도 다른 친구들과 함께 타는 것을 좋아한다. ④ ③ 	그러나	다른 친구는 차 안이 붐비는 것을 좋아하지 않는다. ② ① 
16. 어떤 친구는 야생동물은 잘 보호해야 한다고 생각한다. ④ ③ 	그러나	다른 친구는 야생동물은 사냥해서 죽일 수도 있다고 생각한다. ② ① 

17. 어떤 친구는 방에서 나갈 때 불을 켜 놓은 채로 나간다.

① ②

그러나

다른 친구는 방에서 나갈 때 반드시 불을 끈다.

③ ④

18. 어떤 친구는 집에서 작은 동물들을 키우고 싶어 한다.

④ ③

그러나

다른 친구는 집에서 작은 동물들을 키우는 것에 별로 관심이 없다.

② ①

그림 4-11 환경친화적태도 검사지

● 생명존중 태도 검사지

〈표 4-4〉의 검사 도구는 김귀순(2001), 배용철(2003)이 사용한 생명존중에 관한 질문지를 기초로 이희옥(2005)이 수정 보완해서 만든 질문지이다. 본 질문지의 구성은 생명존중 태도, 생명존중 지식, 생명존중 행동으로 영역을 구분하였고, 각 영역은 8개 항목으로 구성되었다. 그리고 각 문항은 3점 척도로 측정한다. '좋다', '맞다'로 응답한 것은 3점, '모른다', '보통이다'로 응답한 것은 2점, '싫다', '아니다'로 응답한 것은 1점을 부여한다.

〈표 4-4〉 **생명존중 태도 검사지**

영역	내용	○ (좋다, 맞다)	△ (모른다, 보통이다)	× (아니다)
생명존중 태도	1. 동물들을 꽃과 나무와 같이 살아야 합니다.			
	2. 동물들은 주사를 놓거나 실험을 하는 곳에 사용해도 됩니다.			
	3. 사람에게 해를 끼치는 동물은 잡아도 됩니다.			
	4. 동물들이 살고 있는 곳을 파헤치는 것을 보면 화가 납니다.			
	5. 야생동물을 보호해야 한다고 생각합니다.			
	6. 늑대같이 무서운 동물은 없어져야 합니다.			
	7. 우리 주변의 동물을 잘 보살피고 사랑합니다.			
	8. 산에서는 동물과 새 등 다양한 생물들이 사는 곳이므로 조용히 해야 합니다.			
생명존중 의식	1. 꽃과 나무도 밤에 잠을 잡니다.			
	2. 오염되지 않은 흙이 새싹을 더 잘 키웁니다.			
	3. 작은 물고기를 잡지 않아야 큰 물고기로 자랄 수 있습니다.			
	4. 나무는 공기를 좋아지게 합니다.			
	5. 동물들은 꽃과 나무와 함께 삽니다.			
	6. 식물도 숨을 쉽니다.			
	7. 꽃과 나무는 도시보다 시골에서 더 잘 자랍니다.			
	8. 갯벌이나 숲의 개발은 생물들이 살아가는 것을 힘들게 합니다.			

영역	내용	○ (좋다, 맞다)	△ (모른다, 보통이다)	× (아니다)
생명 존중 행동	1. 나는 길가에 예쁜 꽃이 있으면 꺾어서 집으로 가지고 갑니다.			
	2. 나는 산에 가면 내가 사용한 쓰레기는 가지고 옵니다.			
	3. 친구들과 식물이나 동물의 이름을 자주 이야기 합니다.			
	4. 나는 곤충을 잡아 괴롭힌 적이 있습니다.			
	5. 나는 자연을 보호하려고 노력합니다.			
	6. 나는 강이나 바다에서 작은 물고기를 잡아서 집으로 가지고 옵니다.			
	7. 나는 꽃에 물을 주거나 보살펴 줍니다.			
	8. 나는 채소나 꽃을 가꾸기 위해 흙을 만지는 것을 싫어합니다.			

● 자연탐구지능 검사지

자연탐구지능 검사지는 Shearer(1996)의 MIDAS-for kids(Multiple Intellgence Developmental Assessment Scales for kids)를 정대현(2006)이 수정 보안한 유아용 다중지능 검사도구(KC-MIDAS)의 전체 93문항 중에서 자연탐구지능 영역 13문항을 발췌하여 김진주(2011), 차명애(2011)가 사용한 검사지이다. 이 검사지는 유아들이 직접 작성하는 것이 아니라 교사나 부모가 작성한다.

이 검사의 평가기준은 5점 척도로서 매우 긍정적인 태도에서부터 매우 부정적인 태도까지 5단계로 나누어 각각 5, 4, 3, 2, 1점으로 채점한다. 총점의 범위는 13점에서 65점이다.

〈표 4-5〉 **자연탐구지능 평가 영역**

영역	하위 영역
자연탐구 지능	동물분류, 식물 성장 과정, 식물돌보기, 동물돌보기, 해와 그림자, 태양계 순서 짓기, 지구의 특징, 자연환경 문제 상황, 자연환경 해결 방안

〈표 4-6〉 **자연탐구지능 평가지**

문항	1	2	3	4	5
1. 유아는 지금까지 애완견이나 애완동물을 기른 적이 있습니까?					
2. 유아는 애완견이 많은 물과 음식을 먹는다는 것을 압니까?					
3. 유아는 강아지에게 "앉아, 이리와, 멈춰."와 같은 간단한 지시를 하며 잘 다룹니까?					
4. 유아는 수의사나 조련사가 되기를 원한 적이 있습니까?					
5. 유아는 애완동물의 품종과 동물 종류들을 쉽게 구별합니까?					
6. 유아는 자연에 대한 호기심이 있고 주변에 있는 동물을 찾아내고 식물이나 곤충이나 그밖의 다른 것을 모읍니까?					
7. 유아는 지구를 걱정하고 공해를 줄이는 방법이나 동물을 도와주는 방법을 생각하려고 노력합니까?					
8. 유아는 식물을 돌본 적이 있습니까?					
9. 유아는 다른 종류의 식물을 쉽게 알아봅니까?					
10. 유아는 신체가 어떻게 움직이고 전기나 자석 같은 것이 어떻게 작동하는지에 관하여 호기심이 있습니까?					
11. 유아는 요리, 쇼핑, 낚시, 캠핑 등과 같은 활동들 중에 어느 하나라도 관심을 가지고 있습니까?					
12. 유아는 자연이나 동물에 대해 글을 쓰고 이야기를 하며 그림을 그린 적이 있습니까?					
13. 유아는 소중한 자연과 시간을 보낸 적이 있습니까?					

(4) 프로그램 운영 시설 및 운영 프로그램 평가

① 평가 목표 및 지표

목표와 방향

유아생태교육 프로그램 운영 기관의 교육 시설 및 교육 프로그램 개선 방향을 제시하고, 각 교육 프로그램의 질을 향상시킨다.

조사 방법 및 분석 방법

설문지를 통하여 참가 유아교육기관 교원의 만족도를 조사한다. 수집된 설문지 분석은 통계 프로그램을 이용하여 항목별 평점, 응답자의 특징(연령, 직위, 소속 기관, 근무지 등)에 따른 차이를 분석한다.

평가대상

외부 평가 – 유아교육기관 인솔교사

자체 평가 – 교육 강시

외부 평가 항목 및 지표

평가 항목은 교육시설, 교구, 교육 프로그램, 교육 강사 4가지로 한다.

〈표 4-7〉 외부 평가 항목 및 평가 지표

<table>
<tr><th>평가 항목</th><th>평가 지표</th><th>평가 내용</th></tr>
<tr><td rowspan="7">교육 시설</td><td rowspan="5">실내 교육시설</td><td>1) 실내 교육시설의 규모가 교육생 인원에 비례하여 적절하였다.</td></tr>
<tr><td>2) 실내 교육시설의 정리 · 정돈이 잘 되어 있다.</td></tr>
<tr><td>3) 실내 온도 및 습도가 적절하였다.</td></tr>
<tr><td>4) 실내 교육 시설이 교육목적에 적절하였다.</td></tr>
<tr><td>5) 화장실, 식당 등의 편의시설이 적절하였다.</td></tr>
<tr><td rowspan="2">야외 교육시설</td><td>1) 야외 교육시설이 교육목적에 적절하였다.</td></tr>
<tr><td>2) 야외 교육시설의 청소 및 정비가 적절하였다.</td></tr>
<tr><td rowspan="2">교구</td><td rowspan="2">교구의 준비</td><td>1) 실내 교육에 적합한 교구(책상, 책, 각 프로그램별 교구 등)를 갖추고 있다.</td></tr>
<tr><td>2) 야외 현장교육에 적절한 교구(돋보기, 숲보자기 등)를 갖추고 있다.</td></tr>
<tr><td rowspan="4">교육 프로그램</td><td rowspan="2">교육 프로그램</td><td>1) 각 교육 프로그램은 시간은 적절하였다.</td></tr>
<tr><td>2) 전체 교육 시간은 적절하였다.</td></tr>
<tr><td rowspan="2">교육 내용</td><td>1) 교육 내용이 유아생태교육의 목표에 적절하였다.</td></tr>
<tr><td>2) 교육 내용이 유아의 흥미와 발달 특성에 적절하였다.</td></tr>
<tr><td rowspan="5">교육 강사</td><td>교육 준비</td><td>1) 교육강사가 열정을 가지고 성실하게 강의하였다.</td></tr>
<tr><td rowspan="2">유아환경 교육에 대한 전문 지식</td><td>1) 수업자료(학습자료, 교구 등)는 교육 내용을 이해하는 데 도움이 되었다.</td></tr>
<tr><td>2) 교육강사는 자연과 생태에 대한 전문지식을 갖추었다.</td></tr>
<tr><td rowspan="2">교육생들과 상호작용</td><td>1) 교육강사는 유아들의 질문에 친절히 답변하였다.</td></tr>
<tr><td>2) 교육강사는 유아의 참여를 유도하고, 유아의 발달 특성을 고려하여 수업을 진행하였다.</td></tr>
<tr><td rowspan="2">전체</td><td rowspan="2">전체적 만족도</td><td>1) 전반적으로 교육에 만족하였다.</td></tr>
<tr><td>2) 이 교육을 다른 사람에게 추천하고 싶었다.</td></tr>
</table>

● 내부 평가 항목 및 지표

평가 항목은 교육자료 및 교구, 교수 방법, 교육생과 상호작용, 교육 진행, 교육 완성도 5가지로 한다.

〈표 4-8〉 내부 평가 항목 및 지표

평가 항목	평가 내용
교육 자료 및 교구	1) 교육 자료 및 교구 준비가 적절하였다.
	2) 교육 자료 및 교구가 교육 내용에 적합하였다.
교수 방법	1) 교수방법이 교육목표 및 교육내용에 적합하였다.
	2) 교수방법이 유아의 연령별 발달 특성에 적합하였다.
교육생과 상호작용	1) 교육 진행 시 유아와 질적인 상호작용을 유도하였다.
	2) 교육 진행 시 유아에게 적합한 용어를 사용하였다.
교육 진행	1) 수업의 도입 부분에서 유아의 흥미를 잘 이끌어내었다.
	2) 수업의 마무리에서 그날 교육주제, 교육내용에 대하여 시간의 흐름에 따라 유아에게 잘 정리해주었다.
교육 완성도	1) 유아들이 오늘 수업을 잘 이해하였다.
	2) 이번 교육에 대해 진제직으로 만족한다.

② 평가지

인솔 교사용 설문지

【에코아이 유아숲체험원(가상)의 만족도 조사를 위한 설문(인솔 교사용)】

본 설문지는 에코아이 유아숲체험원의 만족도를 평가하기 위해 제작되었습니다. 응답 내용은 통계 자료로만 사용되며, 유아생태교육의 발전을 위한 유용한 자료가 될 것입니다. 바쁘시더라도 한 문항도 빠짐없이 기입해 주시고, 솔직한 답변 부탁드립니다.

참여하신 프로그램명	
교육 강사명	
교육 날짜	

*다음은 응답자의 인적 사항에 관한 질문입니다.
각 문항을 읽으시고 해당되는 번호에 V표를 해주시기 바랍니다.

연 령	① 20대 ② 30대 ③ 40대 ④ 50대 ⑤ 60대 이상
학 력	① 고졸 이하 ② 전문대졸 ③ 4년대졸 ④ 대학원재학 이상
교육경력	① 5년 미만 ② 5년 이상~10년 미만 ③ 10년 이상~15년 미만 ④ 15년 이상
직 위	① 교사 ② 주임 ③ 원감 ④ 원장
담당연령	① 만 2세 이하 ② 만 3세 ③ 만 4세 ④ 만 5세 ⑤ 혼합연령 ⑥ 기타(원장 등)
근무지 유형	① 어린이집 ② 유치원
근무지 지역	(　　　　　)

* 전반적인 '에코아이 유아숲체험원' 운영에 관한 사항입니다.
각 문항을 읽으시고 해당되는 칸에 V표를 해주시길 바랍니다.

5 – 매우 우수　4 – 우수　3 – 보통　2 – 미흡　1 – 매우 미흡

구분	질문내용	5	4	3	2	1
교육 시설	1. 실내 교육 시설이 교육목적에 적절하였습니까?					
	2. 화장실 등의 편의시설이 적절하였습니까?					
	3. 야외 교육시설이 교육목적에 적절하였습니까?					
	4. 야외 교육시설의 청소 및 정비가 적절하였습니까?					
교구	8. 실내 교육에 적합한 교구(책상, 책, 각 프로그램별 교구 등)을 갖추고 있습니까?					
	9. 야외 현장교육에 적절한 교구(돋보기, 숲보자기 등)를 갖추고 있습니까?					
교육 프로그램	10. 각 교육 프로그램의 시간은 적절하였습니까?					
	11. 전체 교육 시간은 적절하였습니까?					
	12. 교육 내용이 유아환경교육의 목표에 적절하였습니까?					
	13. 교육 내용이 유아의 흥미와 발달 특성에 적절하였습니까?					

구분	질문내용	5	4	3	2	1
교육 강사	14. 교육강사가 열정을 가지고 성실하게 강의하였습니까?					
	15. 수업자료(학습자료, 교구 등)는 교육 내용을 이해하는데 도움이 되었습니까?					
	16. 교육강사는 환경과 생태에 대한 전문지식을 갖추었습니까?					
	17. 교육강사는 유아들의 질문에 친절히 답변하였습니까?					
	18. 교육강사는 유아의 참여를 유도하고, 유아의 발달 특성을 고려하여 수업을 진행하였습니까?					
전체	19. 전반적으로 이번 '에코아이 유아숲체험원 교육'에 만족하십니까?					
	20. '에코아이 유아숲체험원 교육'을 다른 사람에게 추천하고 싶습니까?					
총점						

교육 강사용 설문지

교육 제목 :	교육 일시	
	교육 강사	
	교육 대상	

※ 아래 문항에 따라 답변 란에 해당되는 번호를 표시하십시오.
5 – 매우 우수　　4 – 우수　　3 – 보통　　2 – 미흡　　1 – 매우 미흡

구분	질문	평점
교육 평가	1. 교육 자료 및 교구를 잘 준비하였습니까?	
	2. 교육 자료 및 교구가 교육 내용에 적합하였습니까?	
	3. 교수 방법이 교육목표 및 교육 내용에 적합하였습니까?	
	4. 교수 방법이 유아의 연령별 발달 특성에 적합하였습니까?	
	5. 교육 진행 시 유아와 질적인 상호작용을 유도하였습니까?	
	6. 교육 진행시 유아에게 적합한 용어를 사용하였습니까?	
	7. 수업의 도입 부분에서 유아의 흥미를 잘 이끌어내었습니까?	
	8. 수업의 마무리에서 그날 교육주제, 교육 내용에 대하여 시간의 흐름을 따라 유아에게 잘 정리해 주었습니까?	
	9. 유아들이 오늘 수업을 잘 이해하였습니까?	
	10. 오늘 교육에 대해 전체적으로 만족하십니까?	
	총점	

기타 의견 :

1. 이번 교육에서 가장 좋았던 점

2. 이번 교육에서 발견한 개선점

참고문헌

강구매(2008). 자연 친화적 보육 프로그램에 대한 보육교사의 인식과 운영 실태에 관한연구. 목포대학교 대학원 석사학위논문(1), 1-18.

강선영(2013). 숲유치원의 발전과 유아의 신체 활동. 한국유아체육학회

곽노의(2010a) 자연주의 유아교육 프로그램의 실제. 홀리스틱교육연구, 14

곽노의(2010b). 자연주의 유아교육 프로그램의 탐색. 한국초등교육, 20(2), 173-196.

교육과학기술부(2008). 유치원 교육과정 해설 Ⅰ. 서울: 미래엔 컬처그룹.

교육과학기술부, 보건복지부(2012). 5세 누리과정 해설서. 서울: 교육과학기술부, 보건복지부.

교육과학기술부, 보건복지부(2013). 3~5세 연령별 누리과정 해설서. 서울: 교육과학기술부, 보건복지부.

교육부, 보건복지부(2019). 2019 개정 누리과정 해설서. 서울: 교육부, 보건복지부.

구승회(2001). 생태철학과 환경윤리. 서울: 동국대학교 출판부.

구현주(2011). 생테유이교육 프로그램이 유아의 성서조절능력에 미치는 영향. 숭실대학교 교육대학원 석사학위논문.

권미량(2005). 생태유아교사교육 프로그램 모형 개발연구. 부산대학교 대학원 박사학위논문.

권은희(2003). 자연친화적인 실외환경에서의 놀이활동이 유아의 자아개념과 친사회적 행동에 미치는 효과. 대구학교 교육대학원 석사학위논문.

김기연(2011). 한국 최초의 숲유치원에서의 자유놀이가 유아의 창의성에 미치는 영향: 인천대학교 숲유치원을 중심으로. 인천대학교 교육대학원 석사학위논문.

김기성(2013). 숲유치원에서의 교육이 유아의 친사회적 행동능력에 미치는 영향. 인천대학교 교육대학원 석사학위논문.

김대홍(2010). 생태주의 사상의 초등교육적 의미와 실천적 시사점 탐구. 광주교육대학교 교육대학원 석사학위논문.

김명희(2010). 자연체험에 기초한 과학활동이 유아의 호기심 및 환경친화적 태도에 미치는

영향. 한국교원대학교 교육대학원 석사학위논문.

김미경(2011). 산책을 통한 자연친화교육 활동이 유아의 자연탐구지능과 정서지능에 미치는 영향. 강원대학교 산업과학대학원 석사학위논문.

김미화(2009). 생태유아교육에 대한 교사인식조사. 숭실대학교 교육대학원 석사학위논문.

김민화(2014). 숲체험을 통한 과학활동이 유아의 자연친화적 태도와 과학적 탐구능력 및 과학적 태도에 미치는 영향. 호남대학교 대학원 석사학위논문.

김상림, 안효진, 이시자(2014). 국내 숲유치원 관련 논문의 동향 분석. 미래유아교육학회지, 21(1), 87-113.

김성균, 구본영(2009). 생태학적 삶을 위한 모둠살이의 도전과 실천: 에코뮤니티. 서울: 이매진.

김성미(2008). 자연친화적인 체험활동이 유아의 사회성 발달에 미치는 영향. 한국외국어대학교 교육대학원 석사학위논문.

김성애(2012). 생태 사진을 활용한 이야기나누기 활동이 유아의 정서 지능에 미치는 영향. 중앙대학교 교육대학원 석사학위논문.

김성희(2008). 산책을 통한 수학적 탐구활동이 유아의 수학개념 및 태도에 미치는 영향. 중앙대학교 교육대학원 석사학위논문.

김솔미(2010). 생태유아교육기관과 일반유아교육기관 유아의 체격, 체력 및 투약현황 비교연구. 부산대학교 대학원 석사학위논문.

김신영(2006). 바깥놀이를 통한 자연친화 교육이 유아의 정서 지능에 미치는 효과. 계명대학교 교육대학원 석사학위논문.

김영숙(2014). 숲 체험활동이 유아의 정서지능과 공격성에 미치는 영향. 인제대학교 교육대학원 석사학위논문.

김은숙(2013a). 숲에서의 교육이 유아의 친사회적능력에 미치는 영향. 한국열린유아교육학회

김은숙(2013b). 숲에서의 놀이가 유아의 창의성에 미치는 영향. 한국홀리스틱교육학회

김은주(2003). 생태유아교육의 사상체계 및 실천원리 연구. 부산대학교 대학원 박사학위논문.

김은주, 변지혜(2012). 유아교육기관의 숲반과 일반반 유아의 체형 분석. 열린유아교육연구, 17(6), 277-299.

김정주(2008). 자연친화적 수학놀이 구성하기 프로그램 개발 및 효과. 중앙대학교 대학원 박사학위논문.

김정희(2007). 산책을 통한 자연친화적 탐구활동이 유아의 창의적 사고력 증진에 미치는 효

과. 영남대학교 교육대학원 석사학위논문.

김주미(2014). 창의성 발달을 향상시키는 숲 체험 활동과 생태미술 프로그램 연구 : 4, 5세를 중심으로. 성신여자대학교 교육대학원 석사학위논문.

김준희(2005). 자연물을 활용한 미술활동이 유아의 환경친화적 태도 및 과학적 탐구행동에 미치는 영향. 성신여자대학교 대학원 석사학위논문.

김지영(2014). 숲활동 프로젝트가 유아의 과학적 사고력과 자연친화적 태도에 미치는 효과. 동국대학교 석사학위논문.

김진아(2008). 산책활동이 유아의 자연친화적 태도와 정서지능에 미치는 영향. 경기대학교 교육대학원 석사학위논문.

김진주(2012). 자연친화 교육활동이 유아의 자연탐구지능과 자기효능감에 미치는 효과. 배재대학교 대학원 석사학위논문.

김학선(2008). 숲 체험활동이 유아의 과학적 탐구능력에 미치는 영향. 인천대학교 교육대학원 석사학위논문.

김현정(2008). 지역사회와 연계한 생태예술교육 프로그램이 유아의 정서지능에 미치는 영향. 한국방송통신대학교 평생대학원 석사학위논문.

김효숙(2010). 자연친화 수학교육활동이 유아의 수학적 개념이해에 미치는 영향. 인천대학교 교육대학원 석사학위논문.

남효창(2006). 얘들아 숲에서 놀자. 서울: 추수밭.

노혜진, 신창섭, 연평식, 박석희(2014). 숲활동 횟수가 유아의 감기약 투약 횟수에 미치는 영향. 한국산림휴양학회지, 18(2), 11-16.

마지순(2008). 숲 체험활동이 유아의 과학적 태도와 과학적 탐구능력에 미치는 영향. 한국유아체육학회

박애순(2004). 생태지향교육 프로그램이 유아의 과학적 탐구능력에 미치는 영향. 경희대학교 교육대학원 석사학위논문.

박애순(2010). 유아의 창의성과 자연이해지능 향상을 위한 자연체험 교육프로그램 개발. 덕성여자대학교 대학원 박사학위논문.

박은예(2011). 숲 체험활동이 유아의 사회성과 자연친화력에 미치는 영향. 군산대학교 교육대학원 석사학위논문.

박주연(2006). 생태유아교육에 대한 유아교사의 인식 및 실천 연구. 생태유아교육연구, 5(2), 47-72.

부은순, 오창홍, 정동욱, 박정환(2013). 숲에서의 자유놀이가 유아의 사회성 발달에 미치는 영향. 한국산학기술학회.

서영민(2008). 숲체험 활동을 통한 수학적 탐구활동이 유아의 수학문제해결력과 수학 접근 태도에 미치는 영향. 중앙대학교 대학원 석사학위논문.

성희미(2007). 자연친화적 유아교육 프로그램이 유아의 창의력 증진에 미치는 효과. 가야대학교 교육대학원 석사학위논문.

소명수(2012). 숲유치원에서 자연물을 이용한 놀이활동이 유아의 창의성에 미치는 영향. 서울교육대학교 교육대학원 석사학위논문.

손관숙(2008). 생태유아교육이 자연친화적 태도와 정서지능에 미치는 영향. 아주대학교 교육대학원 석사학위논문.

송창례(2012). 생태체험활동이 유아의 정서지능에 미치는 영향. 한국국제대학교 대학원 석사학위논문.

신미숙(2009). 들풀 프로젝트 활동이 유아의 환경 친화적 태도 및 과학적 탐구 능력에 미치는 영향. 중앙대학교 교육대학원 석사학위논문.

신유정(2012). 실외 자연놀이 경험이 유아의 환경 친화적 태도와 친사회적 행동에 미치는 영향. 중앙대학교 대학원 석사학위논문.

신지연, 김정현, 정이정(2012). 숲유치원 접근의 유치원과 일반유치원 유아의 기초 체력 및 행복감 비교. 유아교육학논집, 16(6), 5-26.

심현임(2013). 숲활동을 활용한 프로젝트수업이 유아의 또래갈등해결에 미치는 영향. 서울교육대학교 교육대학원 석사학위논문.

안영수(2011). 생태체험활동이 유아의 자연친화적 태도와 과학적 탐구능력에 미치는 효과. 동아대학교 교육대학원 석사학위논문.

안화자(2007). 생태체험활동에 따른 유아의 생명존중 인식과 친사회적 행동에 관한 연구. 진주산업대학교 벤처창업대학원 석사학위논문.

안희수(2014). 겨울 숲에서의 자연체험활동이 유아의 과학적 탐구능력에 미치는 영향. 서울교육대학교 교육전문대학원 석사학위논문.

양옥승(2001). 자연을 통한 유아교육. 어린이와 자연. 창립 20주년 기념 유아교육 학술대회. 한국어린이육영회, 43-59.

염복희(2011). 다문화가정 유아들의 친사회적 행동증진을 위한 자연친화적 프로그램 적용 실행연구. 경성대학교 교육대학원 석사학위논문.

오소영(2010). 숲유치원에서의 문학활동이 유아의 언어표현능력에 미치는 영향 : 인천대학교 숲유치원을 중심으로. 인천대학교 교육대학원 석사학위논문.

온은아(2013). 숲 체험활동의 유아의 정서지능과 공격성에 미치는 영향. 전북대학교 교육대학원 석사학위논문.

유근종(2013). 숲유치원의 자연체험 활동이 유아의 친사회적 행동 및 정서 표현에 미치는 영향. 서울교육대학교 교육대학원 석사학위논문.

유애정(2014). 숲체험을 통한 생태유아교육프로그램이 유아의 정서지능에 미치는 영향. 광주여자대학교 교육대학원 석사학위논문.

윤임귀(2004). 자연체험활동이 유아의 창의성 증진에 미치는 효과. 충남대학교 교육대학원 석사학위논문.

이경숙(2008). 프로젝트접근법이 유아의 언어표현력 및 사고력에 미치는 영향: '숲' 프로젝트활동을 중심으로. 서원대학교 교육대학원 석사학위논문.

이경화(2012). 숲 체험을 포함한 생태중심유아교육프로그램이 유아의 정서지능에 미치는 영향. 경기대학교 교육대학원 석사학위논문.

이계화(2008). 자연친화 교육활동이 장애통합 유아의 친사회적 행동에 미치는 효과. 동국대학교 대학원 석사학위논문.

이광미(2012). 숲체험 활동이 유아의 정서지능에 미치는 영향. 중앙대학교 사회개발대학원 석사학위논문.

이남희(2011). 숲유치원에서의 수·과학 활동이 유아의 수학 개념과 과학적 탐구능력에 미치는 영향 : 인천대학교 숲유치원을 중심으로. 인천대학교 교육대학원 석사학위논문.

이도란(2013). 숲체험활동이 유아의 정서지능과 생명존중인식에 미치는 영향. 동국대학교 대학원 석사학위논문.

이명환(2013). 누리과정과 연계한 숲체험 활동 프로그램. 인천: 인천광역시 유아종합지원센터.

이명환, 김은숙(2011). 녹색교육 숲유치원. 서울: 교육아카데미.

이선미(2009). 자연물을 이용한 조형 활동이 유아의 창의성과 자연친화적 태도에 미치는 영향 : 평면 활동을 중심으로. 중앙대학교 교육대학원 석사학위논문.

이수민(2006). 산책을 통한 자연친화교육활동이 유아의 친사회적 행동과 자아개념에 미치는 영향. 중앙대학교 대학원 석사학위논문.

이영주(2012). 혼합 연령반 유아의 사회성 증진을 위한 숲 체험활동 프로그램의 효과. 부산대학교 석사학위논문.

이윤희(2011). 자연환경구성활동이 유아의 과학적 탐구능력과 자연친화적 태도에 미치는 영향. 중앙대학교 교육대학원 석사학위논문.

이인숙(2008). 숲 체험활동이 유아의 언어표현력 및 자연친화적 태도에 미치는 영향. 성신여자대학교 교육대학원 석사학위논문.

이일주, 장인영(2012). 유아교육연구에서 생태교육 관련 용어 통일을 위한 기초 연구: 연구

동향 분석을 중심으로. 열린유아교육연구, 17(6), 30 1-321.

이일주, 장인영(2013). 유아 대상 생태교육 관련 용어에 대한 교원의 인식. 열린유아교육연구, 18(5), 151-169.

이재삼(2005). 유아의 정서지능발달과 자연친화적 보육프로그램의 효과. 한양대학교 교육대학원 석사학위논문.

이재영(2013). 한국 환경교육의 흐름3 참여의 시대. 공주: 공주대학교출판부.

이점숙(2013). 숲 체험활동이 유아 정서능력에 미치는 영향. 숭실대학교 교육대학원 석사학위논문.

이정희(2013). 숲에서의 자연친화적 탐구활동이 유아의 창의성에 미치는 영향. 경남대학교 교육대학원 석사학위논문.

이종헌(2011). 숲 체험활동이 언어 발달 지연 영아의 어휘발달에 미치는 영향. 강남대학교 교육대학원 석사학위논문.

이종헌, 이재욱(2011). 숲 체험활동이 장애영유아의 어휘력에 미치는 영향. 한국특수아동학회

이해경(2011). 환경 동화를 통한 동극 활동이 유아의 언어표현력 및 자연 친화적 태도에 미치는 영향. 영남대학교 교육대학원 석사학위논문.

이현영(2012). 숲유치원 유아들의 사회적 역량 연구. 숙명여자대학교 대학원 석사학위논문.

이혜경(2014). 숲체험에서의 수학탐구활동이 유아의 수학 능력에 미치는 영향. 숭실대학교 교육대학원 석사학위논문.

이혜배(2005). 보육시설에서의 자연친화 프로그램 실천 사례연구 : 만 2세 유아의 사회정서 발달을 중심으로. 가톨릭대학교 사회복지대학원 석사학위논문.

임재택(2005). 생태유아교육개론. 경기: 양서원.

임재택, 김은주, 하정연, 권미량, 조채영(2008). 생태유아교육 프로그램. 경기: 공동체.

임홍남(2012). 유아교육 연구에서의 자연과 생태에 대한 의미 고찰. 부산대학교 대학원 석사학위논문.

장희정(2012). 유럽 생태대안교육인 숲유치원에 대한 학문적 고찰 및 국내 숲유치원 전개방안. 생태유아교육연구, 11(3), 95-119.

정수영(2007). 생태지향 유아교육에 기초한 바깥활동 실태 및 인식 연구. 아주대학교 교육대학원 석사학위논문.

정대현(2006). 유아의 또래 상호작용, 유아-교사관계 다중지능과 초등학교 간이 관계. 전남대학교 대학원 박사 학위논문

정현순(2010). 2007년 개정 유치원 교육과정에 반영된 생태유아교육 내용에 대한 교사의

인식. 덕성여자대학교 교육대학원 석사학위논문.
정혜란(2001). 생태중심 유아교육집단의 창의성에 관한 연구. 경남대학교 교육대학원 석사학위논문.
조소현(2013). 자연체험활동이 유아의 창의적 문제해결력에 미치는 영향. 인천대학교 교육대학원 석사학위논문.
조은제(2011). 숲에서의 자연체험활동이 유아의 정서지능 및 정서창의성에 미치는 영향. 한국방송통신대학교 평생대학원 석사학위논문.
조형숙, 김선월, 김현주(2007). 아이들과 함께 만드는 자연놀이터. 서울: 다음세대.
조형숙, 홍은주, 김현주(2007). 자연과 친해지고 교감하며 탐구하기. 서울: 다음세대.
지옥정(2007a). 유아기 자연친화교육의 의의 및 미래지향방향 탐색. 충주대학교 논문집, 42, 531-540.
지옥정(2007b). 프로젝트 접근법을 활용한 유아기 자연친화교육. 서울: 창지사.
진경금(2014). 숲에서의 교육 실시 여부에 따른 정서지능 차이 연구. 한국생태유아교육학회
진봉희(2013). 자연친화적인 숲체험활동이 유아의 행복감과 사회성에 미치는 영향. 광주대학교 대학원 석사학위논문.
진희종(2009). 근본적 생태철학에 대한 비판적 고찰: 심층생태주의, 사회생태주의, 생태여성주의를 중심으로. 제주대학교 대학원 석사학위논문.
차명애(2011). 플로러닝에 따른 자연친화교육 활동이 유아의 자연탐구지능, 과학적 탐구력 및 과학적 태도에 미치는 영향. 원광대학교 대학원 박사학위논문.
천지숙(2014). 〈숲〉프로젝트활동을 통한 유아들의 또래 관계 개선. 대구교육대학교 교육대학원 석사학위논문.
최귀영(2008). 자연친화 교육프로그램이 유아의 친사회적 행동 및 부모의 자연친화 교육 인식에 미치는 영향. 경남대학교 대학원 박사학위논문.
최금숙(2013). 숲 체험활동이 어린이집 유아의 사회정서발달에 미치는 효과. 명지대학교사회복지대학원 석사학위논문.
최수경, 석주영, 박인전(2013). 숲에서의 자유놀이가 유아의 사회적 유능감 및 행복에 미치는 영향. 한국열린유아교육학회
최순남(2013). 숲에서의 자연체험 활동이 유아의 사회적 유능감과 자아효능감에 미치는 영향. 한국방송통신대학교 대학원 석사학위논문.
최영해(2008). 자연친화 프로그램구성 및 적용에 따른 통합학급 유아들의 행동변화. 덕성여자대학교 대학원 박사학위논문.

최옥란(2007). 생태 중심적 유아교육에 관한 교사의 인식. 인천대학교 교육대학원 석사학위논문.

최정애(2010). 숲 체험 활동이 유아의 환경에 대한 태도와 과학적 탐구능력에 미치는 영향. 경성대학교 교육대학원 석사학위논문.

최정화(2012). 동화를 활용한 자연체험활동이 유아의 창의성과 자연친화적 태도에 미치는 영향. 강남대학교 교육대학원 석사학위논문.

최현숙(2011). 자연 친화적 수학교육이 유아의 수학적 능력과 자연친화적 태도에 미치는 영향. 군산대학교 교육대학원 석사학위논문.

한창숙(2005). 유아의 창의성 개발과 통합교육활동 : 자연친화적인 산책을 중심으로. 한양대학교 교육대학원 석사학위논문.

허윤정(2001). 통합적 접근에 의한 동물 기르기가 유아의 환경친화적 태도에 미치는 효과. 중앙대학교 대학원 석사학위논문.

홍은주(2003). 자연환경구성활동의 교육적 의미 탐색. 중앙대학교 대학원 박사학위논문.

황지애(2008). 생태유아교육 연구동향 분석. 원광대학교 교육대학원 석사학위논문.

Bredekamp, S.(1992). *Developmentally appropriate practice in early childhood progarms serving children from birth through age 8*. Washington. DC: NAEYC.

European Commission(2011). *The structure of european education systems 2011/12: Schematic diagrams*. Brussels, Belgium: European Commission.

European Commission(2012). *Key data on educaion in Europe 2012*. Brussels, Belgium: European Commission.

Cohen, R., & Tunick, B. P.(1993). Snail trails and tadpole tales: Nature education for young children. NY: Inc. Jamestown.

Juhu K., & Mark B.(2011). Young children's participation in a nature-based program: Impacts of Naturkind Program on Young Children's Development. *ASIA-PACIFIC Journal of Research In Early Childhood Education, 5*(1), 123-138.

Magnuson, K. A., Ruhm, C., & Waldfogel, J.(2007). Does prekindergarten improve school preparation and performance? *Economics of Education Review, 26*(1), 33-51.

Musser, L. M., & Diamond, K. E.(1999). The children's attitudes toward the environment scale for preschool children. *The Journal of Environmental Education, 30*(2), 23-30.

Robert V. K., & Daryle W. M.(1970). Determining sample for research. *Eaucation and Psychological Measuremnet, 30*, 607-610.

Tyler, R. W.(1990). 교육과정과 학습지도의 기본 원리.(이해명 역. 원제: *Basic principle of curriculum and instruction*). 서울: 교육과학사.(원저 1949년 출판)

UNESCO(1980). *Environmaental education in the light of the Tbilisi conferrence*. Paris: UNESCO.

Wilson, R.(2012). *Nature and young children: Encouraging creative play and learning in natural environments*(2nd). NY: Routledge, Tayler & Francis Group.

산림청(2015). 유아숲체험원 현황. http://www.forest.go.kr에서 2015년 1월 10일에 인출.

ホールアース自然學校. http://wens.gr.jp에서 2014년 3월 20일에 인출.

藤野 Steiner. http://fujinokodomoen.org에서 2014년 3월 20일에 인출.

American national park program. http://www.nps.gov에서 2014년 3월 20일에 인출.

COVE 환경교육 program. http://www. masonvillecove.org에서 2014년 3월 20일에 인출.

ECEEP program. http://www.naaee.net에서 2014년 3월 20일에 인출.

Ecostation program. http://vorort.bund.net/oekostation에서 2014년 3월 20일에 인출.

GTP program. http://www.global-thinking.net에서 2014년 3월 20일에 인출.

KEEP 야마 모리 캠프. http://blog.goo.ne.jp/keep_yamamori에서 2014년 3월 20일에 인출.

KEEP 협회 프로그램. http://www.keep.or.jp에서 2014년 3월 20일에 인출.

MCEEC program. http://www. masonvillecove.org에서 2014년 3월 20일에 인출.

PLT program. https://www.plt.org에서 2014년 3월 20일에 인출.

San Francisco NE program. http://www.sfnature.org에서 2014년 3월 20일에 인출.

SN program. http://www.sharingnature.com에서 2014년 3월 20일에 인출.

WWT program. http://www.wwt.org.uk에서 2014년 3월 20일에 인출.

DasWaldklassenzi mmerin Karlsruhe program. http://www.waldpaedagogik-karlsruhe.de에서 2014년 3월 20일에 인출.

Haus des Waldes in Stuttgart program. http://www.hausdeswaldes.de에서 2014년 3월 20일에 인출.

저자 소개

장인영(張仁榮)

학력 이화여자대학교 환경교육과 석사 졸업
국립공주대학교 유아교육과 박사 졸업

경력력(사)에코아이 생태교육연구소 전 대표
아이솔 생태교육 대표
(사)꿈앤숲연구소 대표
산림청 산림교육심의위원회 전 전문위원
한양여자대학교 유아교육과 강의
삼육대학교 유아교육과 강의
산림교육전문가(유아숲지도사, 숲해설가) 양성과정 강의
육아종합지원센터, 시민단체 강의

주요 논저
저서 에코아이 자연생태 프로그램(전 12권)(공저)
에코아이 가방 속 자연생태도감(전 6권)
논문 「중학교 환경교과서의 내용구성방식의 분석」
「환경교육의 네트워크 구축을 위한 방안연구」
「유아교육연구에서 생태교육 관련 용어 통일을 위한 기초 연구」
「유아 대상 생태교육 관련 용어에 대한 교원의 인식」
「5세 누리과정과 2009개정 초등학교 1–2학년군 교육과정의 생태교육 연계성 분석」
「유아·초등 연계 생태교육 프로그램 개발 및 적용」
「숲해설가의 자원봉사 참여동기와 활동내용이 활동만족도에 미치는 영향」

제 2 판
2019 개정 누리과정에 따른
유아생태교육의 이론과 실제

초 판 1쇄 발행 2016년 1월 25일
초 판 3쇄 발행 2017년 8월 21일
제2판 2쇄 발행 2022년 1월 12일

지 은 이 | 장인영
펴 낸 이 | 김기섭
책임편집 | 박인순 이윤미
펴 낸 곳 | 창지사 www.changjisa.com
08598 서울시 금천구 가산디지털 1로 83 파트너스타워1차 9층
전화 (02) 719-2211~3
팩스 (02) 701-9386
등 록 | 1977년 4월 28일 · 제1-421호

ISBN 978-89-426-1340-3 (93370)

값 21,000원

KOMCA 승인필